图说餐饮管理系列

餐饮成本控制与核算

匡粉前 主编

化学工业出版社

·北京·

《餐饮成本控制与核算》一书,从细微处入手,首先对餐饮企业成本控制进行了整体概述,使得读者对餐饮业的成本组成、分类、特征及处理的对策有一个全面的了解;再逐一分项介绍各项成本,诸如采购成本、餐厅厨房成本、存货成本、销售服务成本、餐厅其他成本的控制方法、步骤、策略和细节;最后从财务角度出发,阐述了餐饮企业成本核算的方法;并附以大量实际案例。

《餐饮成本控制与核算》一书理念新颖,实用性和可操作性强,是一套行之有效的餐饮企业管理与操作实务读本,可以作为中小餐饮企业创业者、管理人员、基层员工参考使用的工作手册和指导用书。

图书在版编目(CIP)数据

餐饮成本控制与核算/匡粉前主编. —北京:化学工业出版社,2018.2(2023.3 重印)
(图说餐饮管理系列)
ISBN 978-7-122-31011-8

Ⅰ.①餐… Ⅱ.①匡… Ⅲ.①饮食业-成本管理-图解 Ⅳ.①F719.3-64

中国版本图书馆CIP数据核字(2017)第279533号

责任编辑:陈 蕾　　　　　　　　装帧设计:尹琳琳
责任校对:王 静

出版发行　化学工业出版社(北京市东城区青年湖南街13号　邮政编码100011)
印　　装　北京虎彩文化传播有限公司
710mm×1000mm　1/16　印张16¼　字数283千字　2023年3月北京第1版第6次印刷

购书咨询:010-64518888　　　　　　　售后服务:010-64518899
网　　址:http://www.cip.com.cn
凡购买本书,如有缺损质量问题,本社销售中心负责调换。

定　价:68.00元　　　　　　　　　　　　　　　版权所有　违者必究

前 言

近年来，餐饮市场可谓是异常火爆。尤其是近两年，大小企业都进军餐饮市场，很多餐饮品牌扎堆出现的同时，大批品牌悄然消失。餐饮行业新一轮的大洗牌，使得只有不断创新的优质品牌才能够在竞争激烈的市场上逆势而上。

有业内人士指出，未来餐饮业只有两种形态：一是以外卖为核心的产品模式；二是以社交为核心，创造不同场景与体验的餐厅模式。无论是哪种形态，都需要"独一无二"的产品与体验。然而，并不是每个品牌都能够做到。那么，哪些品牌关注度最高？哪些品牌才能够在市场上脱颖而出呢？

根据赢商网大数据中心与汉博商业研究院联合发布的数据显示，在2016年第一季度最受关注的餐饮品牌前50名中，外婆家位列第一，成为一季度最受关注的餐饮品牌；西贝莜面村、火炉火、胡桃里音乐酒馆、原麦山丘、禄鼎记、乐凯撒比萨、奈雪の茶、天泰餐厅与70后饭吧等餐厅分别位列前十。从整体榜单看，占比最多的餐饮类型是中式正餐、休闲餐饮与火锅，分别占据15席、8席与7席。另外，在本季度的前50名餐饮品牌中，新兴品牌共有24席上榜，几乎占据了榜单的一半。可以看出，越来越多的优质新兴品牌已经开始渗透国内餐饮市场，并受到了市场与消费者的关注。

中式正餐主打性价比、融合创新的地域特色及品质化。上榜的中式正餐品牌依然是以川菜、江浙菜受关注度最高。中式正餐人均消费价格集中在60元左右，且消费者偏年轻化，因此创新的菜品与独特的就餐环境成为了此类餐饮品牌的重要因素之一。值得关注的是，上榜的新兴品牌前期多以周边城市进行试点布局，嫁接互联网或微信圈等进行商业模式创新，后期成熟后迅速向全国拓展。

此外，随着消费者的年轻化，越来越多的品牌都在想方设法地抢占年轻消费者的市场，以"创意"为品牌附加值取得消费者关注的品牌为数不少。如通过"爆款单品""有格调的就餐环境""嫁接互联网思维的商业模式"等创新的招数吸引顾客，相信这种方式也将成为未来餐饮品牌的发展趋势之一。

因此，只有向大众化餐饮市场、年轻化消费趋势、品牌效应、菜品的创新、有格调的就餐环境、嫁接互联网思维的商业模式等转变，才能顺应时代潮流，抢占餐饮先机，发现餐饮机遇，轻松地挖掘财富，成为成功的掘金人。

然而，除了创意之外，日常的经营管理也非常重要，一个好的创意，必须有好的经营，才可能走向成功。经营则须从细微处入手，做好采购控制、员工培训、营销促销等一系列工作。笔者针对目前餐饮市场的状况，凭借多年的管理和培训经验，组织编写了《图说餐饮管理系列》图书，包括《餐饮运营与管理》《餐饮营销与促销》《餐饮成本控制与核算》《餐饮岗位·制度·流程·表格》《连锁餐饮运营与管理》《餐饮电商营销》，为餐饮企业经营者和从业人员提供全方位的指导和参考。

本书理念新颖，实用性和可操作性强，是一套行之有效的餐饮企业管理与操作实务读本，可以作为中小餐饮企业创业者、管理人员、基层员工参考使用的工作手册和指导用书。

本书由匡粉前主编，在编写过程中，得到多家餐饮企业和餐饮一线从业人员的帮助和支持，其中参与编写和提供资料的有王红、王健、王春华、李建华、李景吉、李汉东、李春兰、刘婷、刘春海、刘海江、李牧苇、冯飞、宋健、张君、许华、陈丽、陈素娥、周军、周亮、高健、匡粉前、杨雯、赵建学、黄彪，最后全书由匡仲潇审核完成。同时本书还吸收了国内外有关专家、学者的最新研究成果，在此对他们一并表示感谢。

由于编者水平有限，书中难免出现疏漏与缺憾，敬请读者批评指正。

编者

目 录

第一章　餐饮企业成本控制概述

　　餐饮成本是指餐饮企业一个生产和销售周期的各种耗费或支出的总和。它包括采购、保管、加工和出售各环节产生的直接成本和间接成本两部分。餐饮成本控制是以目标成本为基础，对日常管理中发生的各项成本所进行的计量、检查、监督和指导，使其成本开支在满足业务需要的前提下，不超过事先规定的标准或预算。

第一节　餐饮企业成本组成与分类 ················· 2
　　一、成本的定义 ································· 2
　　二、餐饮企业成本的组成 ························· 2
　　三、餐饮企业成本的分类 ························· 2

第二节　餐饮企业成本控制的特征与现状 ··········· 4
　　一、餐饮成本控制的特征 ························· 4
　　二、餐饮成本控制存在的现状 ····················· 6

第三节　餐饮企业成本控制对策 ··················· 7
　　一、建立和健全成本控制制度 ····················· 7
　　二、简化成本核算，优化成本控制体系 ············ 10
　　三、控制餐饮企业的主要成本费用 ················ 11
　　四、增强成本观念，实行全员成本管理 ············ 12
　　五、导入"五常"管理理念，充分调动员工的自律性 ·· 13

第二章 采购成本控制

餐饮企业在目前竞争激烈的市场环境下，要想保持长久的发展壮大，就必须做到"开源节流"。众所周知，企业间的竞争已经演变为全方位的竞争，除了美味的菜品、优雅的环境、周到的服务、恰当的促销外，就是企业如何加强采购管理，控制采购成本。餐饮企业只有控制采购成本才能真正做到"节流"，因为采购节约的费用将直接计入创造的"利润"，所以采购可能成为最后一个尚未开发的"利润创造源"。

第一节　餐饮采购流程 ·· 15
　　一、原料采购流程 ·· 15
　　二、仓库补仓物品采购流程 ·· 16
　　三、部门新增物品采购流程 ·· 17
　　四、部门更新替换旧有设备和物品采购流程 ···················· 18
　　五、鲜活食品冻品的采购工作流程 ································ 18
　　六、燃料采购流程 ·· 20
第二节　餐饮企业采购成本控制的战略 ································· 20
　　一、大型连锁餐饮企业统一采购 ··································· 20
　　二、集团统一采购与各区域分散采购相结合 ···················· 21
　　三、本地采购与外地采购相结合 ··································· 22
　　四、餐饮企业联合招标采购 ·· 23
　　五、加大科技投入，实现电子采购 ································ 23
　　六、供应商长期合作采购 ··· 23
　　七、同一菜系餐饮企业集中采购 ··································· 24
　　八、农餐对接——向农户直接采购 ································ 24
　　九、餐饮企业自建原料基地 ·· 24

第三节　餐饮采购成本控制的措施 ················· 25
　一、建立原料采购计划和审批流程 ················· 26
　二、建立严格的采购询价报价体系 ················· 26
　三、建立严格的采购验货制度 ····················· 28
　　【范本】餐饮采购物品入库验收规定 ············· 28
　四、建立严格的报损报失制度 ····················· 29
　　【范本】酒楼物资报损制度 ····················· 29
　五、严格控制采购物资的库存量 ··················· 31
　六、加强采购员的管理 ··························· 31
　七、加强采购计划和购货合同执行的控制 ··········· 33
　　【范本】食材商品供应商合同管理办法 ··········· 34
　　【范本】食品原料采购合同 ····················· 35
　　【范本】餐饮采购供货协议 ····················· 40
　八、加强原料采购质量控制 ······················· 41
　　【范本】叶类蔬菜采购标准 ····················· 43
　九、做好采购数量的控制 ························· 45

第三章　餐厅厨房成本控制

　　餐饮市场竞争日趋激烈，高利润的时代已经成为过去。做过厨师的人都知道，厨房中的浪费是相当大的。稍有不注意，员工责任心不强，经营者的钱就像流水一样"流进"厨房的垃圾桶、下水道。有时候看似生意红火的餐馆，到月底一结算，真正的利润所剩无几。有时候炒灶上面，厨师为了方便把水龙头一直开着，而这些不良的习惯都看似不成问题。殊不知细流成河，很多经营者没有注意到。有的大餐厅还不如小面馆的利润高，是什么原因呢？因为小面馆知道节约，知道自己的成本经不起浪费。而大餐厅大手大脚惯了，所以会致使利润还不如小面馆的高。而在厨房可从哪些环节控制？怎么样去控制呢？

第一节　成本控制方法和程序 ································· 50
　　一、厨房成本控制方法 ····································· 50
　　二、厨房成本控制的程序 ··································· 51
　　　　相关链接　总厨每日成本控制流程及相关方法 ··········· 52
第二节　厨房加工环节的成本控制 ····························· 56
　　一、初加工——原料净料率控制 ····························· 56
　　二、细加工——原料出成率控制 ····························· 67
　　三、配份——菜品用量控制 ································· 77
　　四、烹调（打荷）——佐助料、调料味、能源的成本控制 ······ 81
第三节　厨房成本的餐前餐后控制 ····························· 87
　　一、目标食品成本的确定 ··································· 87
　　二、厨房标准成本的计算 ··································· 89
　　三、厨房成本餐后控制——成本分析 ························· 92

第四章　存货成本的控制

　　食品原料验收与储存环节管理，对餐饮成品的质量和企业的成本有着举足轻重的影响。许多餐饮企业，对于食物仓库的管理不善，不是视若无睹，就是束手无策，形成物质的浪费和成本的负担。

第一节　食材验收管理 …… 95

一、验收场所和设备的要求 …… 95

二、验收人员的要求 …… 95

三、验收品管的基本要求 …… 95

四、各类食材验收要领 …… 97

五、收货过程中运用的表单 …… 108

六、验收的程序 …… 109

七、验收时常见的问题 …… 110

八、坏品及退货处理 …… 111

第二节　食品原料仓储成本控制 …… 111

一、专人负责 …… 112

　　【范本】仓库保管员岗位职责 …… 112

二、仓库保持适宜环境 …… 112

　　【范本】××餐饮企业仓库管理规定 …… 113

　　相关链接　餐饮食品原料仓库要求 …… 114

三、确保餐饮原料正确的库存方法 …… 116

四、及时入库、定点存放 …… 118

五、及时调整原料位置 …… 119

六、定时检查 …… 119

七、保质期管理 …… 119

八、建立报损丢失制度 …… 119

第三节　发放成本控制 …… 119

一、定时发放 …… 120

二、原料物资领用单使用制度 …… 121

三、内部原料调拨的处理 …… 121

第四节 存货盘存与计价 ··· 122
- 一、存货盘存 ·· 122
- 二、存货计价方法 ·· 126
- 三、账面存货和实际存货的比较 ···································· 129
- 四、物品周转速度 ·· 130

第五章 餐厅销售服务环节成本控制

餐饮行业的服务环节就是销售环节，要把控的重点是如何以最低的服务成本获取最有效、最大的销售额度。同时，餐厅还需要培养员工的归属感，避免频繁的员工更替造成人工成本的浪费。

第一节 销售成本控制 ··· 133
- 一、突出经营特色，减少成本支出 ································· 133
- 二、从销售角度调整成本控制 ······································· 133
  - 相关链接 针对不同客人推销菜品 ···························· 133
- 三、增加顾客人数 ·· 136
- 四、增大销售及顾客购买力 ·· 136
  - 相关链接 赞美性销售与建议性销售 ························· 138

第二节 服务成本控制 ··· 139
- 一、服务不当情况 ·· 139
- 二、准确填写菜单 ·· 140
  - 相关链接 点菜前须做好准备 ·································· 141
- 三、防止偷吃菜品 ·· 142

四、避免打翻菜 143
　　相关链接　中餐菜肴摆放要求 143
五、尽量减少传菜差错 145
　　相关链接　传菜员效率和服务态度要求 147

第三节　收款环节成本控制 148
一、防止跑单 148
二、结账时确认客人房间号 150
三、采用单据控制现金收入 150
四、有效监管收银人员 151
五、制定收银制度 152
　　【范本】收银管理制度 152

第六章　餐厅其他成本的控制

前几章所述各项成本是餐饮企业进行成本控制的重点，然而，除此之外，还有许多成本项目餐饮企业不可忽略。具体包括酒水成本、人工成本、能源费用、经常性支出费用（租金、广告费用、刷卡手续费、折旧费、停车费、修缮费）、餐具损耗、外包业务费用，这些费用看似不多，但若控制不好，却可以直接吞噬掉利润。

第一节　酒水成本控制 155
一、酒单的设计 155
二、酒水采购控制 155
三、酒水验收控制 159

四、酒水库存控制 161
　　　　【范本】酒窖仓库管理制度 165
　　五、酒水领发控制 166
　　六、酒水销售控制 167
　　　　【范本】酒水管理制度 168
　　　　【范本】酒谱 173

第二节　人工成本控制 176
　　一、人工费用的内容及影响因素 176
　　二、配备适量的员工 177
　　三、制定科学的工作定额 178
　　四、合理排班 179
　　五、员工工资控制 190
　　六、制定员工奖金 191
　　　　【范本】某餐饮企业奖金制度 191
　　七、员工福利 194
　　八、员工招聘费用控制 194
　　　　相关链接　招聘环节把关，降低员工流失率 194
　　九、人工成本控制方法 196
　　　　相关链接　怎样合理安排餐厅动线 196
　　　　相关链接　培训费用由谁承担 199

第三节　能源费用控制 200
　　一、有效控制水费 201
　　二、有效控制电费 201
　　三、燃气费用控制 205
　　四、常用能源控制表格 206

第四节　经常性支出费用控制 ··· 208
　一、有效控制租金 ··· 208
　　【范本】某餐饮企业房屋租赁合同 ································· 210
　二、合理设置广告费用 ·· 212
　三、刷卡手续费 ··· 213
　四、折旧费 ·· 213
　五、有效控制停车费 ·· 214
　　相关链接　停车场常见问题及其处理 ····························· 214
　　【范本】餐饮企业停车场租用合同 ·································· 215
　六、减少修缮费 ··· 216

第五节　餐具损耗率控制 ··· 216
　一、职责划分及盘点规范 ··· 216
　二、餐具运送及清洗 ·· 217
　三、餐具破损责任制 ·· 218
　四、制定餐具赔偿及处罚标准 ·· 219

第六节　外包业务费用控制 ··· 220
　一、员工招聘外包 ··· 220
　二、餐具清洁外包 ··· 222
　　【范本】消毒餐具配送合同书 ······································· 222

第七章　餐饮企业成本核算

　　没有正确、完整的会计核算材料，餐饮企业财务管理的决策、计划、管理、控制、分析就无从谈起，只有以核算方法、核算结果为根据，科学地进行成本核算，了解成本的状况，从而进行科学的管理，降低经营成本，才能达到使企业提高经济效益的目的。

第一节　成本核算的基础……226
　　一、餐饮成本核算的意义……226
　　二、成本核算基本事项……226
　　三、成本核算方法分类……228
　　四、餐饮业成本核算要点……229
　　五、餐饮成本核算流程……231

第二节　餐饮原料成本核算……232
　　一、原料成本组成要素……232
　　二、原料相关知识……232
　　三、影响净料率的因素……234
　　四、净料成本的计算公式……234
　　五、一料一档成本核算……234
　　六、一料多档成本核算……235
　　七、半成品成本核算……237
　　八、调味成本核算……238

第三节　餐饮产品成本核算……238
　　一、餐饮产品成本核算方法……238
　　二、宴会成本核算……239
　　三、餐饮成本常用报表……240
　　四、成本系数法成本核算……242

第四节　餐饮产品价格核算……242
　　一、餐饮产品价格构成……242
　　二、毛利率法……243

第一章
餐饮企业成本控制概述

引言

餐饮成本是指餐饮企业一个生产和销售周期的各种耗费或支出的总和。它包括采购、保管、加工和出售各环节产生的直接成本和间接成本两部分。餐饮成本控制是以目标成本为基础，对日常管理中发生的各项成本所进行的计量、检查、监督和指导，使其成本开支在满足业务需要的前提下，不超过事先规定的标准或预算。

第一节 餐饮企业成本组成与分类

一、成本的定义

（一）广义的成本

广义的成本包括原料费用、工资费用、其他费用（包括水、电、煤气费，购买餐具、厨具费用，餐具损耗费用，清洁、洗涤费用，办公用品费用，银行利息，租金，电话费，差旅费等），可用如下公式计算。

$$成本 = 直接材料费用 + 直接人工费用 + 其他费用$$

（二）狭义的成本

狭义的成本仅指餐饮企业各营业部门为正常营业所需而购进的各种原料费用。通常餐饮企业的成本核算仅指狭义的成本核算。

二、餐饮企业成本的组成

餐饮企业成本一般包括直接成本、出库成本、毁损成本（盘点净损失）三个部分，即：

$$餐饮企业成本 = 直接成本 + 出库成本 + 毁损成本$$

直接成本是指餐饮成品中具体的材料费用，包括食物成本和饮料成本，也是餐饮企业中最主要的支出。间接成本是指操作过程中所引发的其他费用，如人员费用和一些固定的开销（又称为经常费用）。人员费用包括员工的薪资、奖金、食宿、培训和福利等；经常费用则是指租金、水电费、设备装潢的折旧、利息、税金、保险和其他杂费。

盘点净损失是指通过实地盘点，盘点实数与账存数之间的差异。餐饮企业在营运期间由于各种原因，可能会出现账实不符的情况，如出品后因未及时开单而没收到钱、酒吧员不小心打破酒水包装、服务员打破餐具、失窃等。

三、餐饮企业成本的分类

根据不同的标准，可以将餐饮企业成本分成不同的种类，具体内容见下表所示。

餐饮企业成本的分类

序号	标准	种类	具体内容
1	根据成本可控程度	可控成本	可控成本是指通过员工主观努力可以控制的各种消耗，如食品原料、水电费、燃料费、餐茶用品等的消耗
		不可控成本	不可控成本是指很难通过员工主观努力加以控制的成本开支，如折旧费、工资等
2	根据成本性质	固定成本	固定成本是指在一定时期和一定经营条件下，不随餐饮产品的生产销量变化而变化的成本，如工资、折旧费用、管理费用等
		变动成本	变动成本是指在一定时期和经营条件下，随产品的生产和销量的变化而变化的那部分成本，如食材成本、水电费、燃料费等
3	根据成本与产品形成的关系	直接成本	直接成本是指在产品生产中直接耗用、不需分摊即可加入到产品成本中去的那部分成本，如直接材料、直接人工、直接耗费等
		间接成本	间接成本是指需要通过分摊才能加入到产品成本中去的各种耗费，如销售费用、维修费用、管理费用等
4	根据成本和决策的关系	边际成本	边际成本是指为增加一定产销量所追加的成本。在餐饮企业管理中，需要增加餐饮产品的产销量，以增加收入 产销量的增加不是没有限制的，当其超过一定限度时，市场供求关系会发生变化，成本份额也会随之发生变化，从而使利润减少
		机会成本	机会成本是指从多种方案中选择一个最佳方案时，被放弃的次优方案所包含的潜在利益

特别提示

从经营决策来看，当边际成本和边际收入相等时，利润最大。因此，边际成本是确定餐饮产品产销量的重要决策依据。

第二节 餐饮企业成本控制的特征与现状

提高餐饮业的竞争力，要想在市场竞争中生存和发展，就必须不断提升自身实力，从企业内部挖掘潜力，让消费者花同样的钱可以得到更多的实惠和满足，同一地区、同一类型、同档次餐厅，同样的质量，若能在价格上占有优势，就赢得更多的顾客，为企业带来更大利益。

企业经营的最终目的就在于追求利润最大化，作为管理者，需要加强企业内部管理，减少和控制成本支出，而成本控制的优劣正是饭店的管理水平的最好见证。在这个"微利时代"，不仅是营销上的竞争，更是管理上的竞争，谁肯踏踏实实地"精耕细作"，谁就能在效益上领先，在市场上立足。因此在餐饮经营面临新形势的前提条件下，企业要在提高管理水平、降本增效方面做文章，在全力控制物耗成本与人力成本等方面，取一些扎扎实实的措施，以适应时代的要求，取得更好的经济效益。

一、餐饮成本控制的特征

餐饮行业具有极强的、特殊的独立操作特征，与其他行业诸如超市管理、企事业单位的旁支管理以及交通管理都有所区别，餐饮行业有其独到之处。尽管各行各业在本质上都可以发掘其共同点，但在每个行业中一定有其特别之处，餐饮业的特别之处就在于饭（酒）店成本控制。

（一）具有一定职业技术性

相对于其他整进整出的行业而言，作为餐饮业的单位在进料、售出原料过程中，会有一个额外的技术参数，技术参数即餐饮业成本控制的技术含量，也是餐饮业成本控制的独到之处。

只有技术含量达标，在预期的目标范围之内才能获得预期的效果，否则不仅仅达不到预期效果，甚至很有可能丧失控制的意义，更甚者会入不敷出。

对于超市等整进整出的行业，如要采购72台计算机，每台进价（含运费及相应费用）人民币5200元，出售时扣除相应税费等项目净价为人民币9500元，那么购销差人民币4300元即为其主营业务利润，不存在技术参数的调整，非常容易计算。

而厨房在制作菜肴的过程中，首先要采购原料，在采购的过程中就需要以尽可能低的成本购入，加工后以尽可能高的价格售出，这是餐饮业经营最简单的目的，只有达到了这个目的，预期的盈利才有实现的可能。

要想达到理想化的目标,就需要对加工过程中的每一个环节进行严格控制,在技术性领域内勤学苦练,否则成本注定会加大。

(二)具有相对准确性

成本控制只存在相对准确性,而没有绝对准确性。

有些人将餐饮业管理的准确性理解为简单的"砌砖头",可以精密计算,如对于一面墙使用多少块砖可以建成,优秀的精算师估量的结果一般与实际不相上下。但餐饮行业有其独特性,成本不可能精确计算,影响成本计算的因素多种多样,如下图所示。

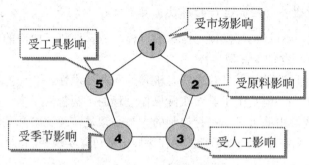

影响成本计算的因素

1. 受市场影响

例如干烧鱼这道菜,烹饪干烧鱼时通常选用草鱼作为原料,草鱼的市价每天都在变化,今天可能是11.00元/千克,明天也许就是15.00元/千克,后天可能又降到10.00元/千克。

2. 受原料影响

例如通脊肉,质量好的通脊薄而少弯头;相反,质量差的通脊往往在其下方带有一块弯头,弯头肯定会影响出成率,也许今天采购的通脊质量好,明天采购的稍差,后天采购的质量又非常好,因此核算的结果也只能是相对的。

3. 受人工影响

没有任何一种烹饪原料可以直接拿来单独制作菜肴,必须要经过不同加工环节才能最终上盘。在加工过程当中,又受到厨师手艺的影响、加工工具的影响、原料质量上的影响等,因此制作出的菜肴费料程度又不尽相同。

同样是剔鱼工序,对于手艺精湛的厨师,1千克的鱼可以有50%的出成率,也就是说1千克重的草鱼,经过去鳞、鳃、内脏后的细加工过程后可以剔出0.5千克纯肉;但手艺稍差的厨师出成率也许只有40%甚或更低。

4. 受季节影响

在特殊季节,如夏季是草鱼甩子的季节,不能够大批上市,鱼肚内的鱼子会吸收母鱼体内的营养成分，此时无论手艺多么高超的厨师，剔鱼的出成率也只能达到40%左右。

5. 受工具影响

除了人工技术含量外，成本还会受到工具的影响，刀是否锋利？砧板是否平整？原料的质量是否够好？种种因素都会影响成本控制，因此，一年四季核算所得的数据不可能完全相同。

因此餐饮业的成本控制没有绝对准确性，只能计算相对准确性，影响相对于绝对的因素即加工的技术含量，包括加工的工艺、水准等。

（三）是管理餐厅经济运行的有效工具

成本控制整个科目运行操作、核算的过程，是管理科目内部的一部分，是一项工具型学科，而并非手艺型学科。

因此，研究此学科的人员首先要有极强的职业技术性。会计师、高级经济师等尽管专业知识强，但是由于其对实际操作过程的了解程度不多，控制菜肴成本的能力往往很弱。由此可见，进行控制的人员必须是在厨房实际工作过，兼懂得基本财务知识，只有了解经济运行的操作手段，才可能实现控制的目标。

（四）具有可持续发展的重要作用

成本控制使经营主体具有可持续发展的空间。在厨师培训过程中，往往缺少了成本控制的环节，因此绝大多数的厨师虽然烧得一手好菜，招牌菜一天几百位顾客点，但究竟在销售以后能实现多少利润，却鲜有人知，大家只知道菜肴销售出去肯定盈利，但盈利多少完全要依靠月底盘点，这也是成本控制中最大的缺陷所在。

二、餐饮成本控制存在的现状

（一）成本标准制定不规范

很多餐饮企业都没有制定菜品的标准成本，没有规范厨师在菜品生产作业中的成本使用，通常是口头说了算。如某餐饮公司，以"荷塘小炒"为例，标准分量是：百合二两、木耳一两、西芹二两、荷兰豆一两、马蹄肉片一两。但很多时候厨师很随意，凭感觉，眼睛看或手感来确定重量，不是用秤来称斤两。又如18元一份的"猪扒饭或牛扒饭"快餐，通常是一份饭一块猪扒或牛扒，但有些员工不按规定操作，有朋友或熟的客人来了就多加一两块在里面，可实际上收银还是按原来的收取金额。以上例子都说明成本必然增加，菜品质量难保证。

（二）原料采购缺乏管理

对原料采购进行管理是控制材料成本的第一道关口，直接影响餐饮企业的经营业绩，实际的采购环节容易出现问题。

以某餐饮企业为例,没有设立采购监督员或小组,原料采购回来后没有专职验收验货人,原料会直接被厨房使用,这样会出现短斤少两,开高单价,或把没有的原料开在送货单里的情况。采购员和财务员为同一人,这样往往会导致在监管上出现很大问题,如以次充好,与供货商联合起来,中间吃回扣,容易公饱私囊,损公肥私。

(三)从业人员流动性大,容易导致人工开支增加

餐饮服务业是劳动密集型行业,人们对服务的要求是永无止境的,为此,需要大量人员来从事这项工作。

人力成本,指企业拥有和使用人力资源时发生的用价值表示各项支出与耗费,包括人力资源投资成本与人力资源费用。人力资源投资成本指企业拥有人力资源以便取得未来经济效益而发生的各项支出,包括人力资源的取得成本、形成成本、开发成本、保护成本、重置成本五个部分。而人力资源使用费用主要指员工的工资和福利。在餐饮业中,其员工的稳定性并不大,不论是管理人员还是一线员工(服务员),其流动性都很大。餐厅越来越面临人员的更新问题,要聘到称职人员比较难,经常是新员工刚来经过简单培训后就要上岗,然而,现在顾客越来越挑剔,一线员工肩负着提供优质服务的重任。但是,一线员工的实际素质往往不太高,餐饮业受到"低素质员工综合征"的困扰。因此,餐厅在招聘、培训新员工方面都会付出相当的费用与成本,当员工在实际工作中仍然不能胜任工作时,造成的损失和浪费也会加在成本中,甚至带来无法挽回的损失。要控制好这方面的成本投放,餐饮业人员管理还需下很大的功夫。

第三节 餐饮企业成本控制对策

一、建立和健全成本控制制度

(一)要建立一套工序成本控制的信息系统

从责任部门内部到企业管理层,要有一套科学的信息传递流程。工序成本控制是一种全新的办法,没有资料积累,无经验借鉴,必须做好各类资料的收集、分类整理,包括各种责任成本的运行结果。通过分析整理,找出规律性的东西,以制定科学合理的责任指标体系。

(二)建立和健全成本控制基础工作

成本控制的实施依赖于成本管理的基础工作,没有可靠的成本信息作为依据,实现成本控制的目标只会成为一句空话。要提高企业成本信息的可靠性,企业必

须建立和健全成本控制基础工作,尤其是标准成本的制定。

成本控制应以标准成本的制定为起点。标准成本的制定就意味着为进行餐饮成本控制提供了可靠的依据,这才有可能控制成本,甚至降低成本。制定出标准成本后,就需要根据标准成本在实际工作与管理中进行成本控制。

就餐厅本身来讲,为了控制餐饮成本的支出,可以通过实行标准成本控制法对食品(菜肴、饮料)的成本支出进行定额管理,为此,可以通过标准分量和标准菜谱来控制成本。标准分量,即将制作的食品菜肴出售给顾客时每一份的分量应是标准化的,是标准菜谱(即标准投料)。这是制作食品菜肴的标准配方,上面标明每一种食品菜肴所需的各种原料、配料、调料的确切数量,以及制作成本、烹饪方法、售价等,以此作为控制成本的依据。标准菜谱的制定,有助于确定标准食品成本、合理确定售价、保证制作高质量食品的一致性。为了保证食品菜肴用料的准确性,很多厨房都设有专职配菜员,其任务是按照菜单配上主料和辅料,然后由厨师进行制作;如果没有配菜员,则由厨师自己配菜。无论哪种情况,都必须按定额数量配备。确定了标准成本后,将它与实际成本进行比较,发现差异后,要进一步分析形成差异的原因,提出改进措施,从而提高成本控制水平。

(三)实施全过程成本控制

成本控制方法根据经营性质和经营规模不同而不同,但是各种不同方法背后的原理是一致的,即对所有影响成本的因素进行有效控制,防止食品、饮料和人工成本增加,确保企业在盈利的情况下经营。餐饮企业成本控制是围绕餐饮生产环节展开的,按照生产经营顺序,分为如下图所示的几个控制环节。

环节一 采购控制

采购部门负责餐饮企业所需要的所有原料,采购首先应遵循"以尽可能低的价格获得尽可能好的原料"的原则。目前,许多原料以成品或半成品方式出现,乍一看,这些原料价格高于那些未经过加工的原料价格,如果采购这样的成品或半成品原料,可能会增加原料费用支出,但却可以减少人工费用支出。采购要遵循的第二条原则是要保证供给。采购不及时,不但会影响餐厅经营,而且会增加其他消耗成本,因为应对餐厅生产急需而紧急采购的原料价格会较高,而且质量无法保证

环节二 验收控制

验收的主要目的是为了确保企业采购的餐饮原料数量、质量、价格都符合企业生产的需要。为此,验收工作应围绕原料数量、质量、价格三个方面展开

环节三 仓储控制

各种原料分门别类、排列有序地存放是仓储控制的基本要求，为的是便于原料的查找、补充和分发，同时，也是为了原料在保存期内的质量不受影响

环节四 领、发料控制

从仓库里领出去的原料不管到达哪里，都要有原料转移记录。没有适当的发料控制，就无法确定原料消耗成本

环节五 菜单计划控制

菜单是食品从原料到成品加工过程的反映，也是成本构成的反映。由于有许多可变因素直接影响食品成本，而菜单价格计划要随食品原料成本的变动而及时调整，这就使控制菜单计划成为控制成本的重要手段，要想控制餐饮成本，必须做到严格控制菜单价格的制定

环节六 食品生产控制

食品生产控制，是指餐厅要有足够的设备、设施及生产控制程序，保证餐饮的食品生产以最有效的方式进行。可根据餐厅类型及经营和管理需要安排合理的食品生产流程，使食品生产的数量符合顾客需要。此外，充分利用所有食品原料也是降低餐饮成本的重要措施

环节七 服务控制

对服务控制的内容包括：一是检查是否为顾客提供了优质服务；二是检查服务状况是否做了记录并进入保存程序。服务控制必须设置专门控制体系，这种体系可以做到两者兼顾

环节八 销售预测控制

销售的任务是设法增加销售量，并预测销售趋势，为食品生产提供依据。小火锅加盟企业提醒控制销售预测是为了防止盲目生产，减少因超越顾客需要而大量生产带来的浪费，以降低餐厅经营成本

餐饮企业成本控制的环节

二、简化成本核算，优化成本控制体系

（一）建立餐饮企业成本控制体系的益处

建立餐饮企业成本控制体系，可为餐饮企业带来六大好处，如下图所示。

好处一 有利于收入与成本分析

> 收入分析通常是对餐饮企业内各个营业点进行逐个分析，内容包括销售量、销售组合、某一时间内的人均消费等；成本分析包括食品饮料成本、每种菜肴成本和人工成本等。通过分析收入和成本，就能计算出每个销售单位的毛利、边际贡献和净利，以评估餐厅的经营效益

好处二 有利于建立和维持经营标准

> 任何餐饮业都要建立自己的经营标准，使员工便于开展工作并使管理人员进行有效的控制。火锅店加盟企业提示建立经营标准以后，需要认真执行和落实经营标准。可以通过分析顾客评价，对经营标准的执行情况进行检查，必要的时候培训员工掌握经营标准或对经营标准进行调整

好处三 有利于菜品定价

> 餐饮成本控制的一个重要目的是为菜品定价奠定基础。菜品价格和酒水价格的制定有赖于正确的食品及饮料成本计算，以及对市场价格的通盘考虑，例如消费者的平均消费能力、竞争者的餐饮菜品价格和市场可能接受的菜品价格

好处四 有利于防止浪费

> 为了实现经营标准，必须制定本企业的收入成本水平和边际利润目标，防止由于准备不足、过量生产、没有使用菜品标准价格而造成的浪费

好处五 有利于防止欺骗行为的发生

> 成本控制体系的建立，能有效防止顾客欺骗行为和员工偷盗行为的发生

好处六 有利于对管理信息进行分析

> 成本控制体系的一个重要任务，就是为管理层提供某个阶段工作报告的最新、最充分的信息，便于管理人员对各个销售环节进行全面财务分析

建立餐饮企业成本控制体系的益处

（二）建立餐饮企业成本控制体系的要点

1. 建立生产环节的成本分配标准

实施科学的成本控制的重要举措之一就是设计并且实施科学的控制标准，按不同生产要素对生产成本进行分解，制定并细化成本消耗标准。制定生产用材料物资消耗的控制标准时，既要制定产品总成本的控制定额，也要制订单位产品成本的控制标准。对于多步骤、多环节的产品制造，还要建立分工序的材料消耗标准，以便核算和考评材料成本。

2. 规划目标利润，分解目标成本

首先，确定目标利润率；再根据计划期的销售业绩等指标预算目标利润，并根据目标利润确定企业的目标总成本，作为成本控制的上限；然后，企业根据以往的资料，确定产品生产成本占企业总成本的比例，推算生产成本总额；最后，依据材料成本、人工成本和制造费用等具体成本项目占生产成本的比例，逐步分解直接材料目标成本、直接人工目标成本和制造费用目标成本，以此作为生产环节材料成本、人工成本、制造费用的控制目标。

3. 强调人的参与

作业是以人为主体的。现代企业中，尽管机械化、自动化程度很高，但仍然不乏人的行为的参与。人仍然是现代企业中各项具体生产经营工作的主体，也即是作业的主体。作业成本管理思想的提出，为细化成本控制提供了途径。作业成本管理是以作业为基础的科学信息系统，它从以"产品"为中心转移到以作业为中心上来，通过对作业成本的确认、计量，尽可能消除"不增加价值的作业"，改进"可增加价值的作业"，及时提供有用信息，从而把有关的损失、浪费降低到最低限度。这是深挖降低成本的潜力，实现成本降低的基本源泉。

三、控制餐饮企业的主要成本费用

（一）控制人工成本

由于餐饮企业属于劳动力密集型企业，员工数量众多，人工成本在企业成本中占有的比例较大，加强人工成本的控制则尤显重要。这就需要企业在今后的生产经营过程中，结合人工成本的弹性控制体系，采取相应措施，进一步减少人工成本消耗，以利于餐饮企业的生存和发展。

（二）控制维护装修费用

维护费用与餐具的折旧费用等是餐饮企业的主要成本部分，为此，企业需要加强维护费用等支出。为了吸引更多的消费者前来就餐，餐饮企业有必要保持店面的不同风格与色彩等，营造一个卫生、健康、舒适的就餐环境，这不仅能招引

更多的顾客增加营业收入,还可以直接引起广告效应,创造与维护餐饮企业的招牌。然而,餐饮企业在维护、装饰店面过程中会花费大量资金,产生巨大的成本费用,因此控制餐饮企业的维护成本十分重要。

(三)控制原料采购成本

适当的存货是维持企业正常生产经营的必要保障,为有效地控制餐饮企的成本,要加强原料采购环节的管理。餐饮企业要货一般不超过一天的用量,每天交换需求信息,以销定产,保证质量,而厨房中心必须建立各单据的核算流程,从订货、投料到产量进行严加控制。

四、增强成本观念,实行全员成本管理

成本控制是从洽谈销售产品开始到产品生产、销售、资金全部回收的全过程发生的所有费用,以及产品成本形成中所进行的组织、计划、控制、执行、核算、分析等一系列的管理工作。其目的就是追求经济活动中的利润最大化,并在激烈的市场竞争中,以成本优势获取竞争优势。成本具有全员性、全过程性、整体综合性、预防性、科学性等特点。因此,成本控制不仅是财务部门的工作,也是一项全过程、全方位、全员参与、系统复杂的综合性经济管理工作。

要增强餐饮企业员工的成本意识,就要让餐饮企业的所有员工在自己的工作岗位上、工作过程中对成本具有一定的认识、了解,使之对成本产生重视。

(一)定期举办有关成本知识的讲座

定期举办成本知识的讲座,可以提高员工对成本的认知度,令员工对成本产生一定程度的了解,明白节约能源、节省成本的重要性以及必要性。

(二)定期召开成本会议

定期召开成本会议,总结上阶段营业对成本方面的遗漏问题,这与定期举办成本知识讲座都是餐饮行业运营中必需的工作。

有些餐饮企业对成本控制比较重视,可能一周召开一次成本会议,总结上一周中成本方面所存在的问题。

(三)不定期抽样

不定期地进行抽样,使每位员工都有一定的成本认知。作为管理人员,只下达管理任务是远远不够的,还要进行督促、督导、抽样,不仅仅是传达目标,更重要的是关注员工的实施情况。

(四)做好成本分析和考核工作

应建立成本分析制度,以财务部门为主,组织企业相关部门定期进行成本分

析，对于成本分析中发现的问题，要有整改措施，并实行跟踪检查。同时建立有效的考核制度，考核制度是成本控制系统发挥作用的重要因素。建立考核制度要根据责任会计系统里面每个人的职责来进行考核，有效的考核制度能够提升职工的工作积极性，引导职工自觉地将自己的行为纳入到与企业总目标相一致的轨道中去并争取更好的工作业绩。

五、导入"五常"管理理念，充分调动员工的自律性

"五常法"是中国香港的何广明教授借鉴日本"5S"管理法，结合经营实际创设的现代餐饮优质管理方法。其要义为：工作常组织，天天常整顿，环境常清洁，事物常规范，人人常自律。

比如通过"常组织"，把必需的物品与非必需的物品分开，将必需的物品的用量降低到使用最低下限，并把它放在一个便利之处。通过"常整顿"，考虑采取合适的储存方法和器具，固定物品的"名"和"家"，旨在用最短的时间可以取得或放好物品，以杜绝一切可能的浪费。"五常法"作为一种简单易行、见效快、能持久的管理方式，已成为餐饮行业提高工作效率、改善服务质量、降低经营成本的一大法宝。

第二章
采购成本控制

引言

餐饮企业在目前竞争激烈的市场环境下,要想保持长久的发展壮大,就必须做到"开源节流"。众所周知,企业间的竞争已经演变为全方位的竞争,除了美味的菜品、优雅的环境、周到的服务、恰当的促销外,就是企业如何加强采购管理,控制采购成本。餐饮企业只有控制采购成本才能真正做到"节流",因为采购节约的费用将直接计入创造的"利润",所以采购可能成为最后一个尚未开发的"利润创造源"。

第一节　餐饮采购流程

采购是指企业在一定的条件下从供应市场获取产品或服务作为企业资源，以保证企业生产及经营活动正常开展的一项企业经营活动。

一、原料采购流程

原料采购流程如下图所示。

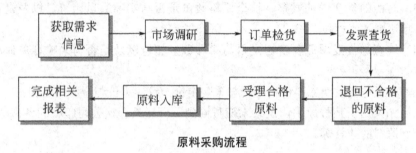

原料采购流程

（一）获取需求信息

由一线的厨师长将所需的餐饮原料在前一天上报，经过核实后填写主副食原料采购单。

（二）市场调研

采购的前提是了解物资的规格、性能、品质和价格。市场调研是餐饮原料采购的出发点，是提高餐饮原料采购效果的一种管理方法，从点差分析中提出解决问题的办法，为公司制订产品计划、营销目标、决定分销渠道，制定采购价格，为调整计划提供依据，起到检验和矫正的作用。

（三）采购

餐饮行业原料采购的特点有多样性、季节性、时鲜性、选择性以及计划性。根据这些特点，要很好地完成采购任务必须做到加强市场信息调研、合理组织采购方式，做好采购人员培训。

（四）验货

1.根据订单检查进货

（1）未办理订单手续的餐饮原料不予受理。

（2）规格未达标或串规的餐饮原料不予受理。

（3）对畜、禽、肉类原料，检查卫生检疫证，未经检疫或者检疫不合格的原料拒绝受理。

（4）冰冻原料如已化冻变软的，也作不合格原料拒绝。

（5）对各类质量有怀疑的原料，需报请厨师长等专业技术权威进行检查，确保收进原料符合原料规格书的最低质量标准。

2.根据送货发票检查进货原料

（1）凡是以件数或个数为单位的送货，必须逐一点数，记录真实数目。

（2）以重量计量的原料，必须逐一过磅，记录其真实重量。

（3）对照随货交送的发票，检查原料数量是否与实际数量相符，以及是否与采购订单原料数量相符。

（4）检查送货发票原料价格是否与实际数量相符以及是否与采购订单原料数据相符。

（5）检查送货发票原料价格是否与采购定价一致，单价与金额是否相符。

（6）如果由于某种原因，发票未随货同到，可开具餐饮公司印制的备忘清单，注明收到原料的数量等。

（五）验货后的处理

（1）不符合餐饮原料的予以退回。

（2）受理合格餐饮的原料。

（3）合格原料入库。

（4）完成有关报表。

二、仓库补仓物品采购流程

在仓库存仓物品的存量接近或低于采购线时，即需要补充货仓里的存货，仓库人员要填写一份仓库补仓"采购申请单"，且"采购申请单"内必须注明以下资料：

（1）货品名称，规格；

（2）平均每月消耗量；

（3）库存数量；

（4）最近一次订货单价；

（5）最近一次订货数量；

（6）提供本次订货数量建议。

经餐饮店长同意后，按仓库"采购申请单"内容要求安排采购部进行采购。

采购申请单（仓库）

日期

采购类别			□蔬菜　□粮油　□调料　□米面　□鱼肉　□干货					
序号	名称	规格	平均月消耗量	库存数量	最次一次订货单价	最近一次订货数量	本次订货数量	
申请人			部门主管			餐饮店长		

三、部门新增物品采购流程

若部门欲添置新物品，总厨人员应撰写有关专门申请报告，连同"采购申请单"一并送交采购部，采购部经理及店长同意后，按"采购申请单"内容要求进行采购。

采购申请单

日期

采购类别		□蔬菜　□粮油　□调料　□米面　□鱼肉　□干货			
序号	名　称	单价	数量	金额	备注
1					
2					
3					
4					
5					
6					
7					
8	合计				
采购员		申请人 部门领导	申请人 部门领导	复核	

四、部门更新替换旧有设备和物品采购流程

如部门欲更新替换旧有设备或旧有物品,应先填写一份"物品报损报告"给财务部审批,将一份"物品报损报告"和采购申请单一并送交采购部,采购部须在采购申请单内注明以下资料:

(1)货品名称,规格;
(2)最近一次订货单价;
(3)最近一次订货数量;
(4)提供本次订货数量建议。

经店长批准后,组织采购。

物品报损报告单

日期:_____　　　　　　　　　　报损部门:_____

品名	单位	数量	报损原因	财务检查核实情况
财务部成本会计复核:				

报损部门负责人:　　　　　财务部负责人:　　　　　总经理:

五、鲜活食品冻品的采购工作流程

蔬菜、肉类、冻品、鸡、鸭、鹅、海鲜、水果等物料的采购申请,由总厨或主管根据当日经营情况,预测明天用量,填写每日申购单交采购部,采购部当日下午以电话下订单或第二日直接到市场选购。

厨房每日鲜货申购单

品名	规格	单位	数量	品名	规格	单位	数量	品名	规格	单位	数量
肉类：				牛林				北京鸭			
猪耳				牛腱				鸭脚			
猪舌				牛蹄筋				鸭肫			
猪喉				牛骨髓				鸭血			
猪肝				牛鞭				鸭肠			
猪肺				牛百叶				鸭下巴			
猪肚				金钱肚				鸭舌			
猪粉肠				羊肉				野鸭			
猪大肠				光羊				鹅头			
猪肠头				羊睾丸				黑棕光鹅			
猪皮				羊肚				鹅翅			
猪蹄				羊腿				鹅肫			
猪尾				草鸡				鹅掌			
板油				肉鸡				鹅肠			
大油				童子鸡				乳鸽			
五花肉				三黄鸡				鹌鹑			
瘦肉				老鸡				鹧鸪			
后腿肉				小公鸡				斑鸠			
腩排				竹丝鸡				豆制品类：			
肉排				鸡爪				干丝			
龙骨				鸡冠				豆腐			
大骨				鸡翅				滑豆腐			
肉眼				鸡中翅				玉脂豆腐			
肉末				鸡脯肉				水面筋			
牛柳				鸡壳				油面筋			
牛里脊				鸡腰子				香干			
牛舌				鸡腿（大、小）				千张			
牛脸皮				野鸡				腐竹			
牛腩				老鸭				腐皮			

续表

品名	规格	单位	数量	品名	规格	单位	数量	品名	规格	单位	数量
烤麸				速冻水饺				提子（青、红）			
脆豆腐				速冻汤丸				葡萄			
豆浆				伊面				香瓜			
豆腐花				水果类：				哈密瓜			
点心类：				香蕉				无籽西瓜			
么么皮				吕宋芒果				龙眼			
春卷皮				荔枝				杨桃			
小王皮				苹果（富士）				水蜜桃			
大王皮				雪梨				杨梅			
馄饨皮				奇异果				枇杷			
水饺皮				蛇果				夏威夷木瓜			
龙须面				橙子				菠萝			
河粉				柠檬				草莓			
采购部：				收货部：				厨师长：	年	月	日

六、燃料采购流程

采购部根据营业情况与工程部编制每月燃油、燃气、柴油采购申购计划，填写采购申请单，经部门经理、店长批准后组织实施。

第二节 餐饮企业采购成本控制的战略

餐饮企业的采购方式有多种，不同的方式适用于不同的企业，在选择采购方式时一定要以企业的实际情况为依据。

一、大型连锁餐饮企业统一采购

在不超出价格弹性范围的情况下，所采购商品数量越大，压低价格的筹码也就越重,即所谓"多买贱卖,薄利多销"。目前,许多知名餐饮企业都采取统一采购的方式。这种采购方式可以极大地提高规模效益,减少中间环节,有力地降低采购成本。

全聚德、便宜坊、真功夫、华天等餐饮企业,采取扩大分店及连锁门店集中采购范围的采购方式,并加强定向订单采购。

××火锅餐饮公司,从食材到用具都在厂家直接定做,如火锅专用电磁炉、锅、托盘、菜盘、饮料杯、筷子、餐巾纸等,甚至连牙签都由总部统一采购配送,确保高标准、高质量地完成采购工作,保证顾客利益。

二、集团统一采购与各区域分散采购相结合

国内很多大型餐饮集团,如内蒙古小肥羊餐饮连锁有限公司、山东净雅餐饮集团等,采取了统一采购与分散采购相结合的采购模式。

实例 ▶▶▶

小肥羊餐饮连锁有限公司集中采购和物流配送,降低门店运营成本

小肥羊餐饮连锁有限公司(以下简称小肥羊)经营食品的原料种类繁多,季节性强,品质差异大。为此,小肥羊成立了物流配送分公司,在内蒙古包头、内蒙古锡林浩特设立了一级分拨中心,在北京、上海、深圳等城市和山东、陕西、河南、河北、甘肃、新疆等地区设立了二级分拨中心,业务范围覆盖全国,为小肥羊餐饮经营的集中采购、配送、仓储提供了后勤保障。

小肥羊对食材进行集中采购和统一配送。各门店在系统中上报采购需求,集团进行汇总分析后制订统一的采购计划,通过统一供应商管理和价格管理平台进行集中采购和财务结算,有效降低物料采购成本,提高了小肥羊的整体竞争优势。

同时,小肥羊将物流业务系统延伸到连锁店,根据下属企业的要货申请,在集团内进行库存物资的分配、平衡,下达统一的内部配送指令,使连锁店与物流公司业务形成闭环,从而集中资源优势解决连锁店的原料供应问题,降低连锁店运营成本。

餐饮企业可以借鉴其他行业企业的成功经验,对价值高、关键性的物资实行统一计划、统一采购,以获得规模经济,降低采购成本;对批量小的低值易耗品以及需要每日采购的果蔬、肉蛋、调料等物资,实行区域分散采购。

全聚德、便宜坊等中餐集团纷纷将旗下多品牌餐饮的采购集中,以大量进货

为筹码压低进价,甚至还将鲍鱼、鱼翅、海参等高档原料的采购也纳入集中采购的范围。便宜坊集团相关负责人表示"成本被压低10%～20%",该集团将真空食品、餐厅菜品等原料全部集中采购,最高可以将原料进价压低为原来价格的80%。中国烹饪协会还集中了近10家具有规模的中式快餐企业进行多家企业联手进行全国集中采购,也受益匪浅。

三、本地采购与外地采购相结合

在餐饮企业的日常经营中,大量的原料一般都在本地就近购买,以便能够及时满足使用需求。但由于市场经济的作用,各地产品的价格都有所不同,尤其是干货、调料等,由于进货途径不同,各地的价格差异较大。这就需要餐饮企业采购部门深入地开展市场调查研究,掌握本地和外地各类产品的价格行情,从而有计划地去外地采购同等质量、低廉价格的食品原料。

麦当劳本土化采购

本土化采购对缩短采购周期和降低采购成本有极大的作用,而采购周期直接关系到保质期问题。麦当劳在中国的原料采购额每年高达数十亿元人民币,最初部分原料从国外进口,现在97%以上都在本地采购。

麦当劳有一套很好的运转机制,其所需原料有固定的供应商,有的已合作了40多年。麦当劳开到哪里,供应商就把厂建到哪里,双方形成了一种良好的合作伙伴关系。

作为必备产品,麦当劳的薯条受到严格的监控。1993年,麦当劳的主要薯条供应商辛普劳在北京成立合资公司,年产量1万吨以上。早在1982年决定进入中国之前,麦当劳便与辛普劳调查适合在中国加工的土豆品种,最后选定美国品种夏波蒂,然后从美国引进先进种植技术,对施肥、灌溉、行距、株距及试管育苗等都规定了统一标准。

美国可奈劳公司一直向麦当劳餐厅提供高质量的生菜。1997年麦当劳考虑采取本土化采购,于是可奈劳公司开始在广州建立分公司。为了确保产品质量,厂房和实验室设备几乎全部从国外进口。

美国福喜公司与麦当劳有40多年的合作关系。1991年福喜在河北成立独资企业,为麦当劳提供肉类产品及分发配送服务。福喜有一套完整的产品质量保证体系,每个工序均有标准的操作程序。比如,生产过程采用统计工艺管理法,关键质量控制点采用现场控制图法,每种产品都有几十个质量控制指标,确保食品质量。

1995年麦当劳在北京建立生菜、薯条生产厂，在昆明建立了汉堡包生产厂。面粉供应商是北京大晓坊面粉公司、新烟面粉公司、河北马力酵母公司，其自愿参加了美国烘焙协会的标准检查，以确保产品质量。

广州味可美公司由麦当劳美国供应商独家投资，1996年开始营运，专门为麦当劳提供西式调味料、酱料和雪糕顶料等。麦当劳两款特色食品——冷冻苹果派和菠萝派则由美国百麦公司和北京合资企业生产，95%的原料在中国采购，一小部分调味品从外国进口。

四、餐饮企业联合招标采购

餐饮企业可以在地区内联合几家企业进行联合招标采购，扩大采购规模，形成规模优势，以降低采购成本和产品原料价格。

招标采购是指企业提出品种规格等要求，再由卖方报价和投标，并择期公开开标，通过公开比价以确保最低价者得标的一种买卖契约行为。招标采购提倡公平竞争，可以使购买者以合理价格购得理想货品，杜绝徇私、防止弊端，但是手续较烦琐、费时，不适用于紧急采购与特殊规格货品的采购。

五、加大科技投入，实现电子采购

电子采购将成为采购业发展的一大趋势，因此餐饮企业应顺应潮流、及时行动，加大对电子商务的投入，逐步实现电子销售和电子采购一体化的在线供应链管理。一方面推行并不断改进"为订单而采购"的经营模式，最大限度地缩减销售物流与采购物流之间的中转环节——库存物流，按需求定供应，以信息换库存；另一方面再造销售模式和采购模式，逐步实现在线、实时的电子采购并不断提高其份额。

2009年，中国首个餐饮业电子采购管理平台（www.cgy100.com）正式上线，该平台可提供值得信赖的供应商和具备大宗原料采购能力的餐饮企业的相关信息，原料进出货价格、原产地等各种管理表格也可在线生成，还可让餐饮企业和供应商的业务与国标财务软件对接。该平台不但能节约采购原料的时间，而且在系统上留有交易记录，可以实现产品的安全追溯。

2010年5月，商务部发布了《关于推广餐饮企业电子商务采购平台的通知》，足以见证政府对餐饮企业电子采购的重视与支持。

六、供应商长期合作采购

餐饮企业可以与供应商签订长期采购合作协议，实行成本定价，以此来达到降低成本的目的。

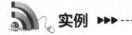 **实例** ▶▶▶

肯德基50亿元签下鸡肉大单

2009年7月15日,百胜餐饮集团中国事业部与大成食品亚洲有限公司、福建圣农发展股份有限公司及山东新昌集团有限公司三家国内鸡肉生产龙头企业在北京分别签署重要策略联盟合作协议。根据此项协议,签约之后的三年,百胜将以"成本定价"的全新合作模式向三大供应商提供总共28万吨鸡肉的采购订单,总金额超过50亿元人民币。

"三年长期承诺+成本定价"是百胜餐饮的采购新模式。"成本定价"是指以决定鸡肉产品成本的主要原料的价格来确定鸡肉的价格。这种全新的合作模式是中国百胜首次实行。

通过这种新的合作方式,肯德基将不断获得安全、高质的鸡肉供应;供应商有了长期采购承诺,将可以放心地扩大生产规模、更新技术设备。

七、同一菜系餐饮企业集中采购

同一菜系所用食材原料大多相同,如川菜中用到的花椒和麻椒、湘菜中用到的辣椒、粤菜中用到的蚝油等。因此,同一菜系餐饮企业可以联合起来进行集中采购,建立统一采购平台。

餐饮企业经营中最主要的问题是"两材(才)":一个是食材,也就是原辅料供应,如湘菜的原料大多需要从湖南购进,因此原辅料的采购工作非常重要;另一个就是人才,餐饮企业靠味道来吸引顾客,更要靠人才来留住顾客。

八、农餐对接——向农户直接采购

餐饮企业直接与生产源头进行对接,可缩减两个终端间的中间环节,确保农产品源头可追溯,质量也更加有保障,价格也相对稳定。

目前"农餐对接"中面临着很多问题,如生产规模不能满足市场需求、不能长期稳定地满足企业创新菜品所需原料需求等。餐饮企业可以建立"农餐对接"长效机制,进行基地考察,研究合作模式,确保主要农产品的安全、有效供给。

九、餐饮企业自建原料基地

最近几年,餐饮企业原料价格十分不稳定,部分出现大幅上涨。餐饮企业可以自己建立主要原料生产基地,以确保在原料供应和采购价格上的自主权。

 实例 ▶▶▶

著名餐饮企业原料基地

重庆著名餐饮连锁企业陶然居,其店面每年需要大量的田螺、老腊肉、板鸭、土鸡、干海椒、花椒等,这些菜品原料绝大部分都是在企业自建的生态养殖基地种养的。

陶然居董事长严琦介绍,陶然居店面每年需要田螺达2800多吨,老腊肉300多吨,板鸭100多万只,黄瓜干200多吨,土鸡1500多吨,干海椒900多吨,花椒100多吨。她说"用料量越大受市场各种因素的干扰就越大。"据了解,陶然居在西部地区三省市建立了面积达8万多亩(1亩≈666.67平方米)、拥有9大类生态种类的养殖加工基地和原料配送中心。她说"菜品中常用的重庆辣椒都要与农户签订收购协议,不但保证辣椒的数量和品质,也确保价格的稳定,不受市场经销商、运输等其他因素的更多干扰。"

另外,武汉艳阳天与湖北鄂州武四湖渔场建立武昌鱼养殖基地,小蓝鲸在湖北蔡甸建立莲藕直供基地等,这都让餐饮企业仰仗原料产地得天独厚的优势,尽量避免经济不景气波及餐饮业。

无锡穆桂英美食广场则建立了安徽凤阳粮食、浙江北天目湖家禽、宁夏盐池牛羊肉、贵州黔西南州野生菌、云南昭通猪肉火腿、苏北高宝湖淡水产品、吉林糯米、无锡大浮蔬菜八个原料基地,专门为其供应原料。

小肥羊的肉材都来自锡林郭勒草原基地、巴彦淖尔草原基地和呼伦贝尔草原基地,它是国内生产规模最大、技术水平最高的羊肉加工企业,也是国内首家获得有机食品认证的羊肉加工企业。

餐饮企业可以在农村直接建立自己的原料生产基地,减少中间转手销售环节,确保原料价格波动不超出企业承受范围。当然,餐饮企业要与农户签订收购协议,这样不但可以保证原料的数量和质量,也可保证价格的稳定,避免受到市场经销商、运输等其他因素的可以干扰。

第三节 餐饮采购成本控制的措施

目前餐饮企业原料基本是由运用部门请求,采购部门负责采购。这种分工合作有其长处,但也存在一定的弊端,其突出表现是:运用部门往往强调材料质量而忽视对价格的控制,致使成本上升。为改变这种局面,应设置严格规范的采购制度和监督机制,控制采购成本。

一、建立原料采购计划和审批流程

厨师长或厨房部的负责人每天晚上、保管人员每周或每半月定期根据本企业的经营收支、物质储备情况确定物资采购量,并填制采购单报送采购计划员。采购计划员根据采购需求,结合采购计划制定采购订单,并报送采购总经理批准后,方可向供应商下订单。

以下为某知名连锁餐厅的采购计划审批流程。

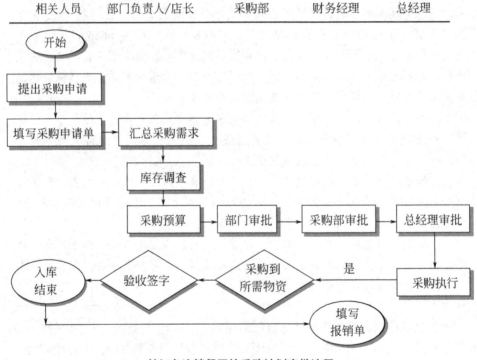

某知名连锁餐厅的采购计划审批流程

所有支付申请单必须附上凭证,必须有各个经办人签字。未按照以上程序操作,公司不得付款,如有任何问题或责任由当事人承担全部责任

二、建立严格的采购询价报价体系

采购部建立专门的市场信息员,定期对日常消耗的原料、辅料进行广泛的市场价格咨询。坚持货比三家的原则,对物资采购的报价进行分析反馈,发现差异并及时督促纠正。对于每天使用的蔬菜、肉、禽、蛋、水果等原料,采购员根据市场行情每周或半个月公开报价一次,并召开定价例会,定价人员由使用部门负

责人、采购员、物价员、库管人员组成,对供应商所提供物品的质量和价格两方面进行公开、公平的选择。

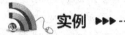 实例 ▶▶▶

多途径调查,源头上降成本

在川菜大行其道的今天,西蜀豆花庄地处左有俏江南"拦截"、右有吉野家"追击"的东方广场,但经理赵鹏举积极运用现代的科学管理手段,即使是在美食林立的东方广场中,也闯出了西蜀豆花庄自己的一片天空。

西蜀豆花庄在北京共有四家分店,四家店之间进行比较,每家店每月都会要求一个整体的成本控制指标,实现一定比例的毛利率。东方广场是北京繁华的商业中心,在这里开设门店,真可谓是机会与挑战并存,需要非凡的经营能力。

在经营中发现,如今的餐饮市场上,再也不能仅靠单纯的打折降价就可以节约成本,因为大家都在打折,这种竞争手段的意义本身也已经大打折扣了。西蜀豆花庄的赵经理认为,只有在日常的经营中,抓好每一个细节,把成本控制落到实处,而不是最后看月报表来决定是否进行成本控制,这样才是细水长流,才是提高利润最有效的办法。

任何一个成功的企业都会视质量如生命,西蜀豆花庄更是如此。为了能够给客人提供最精美的菜肴和最鲜香的口感,西蜀豆花庄的原料采购都是挑最优质的,特别是海鲜、干货之类贵重的材料,稍有差池,就会直接影响到菜品质量。在经营中却发现这样做品牌是树立起来了,可是成本也随之涨上去了,利润则肯定是下降了。因为竞争的激烈让企业不敢随意提高菜价,但是原料的价格确实起伏变化非常大,特别是海鲜、干货这些原料,如果产地那边有什么小的变动,最后的进货价可能会有几十块钱的差距。原料价格涨了数倍,菜品价格却不能提高,客人仍然会点这道菜,最后,咬着牙也得照原样把菜端上去。

通过长期的经营实践,赵经理观察到,原料价格时涨时跌,可为什么涨价的时候忽然一下就能涨很多,跌的时候却缓慢平稳再也回不到原来的价格了呢?他意识到一定要去市场考察价格,了解原料价格涨跌的真实情况。有了这种想法,西蜀豆花庄每周都会派人去市场实地考察,了解市场上的真实情况,在保证原料质量的基础上控制价格,避免了因供货商报涨不报跌而带来的成本损失。随着对市场采购价格的逐渐重视,后来赵经理又意识到每周派人去市场考察价格仍然只能起到一部分作用,毕竟是一周去一次,不是每天去了解,而有的原料采购价格却是每天都在起伏变化的,像蔬菜等,看起来只有几角钱的变化,可是日积月累,也是一个不小的数字,如果能够每天了解价格,那就会更有效地控制成本和价格。后来他接触到了易餐网的产品,认为专业机构报价虽然是个新事物,可是它带给餐饮业的帮助却是很多餐饮业从业者盼望很久的,西蜀豆花庄现在每天都会有专人上网看网上发布的最新价格信息,同时也会派人去市场考察,验证信息的准确性。通过几个月的实践,西蜀豆花庄的利润果然有明显提高,这便是采购前通过多种途径做足调查,从采购源头上节省的好处。

三、建立严格的采购验货制度

库管员对物资采购实际执行过程中的数量、质量、标准、计划以及报价,通过严格的验收制度进行把关。对于不需要的超量进货,以及质量低劣、规格不符和未经批准采购的物品有权拒收,对于价格和数量,与采购单上不一致的应及时进行纠正,验货结束后库管员要填制验收凭证。

【范本】餐饮采购物品入库验收规定

1.物品采购回来后,非急需物品必须先行办理入库手续,由库管员首先验货,合格的物品,应办理入库手续,不符合要求的物品,当即退回,并限时补充;属于部门专用物品,由库管员通知部门经理到库房验货。急需物品由采购员直接通知申购部门验货领取,先由领用人填写验收领取收条,采购员及时到库房办理入库手续,使用部门及时办理出库手续。

2.由库管员记录通知日期、时间、电话接听人,部门经理没有时间的,由部门经理书面授权副经理或其他专业人员到库房验货,验货人员必须在半小时之内到库房验货。

3.库管员负责物品名称、数量、规格等并做好登记,申购部门经理或授权验货人员负责物品质量,当场验货合格的在登记本上签字,不合格物品也要在登记本上签署不合格原因,提出建议,比如全部退货、拣选合格的物品入库使用或降价处理使用等。对于不能使用的物品不准办理入库手续,要求供货商或者采购员进行补充或者退换。

4.从库管员电话通知部门验货起半小时仍不到场的,库管员视为默认物品合格并入库使用,在记录本上注明"已通知验货人员,未到场验货",以后出现质量问题,由申购部门承担责任。对于验货员一时不能确定是否合格的,可以请示相关领导,但必须在一个工作日之内完成,超过时限,库管员视为合格入库。对于验货合格的或默认合格的物品,在使用中出现问题时由使用部门负责(当时无法确认的除外,如干货需要涨发后才能确认优劣的)。

5. 验货的标准：订购的大宗物品，有约定验货标准的，按照标准验货；没有约定标准的，按照公司使用要求进行验货。部门申购的物品按照申购单注明的规格和质量或样品进行验货，申购单没有注明或没有样品的，视为普遍使用标准，使用部门不准以此为由要求退还，若因此要求退换的，由申购部门负责承担采购费用（每次20元）。

6. 验货后的领取：属于部门申购的，验货合格后必须在一个工作日之内领取，库房不再另行通知，逾期不领取的按照10元/（件·天）记录物品滞留费和库房占用费。

四、建立严格的报损报失制度

餐饮企业针对容易变质、变坏的海鲜以及烟酒、果蔬等物资应制定严格的报损报失制度。报损由部门主管上报财务库管，按品名、规格、重量填写报损单，报损品种需由采购部经理鉴定分析后，签字报损。报损单汇总后每天报送财务经理，对于超过规定报损率的要说明原因。

【范本】酒楼物资报损制度 ▶▶▶

为了加强酒楼对物资的统一管理，维护酒楼的利益，现对各部门报废、报损物品管理及降低物资报损管理做出如下规定。

一、原料及物料途中损耗的管理

1. 途中损耗原料及物料在购进时或其他因素造成的损耗责任，属供货单位因包装不符合规定而造成破损或数量不足，应向供货单位追索损失，在供货单位未偿付损失金额前，所损耗原料不能进入库存管理。

2. 自然损耗物品：物品在运输途中所发生的损耗，如鲜活商品、易碎物品等经核定非人为造成的损耗，在验收时应向供货单位追偿损失。

3. 人为损耗：原料在运输途中，由于装卸人员不负责任，造成破损或失所产生的损耗，应查明原因，根据当时的实际情况，由经办人员负经济责任或部门负经济责任。

二、物品残损、霉变的管理

各种物品出现残损、霉变，需要销价处理或报损、报废，必须填制"报损申请单"，严格审查原因，经有关领导审批处理。

报损、报废的规定：原料发生残损、霉变，失去使用价值，需要做报损、报废处理时，由保管人员填写"报损申请单"，据实说明变坏原因，并经业务部门审查提出处理意见，报部门经理、财务部审批。对核实并获准报损、报废的商品、原料的残骸，由报废部门送交房务部进行集中清理。仓库管理员在日常仓库上班过程中，由于缺乏专业知识、操作技能及工作责任心造成原料的残损、霉变，将追究仓库管理员个人责任，要求赔偿。

三、报损物资处理及降低物资报损的管理

1. 物品类

（1）酒楼所有的报损设备、家具、软片、各种残损品的处理，统一由财务部负责。

（2）各部门破损的设备、家具、软片等，本着修旧的原则，由各部门统一放在工程部指定的位置内，由工程部负责维修。如经过鉴定不能维修的，由财务部统一处理（有关部门配合）。

（3）保安部必须严格把关，绝不允许没有任何正当手续的人自行出门处理报损物品，任何个人不得私自处理残损品。

2. 食品类（仓库）

保管员对入库原料要经常检查，本着"先进先出，定期翻垛"的原则，检查食品保质期，在保质期前两个月通知供货商调换食品，发现破损、霉变等情况时，及时填写"物资报损单"。具体管理规定如下。

（1）要随时记录并反映库存食品的报损数量、金额和原因，如实填写，字迹工整，不准用铅笔填写。

（2）成本控制部根据此表反映报损食品情况进行实地检查，确定该食品是否属于报损的食品之列。

（3）报损表格一式三联，要有仓库领班、成本控制主管及财务经理签字批准然后将"物资报损单"交由成控部备档。

（4）仓库应与厨房部门一起制定食品的库存标准量，以便定时补仓，可随时与行政总厨、厨师长到库房协同检查食品库存情况及质量，以便做出调整或安排使用。对于库存时间过长的调料或食品，应及时向有关部门提出建议和意见，特别是对于厨师更换后调味的补货需更慎重，应及时将库存的信息进行反馈，以便能掌握库存情况，更好地做出采购判断。

3. 食品类（后厨部）

厨房的报损是隐性报损，原料的损坏不能轻易被发现，应加以控制，报损主要原因为：

（1）原料存放在冰库里，层层积压，极少清仓，导致里面货物积压过多、过久而变质、变味，将追究餐饮部厨房责任；

（2）厨房调料过期变质，特别是在更换厨师后原采购的调味品被闲置不

用，而导致积压变质，将追究餐饮部厨房责任；

（3）贵重食品如干鲍、燕窝、鱼翅、辽参的调配、泡发或出品时因制作人员技术的原因导致变质的，将追究制作人员责任，厨房应提供干货泡发后的标准分量，以备检查；

（4）采购质量不过关，验收时未把好关，让低劣产品进入使用环节，导致失效、过期或变质、变味，将追究采购部责任。

对以上现象，厨房应加强管理，定期清理冰库食品，做到先进先出（先用）；高档货品应由专人保管和调制；严把验收关，不合格食品不允许进入使用环节；边角料应充分利用，减少损坏率。财务部需加强此方面的监察力度。

五、严格控制采购物资的库存量

根据餐饮企业的经营情况合理设置库存量的上下限，并通过计算机进行管理。当库存量达到下限时由计算机自动报警，及时补货；对于滞销菜品，通过计算机统计出数据，及时减少采购库存量，或停止长期滞销菜的供应，以避免原料变质造成的损失。

六、加强采购员的管理

（一）聘用合格的采购员

聘用合格的采购员是加强采购管理和控制采购成本的必要条件。

采购战略和详细措施的施行是由采购员来完成的，因此采购员的选择对采购成本的控制有着举足轻重的作用和影响。一名好的采购员能为企业带来可观的经济效益。一名合格的采购员必须人品诚实可靠，爱岗敬业，具有丰富的商品知识、丰富的贸易工作经验；

（1）把握市场供应状况和消费变化动态；

（2）懂得有关法律知识，遵守规章制度；

（3）了解一定的烹调知识；

（4）具有鉴别采购商品质量的能力以及必要的保管知识；

（5）具备数字计算能力，能对采购业务进行科学计划管理等。

（二）加强员工自身采购知识与技能

因为每天需要大量地开展采购工作，采购员必须掌握必要的商品知识，至少是他所分管范围的商品知识。了解市场行情，要随物品特点而定，对时令物品，因供求情况和价格变化快，应随时了解掌握其变化；对季节性强的物品，如鲜贝、对虾等，须摸清生产周期，掌握采购最佳时期，根据采购的质、量、时间要求进行选择,如从外地进货还要了解运输的情况和运输费用的高低。可供采购物品的市场是广阔的,一种物品要能有几十家供货单位可以选择,同时还必要了解市场的其他一些因素,如市场物品流通渠道,产品供应的季节性、价格波动,商业经营气候等影响市场供应变动的原因。要了解市场行情,就要进行调查分析,这样就有可能避免采购的盲目性和被"斩"情况的发生,既能确保采购质量,也可防止采购员徇私舞弊,公饱私囊,从而有效地控制采购成本。

(三)重视采购员的思想教育工作

采购员对于采购工作的把控至关重要,而经理对采购工作的管理主要表现在对采购员的管理上。针对采购工作的特点,采购经理首先要加强对采购员的法制教育、职业道德教育,提高其抵制不正之风的自觉性,树立坚强的组织观念和严明纪律性。同时,要培养其企业主人翁的责任感,以及不谋私利、不徇私情、秉公办事的思想作风。

采购员在明确其业务及职责范围后,要对其充分信任与授权,使之有独立自主的处理问题的权力,能想方设法,克服困难,完成任务,不必事事请示,但要有事事汇报制度。采购员应将每天工作中遇到的问题、处理的方法以及每天的到货情况等记录在"每日工作汇报表"中,以便经理检查,发现问题时随时解决。

(四)防止采购员吃回扣

餐饮企业食品原料的采购成本几乎占据总成本的一半,因此,食品原料的采购工作对餐饮企业的资金周转、菜品质量优劣有重要的意义。在采购过程中,"吃回扣"现象无疑是企业在餐饮经营中最常遇到的重大问题之一。以下为有效防止采购"吃回扣"的方法。

1. 采购员的选择

企业在选择采购员时应注重其个人品质,应选择为人正直、受过良好教育的人。

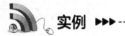

丁先生投资60万元,租下了一家上下两层、共500平方米的门面房,准备开家火锅店。由于自己分身乏术,丁先生将火锅店的事务交给了表姐张女士负责,并请来从事餐饮管理工作多年的小刘辅助张女士。

为了将火锅店装修成巴渝竹楼风格,张女士找了一个装修队。小刘则画出草图,开出料单。之后两人一起去采购材料。在此期间,小刘只负责提建议,张女士负责结账。小刘算了一下,装修的花费应该在5万元左右,可张女士却当着小刘的面,将7万元的账单拿给了丁先生。

小刘是明白人,他不好多说什么,毕竟老板和张女士是亲戚。然而,在设备器具采购过后,张女士又拿回了5万多元的发票。熟悉行情的小刘一估算,丁先生起码又多支付了表姐6000~7000元的费用。

张女士这是在挖自家人墙脚,可她以后还要负责菜品的进货工作。倘若菜品成本高,那还怎么与同行竞争?因此,小刘不看好这家店的前景,并选择了离开。

半年不到,丁先生的火锅店便关门歇业了,投入的60万元资金打了水漂。

小刘认为,丁先生的问题出在过于相信表姐张女士上面。张女士没有正当工作,丁先生将火锅店交给她打理,也是想在经济方面支持一下表姐。然而,丁先生却并不知道表姐的为人。由此可见,在选择采购员时,一定要慎重。

---

2. 供应商的选择

不要长期选择同一家供应商。选择不同的供应商有利于物料更好地流动,并且在一定程度上可以避免采购员与供应商建立"密切关系"。

3. 经常进行市场调查

企业应对市场进行定期或不定期的调查,掌握市场行情,了解货物的价格与质量、数量的关系,并与自己采购回来的物品进行对比,以便及时发现问题、解决问题。市场调查工作可以由专员负责,也可以由财务人员、行政人员,甚至是经理负责。

4. 库房人员、采购员、厨房人员验收

库房人员、采购员、厨房人员应独立进行验收工作,这对餐饮企业的管理非常有效,尤其在防止以次充好、偷工减料方面效果显著。一定要牢记,库房人员与厨房人员绝不可以受到采购员的影响。

5. 有力度的财务监督

供应商、采购员报价后,财务部应进行询价、核价等工作,实行定价监控。餐饮企业可实行"双出纳"制度,两个出纳人员一个负责现金的支出,一个负责现金的收入,以便更好地控制现金的收支。财务部可以每周派人进行市场调查,并核实采购员的报价。

七、加强采购计划和购货合同执行的控制

为保证物品采购和购货合同的有效执行,餐饮企业采购经理必须对执行过程进行控制。

(1)指定专业人员负责对计划的执行和购货全责的履行进行检查。

(2)设立物品计划执行控制台账,记录每种物品的采购计划、签约(合同)情况、交货履约和库存情况,如有条件可采用科学的酒店采购工作管理软件,将

这些数据输入计算机,以备随时检查。

(3)定期检查与随时检查相结合,每月进行全面检查,对未按计划和合同的进度供货的货种,随时通知经办采购员督促供应单位按时交货,也可用挂牌方法把没有按计划执行、没有按合同供给的物品品种,用不同颜色牌子挂出,以便引起同事注意。

【范本】食材商品供应商合同管理办法

为保证采购食材商品的质量,降低采购成本,规范供应商管理,制定本管理办法。

一、供应部对食材商品供应商实行合同管理,经遴选,符合公司要求的供应商应与公司签订书面合同。

二、经营发生的经济业务,应使用公司统一制定的印刷格式合同。

三、属购销性质合作的供应商(无论是现金采购还是期期结算的)应签订《采购合同》;联营、代销等供应商应签订《合作经营合同》。

四、空白合同由行政部统一管理,领用要登记,采购员每人一本作为样本,以便供应商阅研,合同内容原则上不发电子版,确实需要的需采购经理同意。

五、合作条件确定

1.合同期限原则上不得超过一年,结算周期应争取月结。

2.《采购合同》中价格确定方式:宜采用月初确定当月不调的方式;免费送货起点金额越低越好。

《合作经营合同》:酒水类供应商,应积极争取进场费(合同中的租金项目);如供应商派人进场销售的,进场商品的保管责任由供应商承担。

3.供应商对合同条款有异议的,或需要补充添加的,以补充条款(合同)形式确认,印制好的合同不再调整及涂改。

4.与供应商就合同条款达成一致后,由经办人员填写"合同审批表",连同拟采购商品清单(报价),报总经理或授权人员审批。

5.合同内容中的空格部分由公司指定人员按照"合同审批表"填写,复核无误后按规定用印,合同原件由财务部门存档,"合同审批表"作为合同副本使用,原件由行政部存档,复印一份留采购部。

六、签订合同所需资料清单

1.我方需向对方提供加盖公章的营业执照复印件和授权委托书。

2.对方需向我方提供营业执照、税务登记证、法人代表身份证、食品流通许可证、食品卫生许可证、生产经营许可证、经销商品的授权证明文件、认证商品的相关认证文件,如是进口商品,需提供相关的商检证明文件(对上述材料要审验原件,留下盖公章的复印件);以及授权委托书、被委托人身份证复印件(如是法人代表签约的则不需要)。

【范本】食品原料采购合同

采购方:_____(以下简称甲方)
供应方:_____(以下简称乙方)

双方本着平等协商原则,就乙方向甲方提供食品原料相关事宜达成以下协议,双方必须共同遵守。

第一条:采购内容及履行期限

为保障甲方餐厅的正常运行,乙方按照协议规定向甲方提供粮油类、蔬菜类、水产类、猪牛羊肉类、禽蛋类、水果类、副食调料类等货物。该合同年度预算金额为_____元,自_____日至____日履行。

第二条:批次订货与临时订货

1.批次订货:甲方每_____(日/周/月)在"报价表"范围内向乙方订货一次,于16小时前以书面方式向乙方发出订货单,乙方收到订货单后2小时内由指定人员签字后以传真方式向甲方确认订货单。

2.临时订货:甲方因临时需要,有权在批次订货时间以外临时向乙方订货,订货方式可以是书面方式,也可以是口头方式,如果是临时口头订货,乙方在送货时有权要求甲方以书面方式予以确认。

第三条:交货时间及地点

1.批次订货以订货单为准,临时订货以通知为准。

2.乙方保证按照约定时间将甲方所订的货物送至甲方指定地点。如果因送货地点错误、送货时间延误而造成甲方工作不便,乙方承担违约责任。

第四条:价格确定

1.甲乙双方协商一致后可以对"报价表"中的货物内容进行扩充和缩减。

2.批次订货:乙方每日就"报价表"中所供货物的价格向甲方电话确认,该价格为当日×××批发市场牌价的价格乘以供货商承诺的下浮比率后的价格。以订货日确认的价格作为该批次订货的结算价格。

3.临时订货:临时订货的货物如在甲方附近市场采购,按照实际零售价格结算,实际零售价格以乙方出具的采购发票上标明的价格为准,否则按照批次订货价格结算。

第五条：食品质量、卫生与安全

1.乙方保证提供的货物及服务均符合《中华人民共和国食品卫生法》《餐饮业食品卫生管理办法》《餐饮业和集体用餐配送单位卫生规范》《北京市食品安全监督管理规定》等国家法律法规及地方政府有关规定。乙方对提供货物的质量、卫生、食品安全承担全部责任。乙方保证提供的货物均符合国家规定的质量、卫生、安全标准。乙方提供的货物属于实行生产许可证管理的，所供货物必须经过QS质量认证。

2.乙方必须按照国家有关规定就所供货物向甲方提供以下索证资料。

（1）鲜（冻）畜禽肉类及其制品生产商的卫生许可证和屠宰资质等有关证照，以及法定兽医检验部门出具的相同批次产品的卫生检验检疫合格证明。

（2）进口货物，提供口岸食品检验检疫机构出具的相同批次产品的检验合格证明。

（3）食品添加剂，提供生产地省级卫生行政部门发放的食品添加剂生产卫生许可证，以及相同批次产品的检验合格证或者化验单；进口食品添加剂，必须符合我国《食品添加剂卫生管理办法》和《食品添加剂使用卫生标准》（GB 2760）的规定，提供口岸食品检验检疫机构出具的相同批次产品的检验合格证明。

（4）定型包装食品及食品原辅材料，提供生产商卫生许可证和有关证照，以及相同批次产品的检验合格证或者化验单。

（5）纳入许可管理的货物，提供采购货物的"全国工业产品生产许可证"，简称"QS"证；根据国质检执〔2007〕644号通知，28大类产品必须提供"全国工业产品生产许可证"，分类界定不清的产品，需要省级以上质量监督部门提供的免检证明，无证产品不予接受。

（6）提供产品在半年内由国家质量检测机构出具的"质量检验报告"，自检报告无效。

（7）其他货物合格证明资料：按照国家规定，个别产品生产企业（厂商）必须具备的其他生产资格证明文件；根据北京市规定，个别产品在北京销售必须具备的其他资格证明文件。

3.禁止乙方向甲方提供以下食品及食品原辅材料（包括但不限于）：

（1）腐败变质、油脂酸败、霉变、生虫、污秽不洁、混有异物，或者其他感官性状异常，可能对人体健康有害的；

（2）含有毒、有害物质或者被有毒、有害物质污染，可能对人体健康有害的；

（3）含有致病性寄生虫、微生物的，或者微生物毒素含量超过国家限定标准的；

（4）含有昆虫或其他异物的；

（5）未经兽医卫生检验或者检验不合格的肉类及其制品；

（6）病死、毒死或死因不明的禽、畜、兽、水产动物及其制品；

（7）容器包装污秽不洁，严重破损或运输工具不洁造成污染的；

（8）掺假、掺杂、伪造，影响营养、卫生的；

（9）用非食品原料加工的，加入非食品用化学物质或者将非食品当作食品的；

（10）超过保质期限的；

（11）为防病等特殊需要，国务院卫生行政部门或者省、自治区、直辖市人民政府专门规定禁止出售的；

（12）含有未经国务院卫生行政部门批准使用的添加剂的或者农药残留超过国家规定允许量的；

（13）擅自加入药物的食品及食品原料；

（14）未经卫生部批准的新资源食品；

（15）未经检验或检验不合格出厂的食品及食品原辅材料；

（16）未按规定索证的食品及食品原辅材料；

（17）无卫生许可证者生产的食品及食品原辅材料（初级农产品除外）；

（18）不符合国家卫生标准或者卫生管理办法的进口食品及食品原辅材料；

（19）其他不符合食品卫生标准和要求的食品及食品原辅材料。

4.甲方在协议执行过程中的任何验收、接收、确认行为，均不免除乙方对货物及服务的质量、卫生、食品安全应承担的责任。

5.凡甲方指定品牌/生产商/产地的货物，乙方必须保证货物的品牌/生产商/产地与甲方要求一致。

第六条：包装要求

1.采用定型包装的货物，包装必须符合国家对产品包装的有关规定。属于国质检执〔2007〕644号通知范围的28大类产品，产品包装上必须提供QS标识。包装上必须有明确的生产日期、保质期。

2.非定型包装：为防止货物损坏和污染，乙方提供的非定型包装产品必须带有包装，甲方有权拒收未带包装的货物。

3.除上述要求外，货物包装应符合"供货和服务要求"。

4.甲方须妥善保管好乙方供货用的周转包装器具，如有缺失或损坏，甲方应照价赔偿。

第七条：货物的储藏

1.乙方不对供应甲方的货物进行长时间储藏；所有提供给甲方的货物，在乙方仓库储藏时间不得超过24小时；乙方保证所有外购的货物自批发、采购地点运至甲方指定地点的时间不超过24小时。

2.乙方向甲方保证具有对各类货物进行冷冻储藏或保鲜储藏的设施，所有储藏设施都符合国家、行业标准和规范。

3.乙方保证建立严格的仓库管理情况记录档案，详细记载进入、搬出货物的种类、数量和时间。

第八条：货物装运

1.除甲方临时订货外，乙方所供货物必须使用厢式食品专用冷藏车辆运输，不得敞露运输。

2.乙方尽量避免将肉类（水产品）、水果和蔬菜拼箱混装；如果采取拼箱混装方式运输，乙方必须采取措施保证不发生冻害、腐败、串味、脱水、变色、失去鲜度等问题。

3.保证周转包装容器和运输车辆的清洁卫生以及防止食品在运输过程中受到污染是乙方的责任。运输车辆应当保持清洁，无霉斑、鼠迹、苍蝇、蟑螂，不得存放有毒、有害物品及个人生活用品。周转包装容器和车辆在每次配送前应进行清洗消毒。

4.货物装卸必须做到轻装轻卸。

5.乙方负责将所有货物运至甲方指定地点，负责卸货并搬运至甲方指定堆放场地。

第九条：验收与检查

1.乙方按照甲方订单将货物运至甲方指定地点后，甲方人员应及时对乙方货物进行验收，甲方不得无故拖延。

2.交货验收标准详见"供货和服务要求"，交货验收程序如下：

（1）甲乙双方人员核对订货单据；

（2）乙方按照本协议第五条规定向甲方交验索证资料；

（3）对运输车辆检查不合格的，甲方有权拒收该批次货物，做退货处理或乙方负责更换货物并承担延迟交货责任；

（4）货物包装检查不合格的，甲方有权拒收包装不合格的货物，做退货处理或乙方负责更换货物并承担延迟交货责任；

（5）保质期检查不合格的，甲方有权拒收货物，做退货处理或乙方负责更换货物并承担延迟交货责任；

（6）生鲜货物外观检查不合格的，甲方有权拒收本批次该类不合格货物，做退货处理或乙方负责更换货物并承担延迟交货责任；

（7）数量短缺的，乙方必须按照订单补齐货物并承担延迟交货责任；送货数量超出订货数量的，超出部分甲方有权拒收，乙方自行将多余货物清运出甲方场所；

（8）货物验收合格后，甲乙双方在验收登记表上签字确认，验收登记表作为支付依据；

（9）乙方人员离开甲方指定交货地点时，为避免夹带事件的发生，甲方验收人员有权检查乙方人员的物品，乙方人员应予以配合，但甲方人员不得侵害乙方人员人身权利；

（10）甲乙双方对验收结果或货物质量持有异议的，乙方应先应甲方要求对货物进行更换或退货，然后由双方对存有异议的货物抽样封存后在7日内交由北京市权威检测机构检验。经检验不合格的，乙方自行承担损失；经检验合格的，甲方对乙方的直接损失进行补偿。

（11）甲方有权对乙方企业进行不定期检查，甲方检查人员到达乙方企业（仓库）时通知乙方，乙方应为甲方人员提供检查便利，甲方人员检查内容为：乙方是否按照《中华人民共和国食品卫生法》《餐饮业食品卫生管理办法》《餐饮业和集体用餐配送单位卫生规范》《北京市食品安全监督管理规定》等国家法律法规及地方政府有关规定为甲方提供服务；乙方是否尽到了保证食品卫生、安全的义务。

第十条：货款结算办法

1. 货款每月结算一次，甲方不得拖延付款。

2. 乙方凭当期双方确认的报价表（或临时供货发票）、甲方订货单及双方签字的验收登记表向甲方财务部门结算，甲方财务部门核对无误后以支票形式向乙方支付货款。

第十一条：突发食品卫生事件

1. 保证供给甲方的货物的卫生与安全是乙方的义务和责任，乙方应尽其可能履行义务和责任。

2. 当发生非乙方原因导致的突发食品卫生事件时，甲乙双方各自承担损失，但因乙方能尽到而未尽到责任的，乙方应承担违约责任。

第十二条：违约责任

1. 乙方延误交货时间，向甲方支付违约金，违约金为延误批次货物总价的10%。

2. 乙方违反本协议第五条规定造成甲方人员伤害的，向甲方支付违约金10万元人民币并赔偿甲方人员损失。

3. 乙方违反本协议第十一条规定造成甲方人员伤害的，向甲方支付违约金10万元人民币并赔偿甲方人员损失。

第十三条：协议生效

1. 本协议由双方代表于____年____月____日在北京签订，自签订之日起生效。

2.本协议一式____份,甲乙双方各执____份,具有同等法律效力。
3.本协议未尽事宜,双方友好协商解决。

　　甲方：　　　　　　　　　　　　　乙方：
　　法定代表人（或授权委托人）签字：　法定代表人（或授权委托人）签字：
　　　　年　月　日　　　　　　　　　　　年　月　日
　　　　（盖章）　　　　　　　　　　　　（盖章）

【范本】餐饮采购供货协议

　　甲方：
　　乙方：×××餐饮管理有限公司
　　甲乙双方本着平等、自愿、诚实信用、互惠互利的原则,就甲方供应商品与乙方的合作事宜,经双方友好协商达成以下协议。

一、供货标准

1.品名：内蒙古锡林郭勒盟和乌盟地区,年龄在5~6个月的小绵羊的羊蝎子。
2.部位：从颈项到尾尖的完整的羊脊椎骨。
3.重量：每根羊蝎子的质量为1.8~2.5斤（1千克=2斤）,每根羊蝎子骨头上附着的肉不得少于0.8斤。
4.色泽：羊蝎子本色,色泽鲜红。
5.手感：肉质富有弹性及轻微的黏度。
6.食品卫生要求：无腐烂变质、保存不当所导致的异味或其他不符合食品卫生要求的特征。
7.验收标准：双方签字确认封存两个样品,以此作为甲方供货和乙方验货的标准。
8.质量承诺：甲方保证所供产品的产品质量,并保证承担不符合双方约定质量的产品的退换。
若属甲方自身质量与国家标准、食品卫生法不符合而造成的经济损失、连带经济损失以及法律责任由甲方全部承担。
9.质量保证：甲方必须向乙方提供公司的营业执照复印件、羊蝎子的质检证明书等有关资料。

二、供货数量

　　甲方保证在供货价格上为乙方优惠,乙方保证每月所购羊蝎子的数量不得少于____斤,每年的数量不得少于吨。

三、供货价格

1.合同期内甲方必须保证为乙方所提供的羊蝎子是北京批发市场上价格最低的,乙方不得以相同价格寻找其他供货渠道。若乙方发现甲方所提供的产品价格高于北京批发市场上价格,甲方应向乙方补足两倍的价格差额。

2.甲方为乙方供应的羊蝎子的价格为____元/斤(包括运费、杂费)。因市场价格浮动,双方另行商定价格。

四、送(提)货及付款方式

1.甲方负责将产品送至乙方指定地点。甲乙双方应当面验收所供产品,由乙方出示收货凭证。甲方凭乙方的收货凭证结账。

2.乙方也可直接到甲方位于____的冻库提货,由甲方出示供货凭证,甲方凭乙方签字确认的供货凭证结账。若属此类提货方式,甲方供应的羊蝎子的价格应减去运杂费____元/斤。

3.甲乙双方同意结款方式为_____。

五、其他事项

1.本合同有效期限为_____年,从____年____月____日起至____年____月____日止。

2.合同期满前15天,根据双方意愿商讨是否续约本协议。

3.本合同未尽事宜,由双方友好协商解决。

4.本合同一式两份,双方各执一份,经双方签章后生效。

甲方签章: 乙方签章:
代表签章: 代表签章:
联系电话: 联系电话:
传真号: 传真号:
签订时间: 年   月   日

八、加强原料采购质量控制

食品原料质量是指食品原料是否适用。食品原料质量是餐饮产品质量的保证,同时也是出成率高的保证。因此,要对原料质量进行控制,以此降低食材成本,为此,餐饮企业首先应制定食品原料的质量标准。具体做法是用采购规格书的形式,列出所需采购的食品原料目录,并规定对各种食品原料的质量要求。

(一)采购规格书

采购规格书是以书面的形式对餐饮部要采购的食品原料等规定具体的质量、

规格等要求的采购书面标准。采购规格书应包括下列内容。

（1）食品原料名称（通用名称或常用名称）。

（2）法律、法规确定的等级或当地通用的等级。

（3）报价单位或容器的单位。

（4）基本容器的名称和大小。

（5）每单位容器所装的数量。

（6）重量范围。

（7）加工类型和包装。

（8）成熟程度。

（9）为防止误解而需要说明的其他信息。

采购规格书的内容和格式如下表所示。

采购规格书

（1）原料名称：
（2）原料用途： （详细介绍原料的用途，如橄榄用来装饰饮料）
（3）原料概述： ［列出原料的一般质量指标。如制作猪排必须选用完整无缺的里脊，且里脊外有脂肪层（厚度为2厘米），处于冰冻状态，无不良气味］
（4）原料详细说明： （列出有助于识别合格产品的因素，包括产地、规格、密度、品种、份额大小、容器、类型、商标名称、净料率、式样、稠密度、等级、包装物等）
（5）原料检验程序： （收货时对应该冷藏保管的原料可用温度计检测温度，通过计数或称重检验数量）
（6）特殊要求： （明确表明原料的质量要求所需的其他信息，如投标程序、包装要求、交货要求等）

采购规格书具有以下作用。

（1）有助于采购员和管理人员明确食品原料质量标准。

（2）有助于为厨房食品生产提供合格的原料。

（3）有助于做好食品原料的验收和发放工作。

（4）可防止采购员与供应商之间产生误解。

（5）将采购规格书发给供应商，便于供应商投标，也使餐饮企业有选择最优价格的机会。

（6）便于采购工作的顺利进行。每次订货时，不用再口头向供应商重复说明对原料的质量要求。

（7）可以防止采购部门与原料部门之间产生矛盾。

（二）编写质量标准需要考虑的因素

（1）不同类型的餐饮企业对原料质量标准的要求也不一样。快餐店与普通餐馆、普通餐馆与豪华餐厅对原料质量的要求都不一样。

（2）企业的设备、设施情况会影响需采购的食品原料的品种和数量。如果餐厅没有齐全的设备，就需要采购较多的经过加工后的产品，并要在采购书上详细地写明要求。

（3）从市场上可购买到哪些食品原料、企业的需求和供应商之间的差距是影响质量标准制定的重要因素。如果市场上原料种类繁多、标准统一，那么对采购规格书的编写是有利的。此外，还要考虑交货时间和工具。

（4）企业要采购哪些食品原料是由菜单决定的。企业应根据菜单上菜肴的制作要求，在采购书中写明对原料的采购要求。

【范本】叶类蔬菜采购标准

一、常见品种

常见的叶类蔬菜主要有大白菜、小白菜、甘蓝、菠菜、菜心、生菜、苋菜、空心菜、芥蓝、油菜、芹菜、葱、韭菜、茴香、茼蒿、木耳菜、芫荽、花菜等。

二、基本要求

叶类蔬菜要色泽鲜亮，切口不变色；叶片挺而不枯黄，无腐叶；质地脆嫩、坚挺；球形叶菜结实、无老帮。

三、采购标准

叶类蔬菜的采购标准如下表所示。

叶类蔬菜采购标准

品名	优质形态	劣质形态
小白菜	梗白色、较嫩较短，叶子淡绿色，整棵菜水分充足，无根	有黄叶、虫蛀洞或小虫，腐烂、压伤、散水太多

续表

品名	优质形态	劣质形态
大白菜	坚实、无虫、无病，不冻、无损伤，不崩裂、不浸水，不带老帮散叶，根长不超过5厘米	有老帮散叶、虫蛀洞或小虫，压伤，散水太多，根太长
青菜	梗白色或浅绿色，较嫩，叶子深绿色，整棵菜水分充足，无根	有黄叶、虫蛀洞或小虫，腐烂、压伤，散水太多
菜秧	梗较细较嫩，叶子细长、淡绿色，棵小似鸡毛，水分充足	有黄叶、小虫，腐烂、压伤，散水太多
菠菜	鲜嫩、叶肥，无虫、无病，无黄叶、无泥土、不浸水，根长不超过半寸（1寸=3.33厘米）	有黄叶、虫蛀洞或小虫，腐烂、压伤，散水多，根太长
油菜	梗短粗、呈淡绿色或白色，叶子厚、肥大，主茎无花蕾，水分充足	有黄叶、虫蛀洞或小虫，花蕾，腐烂、压伤，散水太多
韭菜	叶较宽、挺直、翠绿色，根部洁白，软嫩且有韭香味，根株均匀，长约20厘米	有泥土、黄叶或叶上有斑、枯萎、干尖，腐烂
韭黄	叶肥挺、稍弯曲、色泽淡黄，香味浓郁，长约20厘米	有泥土、叶黄色、干软，有断裂、腐烂
香芹	叶翠绿、无主茎、分支少，根细，茎挺直、脆，芹香味浓，水分充足，长约30厘米	有泥土，黄叶、烂叶、干叶，根粗、分支多，茎老帮、弯曲、空心、有锈斑、黄斑、断裂、腐烂
水芹	叶嫩绿或黄绿，茎、根部呈白色，茎细软、中间空、水分充足、有清香味，长约30厘米	有泥土、烂叶、黄叶，根茎变黄，有锈斑、黄斑、断裂、腐烂、杂草
西芹	叶茎宽厚，颜色深绿，新鲜肥嫩，爽口无渣	有黄叶、梗伤、水锈，腐烂、断裂、枯萎
牛皮菜	颜色鲜艳淡绿，叶子水分充足、脆嫩、可竖起，棵株挺直	叶子发黄、有褐色边或褐斑、干软，有烂根、脱叶
窄心菜	叶薄小、翠绿、有光泽，棵株挺立，梗细嫩脆、淡绿色、易断裂，棵株约15厘米	叶子大，有黄叶、烂叶、叶斑、花蕾、虫洞、腐烂，棵株软，梗粗老、节上有白色的支头
西洋菜	颜色淡绿或深绿，茎细嫩、脆、易折断，水分充足，棵株挺直	茎粗老、白色支头多，有黄叶、烂叶、杂草，棵株软且大
油麦菜	叶淡绿、肥厚、嫩脆，无主茎，叶株挺直、水分充足，根部的切面呈嫩绿色，稍有苦涩味	黄叶、烂叶、有叶斑，有主茎，干软
芥菜	叶大而薄、深绿色，柄嫩绿脆，无主茎，叶株挺直、水分充足	黄叶、黄叶边，有虫，干软

续表

品名	优质形态	劣质形态
苋菜	主要有红、绿两种苋菜，叶为绿色或红色、有光泽，茎细短、光滑嫩脆，棵株挺直，水分充足	有黄叶、叶背有白点，有虫，枯萎，有籽，茎粗老
潺菜	颜色碧绿，叶厚实、有光泽，梗细短、光滑嫩绿，掐之易断	有叶斑或叶子过大，枯萎，有杂质，梗粗老
菜心	颜色碧绿，梗脆嫩，掐之易断，棵株挺直、水分充足	有叶斑、虫洞，枯萎，梗粗老
芥蓝	颜色墨绿，叶短少、有白霜，挺直，梗皮有光泽、绿色、粗长，断面呈绿白色，湿润	叶枯萎、有花蕾、压伤，断面呈黄色、锈色、腐烂或干涩
小葱	叶翠绿、饱满、均匀细长，鳞茎洁白，挺直，香味浓郁，长15～30厘米	有黄叶、烂叶、干尖、叶斑，有毛根泥土，枯萎，茎弯曲或浸水过多
花菜	花蕾颜色洁白或乳白，细密紧实不散，球形完整、表面湿润，花梗呈乳白或淡绿色，紧凑，外叶绿色且少，主茎短，断面洁白	花蕾发黄、有黑斑及污点、粗而松，表面发干，有压伤、刀伤、虫害，主茎长
胡葱	叶翠绿、饱满、均匀细长，鳞茎洁白，挺直，香味浓郁，长15～30厘米	有黄叶、烂叶、干尖、叶斑，有毛根、泥土，枯萎，茎弯曲或浸水过多
西兰花	花蕾颜色深绿、细密紧实不散，球形完整、表面有白霜，花梗深绿、紧凑，外叶呈绿色且少，主茎短	花蕾有烂斑、污点、粗而松，表面发干，有压伤、刀伤、虫害，主茎长
青蒜	叶青翠、薄嫩、挺直，蒜茎洁白，水分充足，外表无水	有黄叶、干尖、烂梢，有根、泥土
香菜	翠嫩、挺直，根部无泥，香气重，水分充足	有黄叶、腐烂、泥土，发蔫

九、做好采购数量的控制

（一）鲜活类原料采购要控制好数量

鲜活类原料必须遵循先消耗再进货的原则，因此，在确定某种原料的当次采购量之前，必须先掌握该原料的现有库存量。企业应根据营业预测，决定下一营业周期所需的原料数量，然后计算出应采购的数量。在实际操作中，企业可以选用以下几种方法计算出应采购的原料数量。

1. 日常采购法

日常采购法多用于采购日消耗量变化大、保质期较短、必须经常采购的鲜活原料。每次采购的数量用公式表示为：

$$应采购数量 = 需使用数量 - 现有数量$$

公式解析：

需使用数量是指在进货间隔期内对某种原料的需求量，它主要由厨房或餐饮部决定。在确定该数量时，需要综合考虑特殊餐饮活动、节假日客源变化、天气情况等因素。

现有数量是指某种原料的库存数量，可以通过实地盘存加以确定。

应采购数量是需使用数量与现存数量之差。由于鲜活类原料采购次数频繁，有的几乎每天进行，而且往往在当地采购，所以一般不必考虑保险储备量。

在日常采购原料时，企业可以用"采购订货单"加以记录。原料的名称可以事先打印好，其余几栏则要在每次订货时根据需使用数量和现有存量的实际情况填写。

采购订货单

____年____月____日

原料名称	需使用量	现有存量	需购量	市场参考价		
				甲	乙	丙
花菜						
芹菜						
西红柿						
……						

2. 长期订货法

长期订货法多用于日消耗量变化不大、单位价值不高的鲜活原料的采购。采用长期订货法时，需注意以下几点。

（1）餐饮企业与某一供应商签订合约，由供应商以固定价格每天或每隔数天供应规定数量的某种或某几种原料，直到餐饮企业或供应商感到有必要改变已有供应合约时。

（2）要求供应商每天或每隔数天把餐饮企业的某种或某几种原料补充到一定数量。餐饮企业逐一确定原料的最高储备量。由餐饮企业或供应商盘点进货日现存量，以最高储备量减去现存量得出当日需购数量。

（3）可借用"采购定量卡"对相关内容进行记录。

采购定量卡

原　　料	最高储存量	现存量	需购量
鸡蛋/箱	5	3	2
鲜奶/千克	80	20	60
……			

长期订货法也可用于某些消耗量较大且需要经常补充的物资，如餐巾纸。由于大量的餐巾纸会占用很大的仓库面积，因此，由供应商定期送货会更经济。

（二）干货及可冷冻储存原料采购数量控制

干货属于不易变质的食品原料，包括粮食、香料、调味品等。可冷冻储存的原料包括各种肉类、水产品。许多餐饮企业为减少采购成本、获得供应商的折扣优惠，往往会以较大批量进货。但是这样可能会造成原料的积压和资金的占用，因此必须对采购数量严加控制。

1. 定期订货法

定期订货法是干货原料采购中最常用的一种方法。因为餐饮原料品种多，使用频繁，为减少进货次数，使采购员有更多的时间去处理鲜活类原料的采购，餐饮企业可以把同类原料或向同一供应商采购的原料，定期在同一天采购。把不同类别的原料或向不同供应商采购的原料，安排在不同日期，使验收员和仓管员的作业量得到平均分布。

某餐厅每月订购罐装梨一次，消耗量平均每天10罐，订购期为4天，即送货日在订货日后第4天。仓管员通过盘点，发现库存还有50罐罐装梨。

由以上信息可以确定采购数量。但是，对期末需存量的确定并不是理想的4×10，考虑到交通运输、天气或供应情况等方面的原因，很多餐饮企业都在期末需存量中加上一个保险储备量，以防不测。这个保险储备量一般为理论期末需存量的50%，这样，实际期末需存量为：

期末需存量=（日平均消耗量×订购期天数）×150%

上述案例中订货数量的计算过程为：

订货数量=（30×10）−50+（10×4）×150%=310（罐）

在定期订货法中，订货周期固定不变，但每次订货的数量是任意的。每到某种原料的订货日，仓管员应对该原料的库存数量进行盘点，然后确定本次的订货数量。订货数量的具体计算方法如下。

需订货数量=下期需用量−实际库存量+期末需存量

其中，下期需用量为订货周期内餐饮企业的预测耗用原料量，其计算公式为：

下期需用量=日平均消耗量×订货周期天数

期末需存量是指在每一订货期末,餐饮企业必须预留的足以维持到下一个进货日的原料的储备量,其计算公式为:

$$期末需存量 = 日平均消耗量 \times 订货在途天数 \times 1.5$$

订货在途天数是指从发出订货通知至原料入库所需的天数。

2.永续盘存卡订货法

永续盘存卡订货法也称订货点采购法或定量订货法,是通过查阅永续盘存卡(见下表)上原料的结存量,对达到或接近订货点储量的原料进行采购的方法,一般被大型餐饮企业所采用。使用永续盘存卡订货法的前提是对每种原料都建立一份永续盘存卡,并确定每种原料的最高储备量和订货点量。

(1)最高储备量 最高储备量是指某种原料在最近一次进货后可以达到但一般不应超过的储备量,一般根据原料的日均消耗量、计划采购间隔天数、仓库面积、库存金额、供应商最低送货订量规定等来确定。

(2)订货点量 订货点量是指某原料的最低储存量(定期订货法中的期末需存量)。当原料从库房中陆续发出,使库存减少到订货点量时,该原料就必须采购补充。这时,订货数量为:

$$订货数量 = 最高储备量 - 日均消耗量 \times 订货期天数$$

食品原料永续盘存卡

编号:

品名: 规格: 单价:		最高储备量: 订货点量:		
日期	订单号	进货量/听	发货量/听	结存量/听

第三章
餐厅厨房成本控制

引言

　　餐饮市场竞争日趋激烈，高利润的时代已经成为过去。做过厨师的人都知道，厨房中的浪费是相当大的。稍有不注意，员工责任心不强，经营者的钱就像流水一样"流进"厨房的垃圾桶、下水道。有时候看似生意红火的餐馆，到月底一结算，真正的利润所剩无几。有时候炒灶上面，厨师为了方便把水龙头一直开着，而这些不良的习惯都看似不成问题。殊不知细流成河，很多经营者没有注意到。有的大餐厅还不如小面馆的利润高，是什么原因呢？因为小面馆知道节约，知道自己的成本经不起浪费。而大餐厅大手大脚惯了，所以会致使利润还不如小面馆的高。而在厨房可从哪些环节控制？怎么样去控制呢？

第一节 成本控制方法和程序

一、厨房成本控制方法

（一）全员控制法

厨房成本目标是靠全体厨房员工的积极参与来实现的，厨房成本的形成体现在整个菜点加工的每一个环节，从原料的初加工、精加工、配份到打荷、烹制，都与成本密切相关。

厨师长和厨师都要提高成本控制意识，充分认识到成本控制与增长企业销售额同等重要，认识到菜品生产加工的成本控制与增加企业销售额同等重要，认识到菜品生产加工的成本控制不仅关系到企业目前的利益，而且决定着企业能否长期稳定发展。这种长期发展与管理人员及员工的切身利益息息相关，只有这样，全体员工才能积极主动地按菜点生产加工成本控制的方法进行工作。

（二）实行成本控制责任制

厨房管理人员可以将毛利率指标落实到整个厨房，厨房再将总目标分解到各个环节。各个环节之间和各个环节内部交班的沟通都要有书面记录，这样才能将责任落实到各个环节和个人，如初加工与切配、切配与炉台、炉台与传菜之间的原料成本的传递都应有书面的凭证。

（三）定期盘点

厨房生产成本控制的难点在于环节上不完整性，原因之一就是"有头无尾"。厨房即使编制了标准菜谱，每天都有总的销售额，却没有对每种菜肴的销售量和厨房剩余量的统计。有的餐厅使用收银机，虽然每天可以输出各种菜肴的销售额，却不能对厨房的各种原料余量进行统计。为了解决这道难题，就必须加强统计工作，以便为成本控制提供详细的基础资料。

统计最简单有效的方法就是，每天供餐结束后对食品原料进行盘点。有的厨房因为怕麻烦，往往缺乏这一环节。其实，这项工作只需配备一名核算员，每天定期进行盘点，建立食品成本日报分析制度即可。

（四）定期核对实物与标准

每天对食品原料进行盘点是为了提供实际数据，将出库量减去盘点厨房剩余量就是实际用量，将实际用量进行比较，就能知道食品生产加工成本控制的效果如何。

标准菜肴的用料品种与数量除以该菜肴的销售量,这就是该菜肴的标准用量。标准用量与实际用量的差额就是食品生产加工成本控制的对象。

（五）实行成本控制奖罚制度

为了加强菜品生产加工的成本控制,有必要建立成本控制奖罚制度,对成本控制不利的厨房管理人员和员工,都应根据其责任大小,相应地给予处罚。

同时,对主动找出菜点加工漏洞,提出改善食品生产加工成本控制措施的部门和个人应给予相应的奖励。

二、厨房成本控制的程序

厨房菜品生产加工成本控制程序不同于菜品生产加工成本控制方法,它是将菜品生产加工成本控制渗透到加工流程和相关程序中,便于管理人员系统地和有针对性地检查菜品生产加工成本控制结果。

厨房菜品生产成本控制的一般程序如图所示。

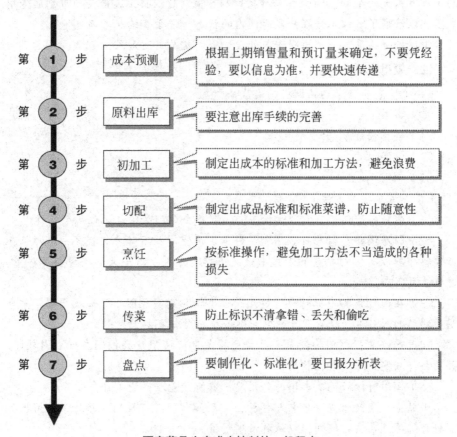

厨房菜品生产成本控制的一般程序

 相关链接

总厨每日成本控制流程及相关方法

一、早上上班前的检查

（一）检查项目

检查厨房水、电、气等。

（二）成本控制方法

（1）检查冰箱、菜品储藏间、调味用品等收检与卫生情况，是否按标准执行，此举志在促进员工良好的收检与菜品管理意识的养成。

（2）对水、电、气的检查，是厨师长每天工作的必须环节，也是提升员工节能与安全意识最简单的方法。

小贴士：例行检查时，要同时关注菜品储存量、新鲜度等，会对自己一天的工作有很大的帮助。为形成一种良好的习惯，建议将上述检查项目制成专用表单，以清晰了解该工作在一段时间内的状态，便于查询与考评。

上述检查结果，一定要跟进与处理，否则就是查而无果。

二、领用物品

（一）检查项目：物品调料领用监督

重点事项：

（1）余料抽检；

（2）签字把关；

（3）领用规范。

（二）成本控制方法

（1）余料抽检环节不需全部检查，但对每个部门必须能记住几个品种。

（2）厨房调料实行每日领用制，避免占用空间及不必要的损耗；厨师长在行使签字职权时，用抽查的形式来检测下单人是否了解当天的用量与库存量，避免盲目下单。

（3）在进行物品审批时要清楚几点：①物品购买原因；②如属损坏，需查明原物品购入日期、是否属于正常；③查询与验证损坏物资等。

（4）严格执行以旧换新制，并努力将各部门使用物品控制在计划内数字，并实施计划完成与绩效挂钩的方式。

（5）领用时按规范要求填写领用单，以便于管理，使工作高效开展。

小贴士：为便于查询余料与摆放，可对各部门进行规划，并对工作用物品调料进行"五常法"规划，以做到清晰明了。

三、当天菜品到货

（一）检查项目：菜品验收及收检

重点事项：

（1）监督购进菜品质量；

（2）监督购进菜品数量；

（3）同类原料的分用量；

（4）当天到货的储存、加工、使用。

（二）成本控制方法

（1）监督购进菜品质量是现场管理者的必须工作，其直接影响到质量与成本问题；管理者在实行对购进菜质量进行抽查时，可根据情况进行抽样、局部、全面复检。该环节不能有丝毫马虎！

（2）库管与使用部门进行数量与质量确定后，厨师长要监督整体购进数量与质量。在抽查与统计时，要手持当天下单量与验收数量，进行复查，并对照统计，然后报财务入账。

注：厨师长通过该环节可以完成对当天到货量与质量的了解，发现异常及时协调。

（3）同类菜品到货后的分放，主要由库管分解数量，使用部门领用，厨务主管指导协调；为便于管理，部分原料如葱、大蒜、姜等类，可统一存放，利于原料的不必要积压，并且方便下单，该类原料仍由分部填写领用单单，经厨师长审批后发放。

（4）当天购进货物，监督各部门加工、保存、运用等。一定要注意菜品先进先出的程序与要求。

小贴士：

（1）规范菜品验收的源头，关键在于下单的准确。采购、验收人员必须有一套明确的采购与验收标准，厨师长后期的复查只是起到监督作用。

（2）规范菜品储存，厨师长要让员工明白不同菜品的储存要求与方法，最好能制定一份"菜品储存指南"，除培训外可于显眼处张贴。

四、餐前准备

（一）检查项目：菜品加工指导

重点事项：

（1）监督各部门加工程序与方法；

（2）重点指导招牌菜品、主题宴席菜品、急推菜品加工与保存。

（二）成本控制方法

（1）降低浪费，正确指导加工方法，减少边角料的产生，增加成品利用率。

(2)清晰加工人员的技术能力，加强培训；对能力较差的员工应实行现场指导，另外应特别注意新上岗位员工与"情绪员工"。

小贴士：多与加工人员探讨刀法，合理取部分不成型的原料拿来比赛刀功、成型以及出成率，从而使员工在遇到不成型的菜品加工时能找到更好的方法，大大降低边角料的产生。

五、菜品储存

（一）检查项目：菜品保存要求

重点事项：

(1)库存菜品的保管与用法；

(2)新到菜品的加工与保存；

(3)冰箱菜库存管理方法；

(4)发制品库存管理方法；

(5)蔬菜、瓜果的储存。

（二）成本控制方法

(1)库存按照"冬天""夏天"区分。冬季的菜量可储存一天半用量。夏天的菜量必须当天进、当天出，方能提高菜品质量，减少浪费。

(2)新到菜品按使用的时限分为"急加工"与"非紧急加工"类，合理利用生产时间，安排菜品分时段的加工。

(3)冰箱菜品摆放区分为"库存菜品""回收菜品"区，严禁回收菜品与库存菜品混合保管；次日上菜时确定质量后，先上回收菜品区的菜品。

(4)发制菜品，尽量分中、晚餐次发制，既保证了质量，也避免了不必要浪费；水发货库存菜品，夏天最好进入保鲜冰箱，冬天只需定期换水保存即可。

(5)蔬菜尽量做到当天进、当天出，瓜果类可以根据库存场地来进行库放，应在通风、潮湿的地方存放，但都不能过久。

六、重点环节

（一）检查项目：重点控制环节

重点事项：

(1)海鲜、肉类控制手段；

(2)高价菜控制手段。

（二）成本控制方法

(1)对于海鲜、肉类，非常容易控制成本，只要做到需要多少、加工多少即可。

(2)海鲜、肉类的购买等级要适合经营档次，忌进太低价位的货品，测试方法可通过成型度与煮熟后的出成率来确定。

（3）高价位菜必须保障；上菜时可采用分阶段控制法和部分满足法。

七、边角料

（一）检查项目：边角菜品利用与处理

重点事项：

（1）查看边角料产生原因；

（2）合理利用边角料的方法。

（二）成本控制方法

（1）边角料产生的原因：采购质量太差；加工处理不当。同类价格的菜品，采购员在选料时须认真，否则质量差异会很大。所以把握好采购源头，可有效降低边角料的产生。

（2）加工处理得当同样会提高出成率，这要求加工人员责任心与技能兼备。而厨师长则需致力于如何提升员工责任感与工作技能。

（3）合理运用边角料：可用菜品开发来解决，如处理土豆边角，可新增自助菜品土豆泥等。另外边角料也是培训员工技能与通过高超的烹饪技术做成美味员工餐的很好的素材。

（4）重视边角料产生的原因：时常致力于研究与解决边角料的产生，从源头扼制与降低浪费的产生。

八、下单前检查

（一）检查项目：当天库存与下单前检查

重点事项：

（1）查看库存数量；

（2）查看库存质量。

（二）成本控制方法

（1）下单前的库存数量清查是非常重要的环节，只有清晰了解库存，才能够准确下单。该环节，下单人必须清楚知道当天的库存量，而审批人也要熟悉库存，并采用抽问与现场查询法进行把关。

（2）检查库存菜品的质量也是一个重要环节，否则即使正确下单，也会因部分菜品不过关而无法满足营运。

（3）检查当天余货量后，要求下单部门一定要同时将余货量与下单量同时写在次日下单表内，以便督促员工养成清查余货的好习惯。

九、预估

（一）检查项目：次日生意预估

> 重点事项：
> （1）了解预订；
> （2）查看天气与促销；
> （3）是否是传统节日。
> （二）成本控制方法
> （1）了解并结合预订，下齐次日所需菜品，避免出现遗漏、重复购买的现象。
> （2）掌握天气情况、节假日、促销等，预估明天的用量。
> （3）历史记录的查询与了解也很重要。

第二节 厨房加工环节的成本控制

厨房加工的环节多、漏洞多、不确定的因素多，且都是人工操作，必然有一定的误差。对于管理者来说厨房成本控制难就难在厨房加工过程中对成本的控制。

厨房生产过程的成本控制，应该从点菜的工艺流程入手，对几个关键的工艺进行有效的控制与监督。

一、初加工——原料净料率控制

厨房生产加工的第一道工序是食品原料的初加工，而食品原料的出成率，即净料率的高低直接影响到食品原料的成本，所以提高食品原料初加工的出成率，就是提高初加工的净料率，降低损耗。

提高食品原料初加工的出成率，主要应该抓好合理加工和精心操作，使其物尽其用，把食品原料的损耗降到最低。

（一）影响原料出材率的重要环节

在粗加工过程中，有四个因素会影响原料的出材率，具体内容如下所述。

> **因素一** 原材料质量
>
> 以土豆为例，如果土豆个大、浑圆，用刮皮刀将外层土豆皮刮掉后，其出材率可以达到 85% 以上。如果原料个小或外观凹凸不平，其出材率可能就只有 65%。原料质量对出材率的影响比例占 25%，如果原料质量不理想，就会产生 25% 的损耗率

因素二 粗加工厨师技术水平

粗加工厨师技术水平是很重要的影响因素。粗加工厨师的技术水平是指厨师对原料的特点的了解程度、熟练操作程度。粗加工厨师技术水平对出材率的影响比例占25%。也就是说,如果粗加工厨师技术水平较一般,则将损失25%的原料

因素三 加工工具的优劣

刀和砧板是粗加工厨师使用的两个主要加工工具
(1) 砧板中间凹凸不平、周围破裂、刀不锋利等,都会给粗加工厨师造成很大麻烦,无论多么熟练的粗加工厨师,面对不尽如人意的工具,其技巧都很难得到发挥
(2) 加工刀具一定要锋利,长短、宽窄都要恰到好处。加工厨师要根据宰杀对象的特征挑选合适的工具

因素四 科学的加工方法

科学的加工方法是指预先规划好从何处下手,到何处终结,中间需要几个步骤,使下刀比例以及深浅程度都合适,不造成任何浪费。例如,剔一只鸡,应从鸡肋下手剔第一刀,最后一刀由腿骨收尾。科学的加工方法对出材率的影响比例为25%,只有当上述四种因素均得到最佳控制时,加工后的出材率才能达到最理想状态

影响原料出材率的因素

(二)做好粗加工工作可提高5%左右的毛利率

根据实际经验,做好粗加工工作可以将毛利率提高5%。例如,如果月均总收入原本为200万元,则可以提升10万元的毛利。

(三)蔬菜的粗加工

蔬菜的粗加工是指根据不同蔬菜种类和烹饪规定使用标准,对蔬菜进行摘、削等处理,如摘去干老叶子、削去皮根须、摘除老帮等。

(1)对于一般蔬菜的摘除部分可按规定的净料率确定。部分蔬菜类食材的净料率如下表所示。

部分蔬菜类食材的净料率

毛料品名	净料处理项目	净料		下脚料、废料损耗率/%
		品名	净料率/%	
白菜	除老叶、帮、根，洗涤	净菜心	38	62
白菜、菠菜	除老叶、根，洗涤	净菜	80	20
时令冬笋	剥壳、去老根	净冬笋	35	65
时令春笋	剥壳、去老根	净春笋	35	65
无叶莴苣	削皮、洗涤	净莴苣	60	40
无壳茭白	削皮、洗涤	净茭白	80	20
刀豆	去尖头、除筋、洗净	净刀豆	90	10
蚕豆、毛豆	去壳	净豆	60	40
西葫芦	削皮、去籽、洗涤	净西葫	70	30
茄子	去头、洗涤	净茄子	90	10
冬瓜、南瓜	削皮、去籽、洗涤	净瓜	75	25
小黄瓜	削皮、去籽、洗涤	净黄瓜	75	25
大黄瓜	削皮、去籽、洗涤	净黄瓜	65	35
丝瓜	削皮、去籽、洗涤	净丝瓜	55	45
卷心菜	除老叶、根，洗涤	净卷心菜	70	30
卷心菜	除老叶、根，洗涤	净菜叶	50	50
芹菜	除老叶、根，洗涤	净芹菜	70	30
青椒、红椒	除根、籽，洗涤	净椒	70	30
菜花	除叶、梗，洗涤	净菜花	80	20
大葱	除老皮、根，洗涤	净大葱	70	30
大蒜	除老皮、根，洗涤	净大蒜	70	30
圆葱	除老皮、根，洗涤	净圆葱	80	20
山药	削皮、洗涤	净山药	66	34
青、白萝卜	削皮、洗涤	净萝卜	80	20
土豆	削皮、洗涤	净土豆	80	20
莲藕	削皮、洗涤	净莲藕	75	25
蒜苗	去头、洗涤	净蒜苗	80	20

（2）将经过摘、削处理过的蔬菜原料放到水池中进行洗涤。洗涤基本步骤为：
① 第一遍洗净泥土等杂物；
② 第二遍用高锰酸钾溶液浸泡蔬菜，浸泡的时间一般为5～10分钟；
③ 将用消毒液浸泡过的蔬菜放在流动水池内清洗干净，蔬菜上不允许有残留

的消毒液。

（3）将经过清洗的蔬菜捞出，放于专用的带有漏眼的塑料筐内，送到各厨房的专用货架上。

> **特别提示**
>
> 将水池中放满水，若洗西兰花等虫子多的菜，水中要加盐。

（四）畜肉类的粗加工

畜肉类的粗加工是指按照既定的切割规格并使用专用工具，对肉块、带骨的排骨等原料进行加工。一般的畜肉类产品在买回来之前就已经被加工好了。

（五）活禽的粗加工

活禽的粗加工步骤如下图所示。

活禽的粗加工步骤

1. 宰杀

（1）准备大碗，碗中放入少量食盐及适量清水（夏天用冷水，冬天用温水）。

（2）用左手抓住禽类的翅膀并用小指钩住禽类的一只脚，右手准备切割。

（3）拔去颈毛，用刀割断禽类的气管与血管。

（4）割完后右手捉禽头，左手抬高，倾斜禽身，让禽血流入大碗，放尽后用筷子搅拌，使血凝固。

2. 褪毛

（1）老禽类最好使用开水褪毛，一岁左右的禽类用90摄氏度左右的热水为宜。冬季禽类的毛较厚，在褪毛时可适当提高水温，夏季则适当降低水温，如果水温过高，则会使禽类的皮肤破裂。

（2）拔毛时，先抒去禽类脚、嘴上的硬皮和壳，然后顺着毛的方向轻压禽身，拔去翼毛，再逆着毛的方向拔去颈毛，最后拔除全身的羽毛。

（3）用80摄氏度的热水浸烫禽类，禽类的毛便会自然脱落。

> **特别提示**
>
> 拔毛前必须等待禽类完全断气、双脚不再抽动。

3. 开膛

开膛是为了取出内脏，但需要按烹调要求而确定开剖方向。全鸡（或鸭）有腹开、肋开、背开三种剖开法（如下图所示），但都要保持禽类的形状。

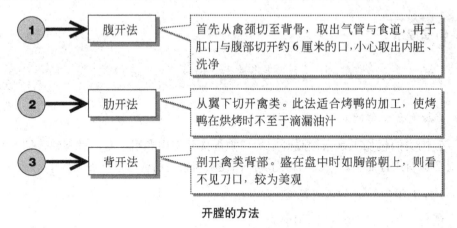

开膛的方法

需切块或切丝时，只需剖开腹部取出内脏即可。

特别提示

开膛取出内脏时，千万不要弄破肝脏与胆囊。因为禽类的肝脏属于上等材料；而胆囊有苦汁，倘若破损，其肉便会有苦味。

4. 洗净内脏

禽类的内脏，除嗉囊、气管、食道及胆囊外，均可食用，内脏的清洗方法如下表所示。

内脏的清洗方法

序号	内脏名称	洗涤方法	注意事项
1	胗	先除去结肠部分，然后剖开膛，刮去里面的污物，剥去内壁黄皮并洗净	
2	肝	剖胸时取出肝脏，摘去胆囊	不要弄破胆囊，以免使肝脏染上苦味
3	肠	除去附在肠上的物质，接着用剪刀剖开肠子，再用明矾、粗盐除去肠壁的污物与黏液，洗净后用水烫	烫水时间不宜过长，时间一长肠便会变硬，无法咀嚼
4	脂肪	母鸡腹中有脂肪（鸡油），可以取出使用	鸡油不适宜煎熬，可放在蒸笼里蒸，以保持原色

部分家禽类食材的净料率如下表所示。

部分家禽类食材的净料率

毛料品名	净料处理项目	净料品名	净料率/%	下脚料、废料损耗率/%
光统鸡	分档整理，洗涤	净鸡 其中： 鸡肉 鸡壳 头脚 胗肝	88 43 30 11 4	12
毛统鸡	宰杀，去头、爪、骨、翅、内脏	熟白鸡	55	45
	剔肉	鸡丝	35	65
	宰杀，去头、爪、内脏	鸡块	50	50
毛笨鸡	宰杀，去头、爪、内脏	净鸡	62	38
野鸡	宰杀，去头、内脏，洗净	净野鸡	75	25
野鸭	宰杀，去头、内脏，洗净	净野鸭	75	25
光鸭	宰杀，去头、内脏，洗涤	熟鸭	60	40
光鸡	煮熟，整理分档	净鸡 其中： 胗肝 肠 脚 带骨肉	94 8 3 8 75	6
鸭胗	去黄皮垃圾，洗涤	净胗	85	15
活公鸡	宰杀，洗涤，分档	净鸡	67	15
		胗、肝、心、脚、腰等	18	
活母鸡	宰杀，洗涤，分档	净鸡	70	13
		胗、肝、心、脂肪、脚等	17	

（六）淡水鱼的粗加工

（1）将鱼放在案板上，左手按住鱼身，右手用擀面杖或刀背在鱼头顶上猛击几下，使鱼昏迷。

（2）将打晕的鱼放在水槽里并刮掉鱼鳞。

（3）抠出鳃盖，挖掉鱼鳃。

（4）用小刀或者剪刀剖开鱼肚，从泄殖孔下刀，一直剖到鳃盖下方。

（5）挖出鱼的内脏，靠近鱼头位置的鱼心和食管也要挖出。

(6) 用清水清洗鱼体表和腹腔内的脏物，鱼肚里的黑色内膜也要仔细洗净。

(7) 将杀好的鱼用清水彻底冲洗干净并放入盘中待用。

部分淡水鱼的净料率如下表所示。

部分淡水鱼的净料率

毛料品名	净料处理项目	净料		下脚料、废料损耗率/%
		品名	净料率/%	
鲤鱼、鲢鱼	宰杀，去鳞、鳃、内脏，洗涤	净全鱼	80	20
鲫鱼、鳜鱼	宰杀，去鳞、鳃、内脏，洗涤	净鱼块	75	25
大、小黄鱼	宰杀，去鳞、鳃、内脏，洗涤	炸全鱼	55	45
黑鱼、鲤鱼	剔肉切片	净鱼片	35	65
鲢鱼	剔肉切片	净鱼片	30	70
活鳝鱼	宰杀，去头、尾、肠、血，洗净	鳝段、丝	62/50	38/50
活甲鱼	宰杀，去壳、去内脏，洗净	熟甲鱼	60	40

（七）海产品的粗加工

在对海产品进行粗加工时要注意以下事项。

(1) 宰杀海鱼时，先从腮口处放血，然后去鳞，从口中取出内脏。

(2) 在加工海蟹时，应先开壳，然后去鳃。

(3) 宰杀黏液多或带沙的海鲜，先用开水洗净黏液和泥沙，再除去内脏。

(4) 在加工贝壳类海鲜时，应用力从壳中间插入，开壳后洗净泥沙。

(5) 鱿鱼应除去内脏、外皮。

部分海产品食材的净料率如下表所示。

部分海产品食材的净料率

毛料品名	净料处理项目	净料		下脚料、废料损耗率/%
		品名	净料率/%	
鳜鱼	剔肉切片	净鱼片	40	60
鲳鱼	宰杀，去鳞、鳃、内脏，洗涤	无头净鱼	80	20
带鱼	宰杀，去鳞、鳃、内脏，洗涤	无头净鱼	74	26
鲅鱼	宰杀，去鳞、鳃、内脏，洗涤	净鱼	76	24
大虾	去须、脚	净虾	80	20
比目鱼	宰杀，去内脏、皮、骨，洗涤	净鱼	59	41
鳜鱼	剔肉切成泥茸	净鱼泥茸	45	55

（八）干货原料的粗加工

干货在不受潮、不返潮的情况下可以保存一年以上的时间。干鱼翅、干鱼肚、干燕窝、干熊掌以及干竹笋等的保质期都比较长。

> **特别提示**
>
> 干货便于储存和运输，但在食用之前需要涨发。

干货原料粗加工主要是指干货的涨发。干货的品种多，涨发的方法也各不相同。因此，只有掌握正确的涨发方法，才能大大提高干货的出成率。

干货原料的涨发方法主要包括水发法、火发法、碱发法、油发法、盐发法。如果能根据不同原料选用不同的涨发方法，那么便可以节省可观的成本。因此，涨发方法的选择会直接影响到原料的成本，是对成本的补充。现简单介绍常见的干货原料的涨发方法。

1. 水发法

一般采用水发法的干货原料类别及其涨发方法的具体内容如下表所示。

水发法

序号	干货原料类别	涨发方法
1	木耳	将木耳直接放在冷水中浸泡发透，摘去其根部及杂质，用清水洗净后浸泡备用
2	冬菇	将冬菇放入开水中泡软，捞出后摘去根并用清水洗净，再在清水中浸泡30～40分钟
3	干贝	将干贝洗净，除去外层老筋，在容器内加清水后，放入干贝并蒸2小时
4	玉兰片	先将玉兰片放入淘米水中浸泡10小时以上，然后放入冷水中煮开，在慢火上加热半小时，捞出后泡在开水中至发透为止
5	发菜	先除去发菜中的杂质，然后用温水泡软
6	银耳	将银耳中的杂质除去，放入温水中浸泡半小时，摘去硬根，洗净后再用凉水泡软
7	圆蘑	将圆蘑放入开水中浸泡半小时左右，再用温水洗净，剪去硬根，用手撕开，另换凉水冲洗干净，泡软
8	口蘑	将口蘑放入容器中，用凉水清洗干净，加开水浸泡半小时左右即可
9	香菇	将香菇放在开水中浸泡1小时，之后用温水洗净，摘去伞柄的下部，放入容器内加开水浸泡几小时即可

续表

序号	干货原料类别	涨发方法
10	猴头菇	先将猴头菇用温水冲洗，除去灰尘，再放入温水中浸泡3～4小时，待回软后捞出，取下猴头菇的芯，再用清水冲洗干净，装入容器中，加入鲜汤和调味料，上屉蒸至熟烂即可
11	黄花菜	将黄花菜用温水浸泡回软后捞出，摘净顶部硬梗及杂质，再放入冷水锅中煮沸，捞出后用凉水浸泡，即可使用
12	百合	将干百合洗净后放入容器内，加水后盖上盖子浸泡半小时，然后洗净杂质
13	葛仙米	将干葛仙米用温水洗净，再放入碗内用热水浸泡回软
14	龙须菜	先用清水将龙须菜洗净，再换清水浸泡回软即可
15	白果	（1）先将白果放入冷水锅中煮沸，然后离火，用刷子用力向锅中白果戳插，使其脱皮，同时迅速将果仁取出，用水冲洗，以免染上红色 （2）如还有残皮，可再加热戳插，反复进行，直到皮剥净为止 （3）最后将果仁装入容器，加水上屉蒸15～20分钟，取下静置5～6小时即可
16	鱼翅	（1）将鱼翅边缘剪掉，用热水煮3～4小时，取出刮沙，去掉翅根，用清水漂洗干净 （2）放入锅中煮5～6小时，离开火后静置几小时，取出，剔除脆骨和余骨，洗净放入盛器，加调味料并上屉蒸5～6小时
17	海米	将海米用凉水洗净，放入容器中，加盖并用热水浸泡半小时以上即可
18	海蜇	将干海蜇用冷水洗净，切成细丝后用开水烫一下，再用凉水洗净，浸泡3～4小时即可
19	蛏子	将蛏子用清水洗净，急用时可放温水中浸泡5～8小时，捞出洗净即可；平时用凉水浸泡10～15小时，捞出洗净即可

2. 油发法

一般采用油发法的干货原料类型及其涨发方法的具体内容如下图所示。

干蹄筋

（1）将干蹄筋放入温油锅中，然后将油温逐渐升高，同时用勺不断搅动，待蹄筋漂起并有气泡产生时，将锅移开，稍微冷却，待气泡消失后，再继续加热
（2）待干蹄筋全部涨发起来后，稍微喷些水，直至全部涨发饱满时捞出，沥干油后，放入热碱液中浸泡15分钟左右，捞出洗净即可

类型二 鱼肚

（1）将鱼肚擦干净，放入温油锅中，再逐渐将油温升高
（2）待完全膨胀后，改用小火将鱼肚压入油内使其发透，并不断翻动，然后捞出鱼肚，放入容器中并用凉水浸泡回软
（3）将鱼肚捞出后放入锅中，加少许碱煮沸，再捞出用温水洗净

类型三 鹿筋

（1）将鹿筋用温水洗净，用抹布擦去其表面水分，放阴凉处风干
（2）放入温油锅中，再逐渐升温，直至全部变硬
（3）取出用热碱水冲洗干净，再用温水浸泡回软

油发法

3.碱发法

一般采用碱发法的干货原料类型及其涨发方法的具体内容如下图所示。

类型一 鱿鱼

（1）将干鱿鱼放在冷水中浸泡回软，取出放在配制好的碱水中
（2）用熟碱水一般需浸泡 8～12 小时，用生碱水所需的时间更长一些
（3）待用手捏能感到肉质富有弹性时取出，用清水漂洗干净后浸泡备用

类型二 鲍鱼

（1）将干鲍鱼洗干净，放在温水中浸泡 24 小时
（2）换水烧煮 1 小时，捞出放入配制好的碱水中，浸泡至完全回软
（3）用清水反复漂洗干净

类型三 莲子

（1）在容器内放入开水，再放入碱水溶液（水：碱 =20：1）
（2）加入莲子，用刷子搓揉 3～4 分钟后捞出，放入另一个盛开水容器中，继续搓刷，反复进行直到皮净发白为止
（3）削去莲子顶端小芽，切去下端，用竹签捅出莲芯，放入容器中加水上屉蒸 15～20 分钟
（4）去掉原汤，另放入清水即可备用

碱发法

4.盐发法

一般采用盐发法的干货原料类别及其涨发方法的具体内容如下图所示。

类型一 ▶ 鱼肚

(1) 将盐用温火炒热,除去水分
(2) 将鱼肚不断翻炒,待开始膨胀时,埋入盐中焖 2 分钟,再反复翻炒 1 小时左右
(3) 将鱼肚折断,若无白心则说明已发好
(4) 放入冷水中备用

类型二 ▶ 蹄筋

(1) 1 千克干蹄筋需用 2.5 千克盐
(2) 将盐放入锅内翻炒,使其水分挥发,再放入干蹄筋翻炒,待有"劈啪"声时,迅速翻动至涨大

类型三 ▶ 膨松

(1) 放在小火上翻炒,如能掰断则表明已发好
(2) 用时先以热水浸泡,再用清水漂洗干净即可

类型四 ▶ 肉皮

(1) 将盐下锅炒干,然后倒在肉皮上,待发出"劈啪"声时翻炒
(2) 把肉皮埋在盐中焖十几分钟,再翻炒,待肉皮回软时,改用小火把肉皮用盐埋好焖透,当其卷缩时,表明肉皮已发好
(3) 使用时用沸水浸泡回软,用碱水洗出油分,再用温水漂出盐分即可

盐发法

5.干货原料的净料率

粗加工厨师在对干货原料进行加工时,需要掌握其净料率(如下表)。

部分干货的净料率

毛料品名	净料处理项目	净料		下脚料、废料损耗率/%
		品名	净料率/%	
鱼翅	拣洗,泡发	净水发鱼翅	150～200	
刺参	拣洗,泡发	净水发刺参	400～500	

续表

毛料品名	净料处理项目	净料		下脚料、废料损耗率/%
		品名	净料率/%	
干贝	拣洗，泡发	水发干贝	200～250	
海米	拣洗，泡发	水发海米	200～250	
蜇头	拣洗，泡发	净蜇头	130	
海带	拣洗，泡发	净水发海带	500	
干蘑菇	拣洗，泡发	水发蘑菇	200～300	
黄花菜	拣洗，泡发	水发黄花菜	200～300	
竹笋	拣洗，泡发	水发竹笋	300～800	
冬菇	拣洗，泡发	水发冬菇	250～350	
香菇	拣洗，泡发	水发香菇	200～300	
黑木耳	拣洗，泡发	水发黑木耳	500～1000	
笋干	拣洗，泡发	水发笋干	400～500	
玉兰片	拣洗，泡发	水发玉兰片	250～350	
银耳	拣洗，泡发	净水发银耳	400～800	
粉条	拣洗，泡发	净湿粉条	350	
带壳花生	剥去外壳	净花生仁	70	30
带壳白果	剥去外壳	净白果仁	60	40
带壳栗子	剥去外壳	净栗子肉	63	37

二、细加工——原料出成率控制

经过细加工的食品原料，刀工处理后可形成块、片、丝、条、丁、粒、末等不同的规格和形状。细加工厨师下刀时要心中有数，用料要合理，力争物尽所用，避免刀工处理后出现过多的边角余料，降低原料档次，影响原料的使用价值。

（一）刀法的要求

食品原料在细加工过程中会出现折损和降档次用料，为此，要在保证加工质量的前提下争取提高净料量，控制出成率，对刀工处理后的各种原料，应该根据原料的档次和出成率，计算出净料成本，以便为配菜核定每份菜品成本提供基本的数据。

1. 直刀法

直刀法的特点是刀与菜墩成直角。直刀法适用于动物性及植物性原料，分为直切、推切、拉切、锯切、铡切、滚刀切、劈和剁，具体内容如下表所示。

直刀法简介

序号	类别		操作说明	图示
1	直切		又叫跳切，从上往下垂直下刀，并垂直提刀	
2	推切		刀与原料垂直，刀由后往前推去，一刀推到低	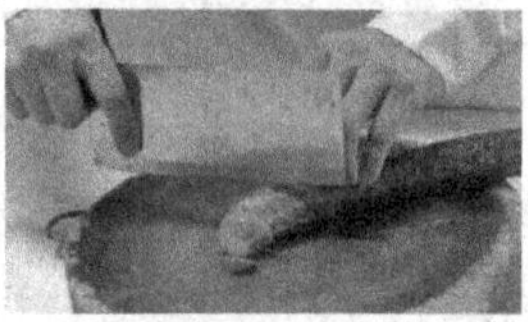
3	拉切		刀由前往后拉，一刀拉到低	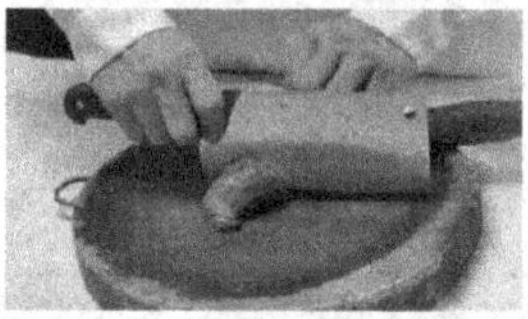
4	锯切		切时刀先向前推，然后再往后拉，像拉锯一样	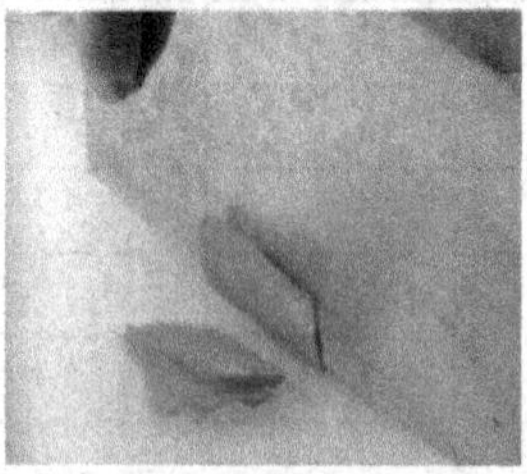
5	铡切		右手提起刀柄，左手握住刀背前端，刀柄翘起，刀尖下垂，在原料所要切的部位上用力压下去。把刀按在要切的部位上，左右两手同时摇切下去，用力要均衡	
6	滚刀切		每切一刀，就把原料滚动一次	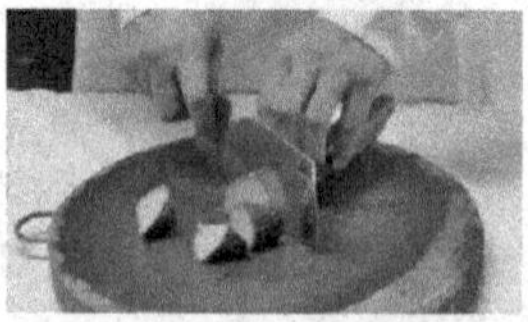
7	劈	直劈	把刀对准要切的部位，用力向下直劈	

续表

序号	类别		操作说明	图示
7	劈	跟刀劈	把刀刃先砍入原料要劈的部位,然后使刀与原料一齐起落	
		拍刀劈	刀对准原料要劈的部位,右手握紧刀柄,左手用力拍打刀背,将原料劈开	
8	剁	排剁	双手同时各执一把刀,一上一下地剁下去	
		直剁	左手按稳原料,右手提刀直剁下去	

2.斜刀法

斜刀法的特点是刀与菜墩成一定角度,斜刀法适用于脆性黏滑的原料。斜刀法包括正斜刀法和反斜刀法,具体内容如下表所示。

斜刀法简介

序号	类别	操作说明	图示
1	正斜刀法	刀的右侧与菜墩成40~50度角,运用拉力,左手按料,刀走下侧,正斜刀法适用于软嫩原料,如鸡脯、腰片、鱼肉	
2	反斜刀法	刀的右侧与菜墩成130~140度角,运用推力,左手按料,刀身斜抵住左手指节。反斜刀法适合脆性而黏滑的原料,如熟牛肉、葱段、姜片等	

3.平刀法

平刀法的特点是刀与菜墩平行。平刀法适用于无骨的动物性原料、韧性原料及脆性的蔬菜。操作时要按稳原料,用力不要过大,食指与中指间留一段空隙。平刀法分为四种类别,具体内容如下表所示。

平刀法简介

序号	类别	操作说明	图示
1	平刀批	刀与砧板平行,按要求的厚度,平行批进	
2	推刀批	刀与砧板平行,批进原料后向前推。推刀批适用于煮熟回软的脆性原料	
3	拉刀批	刀与砧板平行,批进原料后向后拉。拉刀批多用于韧性原料	
4	抖刀批	为了美化原料,在刀进入原料后可采取波浪式前进的切法	

(二)细加工规格

1.常见主、配料料形切割规格

细加工是指将粗加工厨师加工后的食材,进行进一步切配,如切成丝、片、丁等。常见主、配料料形切割规格如下表所示。

常见主、配料料形切割规格

料形名称	适用范围	切制规格
丁	鱼、肉等	大丁,1~1.5厘米见方;碎丁,0.5厘米见方
方块	动、植物类	2~3厘米见方

续表

料形名称	适用范围	切制规格
粗条	动、植物类	1.5厘米见方，4.5厘米长
细条	动、植物类	1厘米见方，3厘米长
粗丝	动物类	0.3～0.5厘米见方，4～6厘米长
细丝	植物类	0.1～0.2厘米见方，长5～6厘米
长方片	动、植物类	厚度0.1～0.2厘米，宽2～2.5厘米，长4～5厘米

2. 常用料头切割规格

常用料头切割规格如下表所示。

常用料头切割规格

料头名称	用料	切制规格
葱花	大葱	0.5～1厘米见方
葱段	大葱	长2厘米，粗1厘米
葱丝	大葱	长3～5厘米，粗0.2厘米
姜片	生姜	长1厘米，宽6～0.8厘米，厚1厘米左右
姜丝	生姜	长3～5厘米，粗0.1厘米
香菜段	香菜梗	长3～5厘米
香菜末	香菜梗	长0.5～0.6厘米
蒜片	蒜瓣	厚度在0.1厘米左右，自然形
葱姜米	大葱、生姜	0.2～0.3厘米见方
蒜茸	蒜头	0.1～0.2厘米见方
干辣椒段	干辣椒	1～1.5厘米长
干辣椒丁	干辣椒	0.5～1厘米见方
青红辣椒丁	青红辣椒	0.2～0.3厘米见方

（三）各类原料的加工要求

1. 蔬菜细加工

（1）准备事项　蔬菜细加工的准备事项如下图所示。

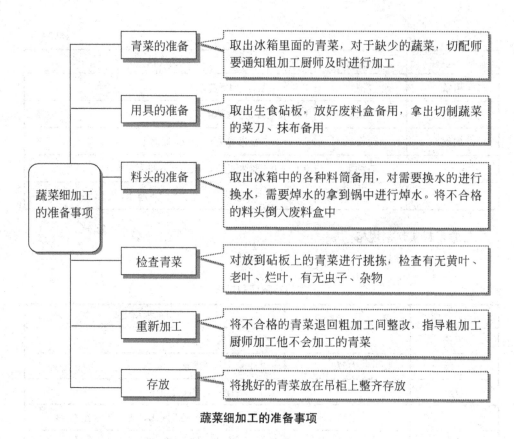

蔬菜细加工的准备事项

（2）切制料头　切制料头的要求如下图所示。

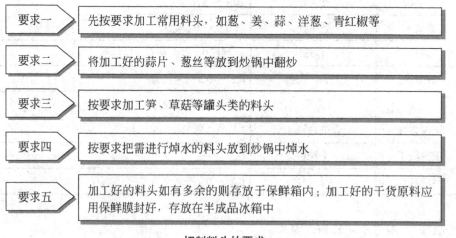

切制料头的要求

（3）蔬菜细加工　蔬菜细加工的程序如下图所示。

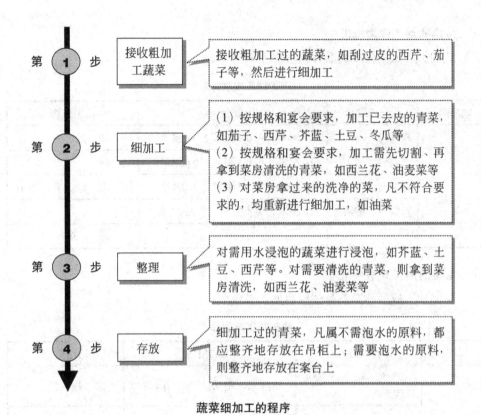

蔬菜细加工的程序

2.猪肉加工成型标准

猪肉加工成型标准的具体内容如下表所示。

猪肉加工成型标准

成品名称	用料及部位	加工成型规格	适用范围
肉丝	里脊、弹子肉、盖板肉、肥膘	长8厘米、粗0.3厘米×0.3厘米	炒、熘、烩、煮
	里脊、弹子肉、盖板肉	长10厘米、粗0.4厘米×0.4厘米	炸
肉片	里脊、弹子肉、盖板肉、腰柳	长6厘米、宽4.5厘米、厚0.3厘米	炸、熘、烩、煮
	五花肉、宝肋肉	长8厘米、宽4厘米、厚0.4厘米	蒸
肚片	猪肚	长6厘米、宽3厘米、厚0.4厘米	卤、拌
		……	
舌片	猪舌	长6厘米、宽4厘米、厚0.2厘米	卤、拌
		……	
……	……	……	

3. 鸡的加工成型标准

鸡的加工成型标准的具体内容如下表所示。

鸡的加工成型标准

成品名称	用料及部位	加工成型规格	适用范围
鸡丝	鸡脯肉	长8厘米、粗0.4厘米×0.4厘米	炒、熘、烩、煮
	鸡脯肉、腿肉	长6厘米、粗0.4厘米×0.4厘米	鸡丝卷
鸡片	鸡脯肉	长6厘米、宽4.5厘米、厚0.3厘米	炒、熘、烩、煮、锅贴
	鸡脯肉、腿肉	长6厘米、宽4厘米、厚0.4厘米	拌
……	……	……	……

4. 鱼的加工成型标准

鱼的加工成型标准的具体内容如下表所示。

鱼的加工成型标准

成品名称	用料及部位	加工成型规格	适用范围
鱼丝	草鱼、鳜鱼、乌鱼净肉	6厘米、粗0.4厘米×0.4厘米	熘、烩、煮
	……	……	……
鱼片	草鱼、鳜鱼、乌鱼净肉	长6厘米、宽4.5厘米、厚0.4厘米	炒、熘、烩、煮、锅贴
	……	……	……
鱼条	草鱼、鳜鱼、乌鱼、鲑鱼净肉	长6厘米、粗1.2厘米×1.2厘米	蒸、炸
……	……	……	……

（四）分档取料节约成本

科学的加工方法是增加出材率、降低成本、提高利润、保证质量的前提条件，因此也是厨房加工过程中必不可少的一个重要环节。

举例说明方法与利润之间的关系会更有说服力，下面列举几个方法与利润之间互相影响的实例。

分档取料既可以保证菜肴的质量、突出菜肴的特点，也可以可节约成本，使烹饪原料合理使用，做到物尽其用。

 **实例**

不包括花刀,经加工后原料会呈现十种形状:丝、片、丁、块、条、端、粒、沫、球和蓉泥。

饭店新购进400斤(1斤=0.5千克)猪肉准备加工,加工间共4个人,只允许提400斤后臀肩,要求将这批猪肉加工为100斤丝、100斤片、100斤丁、100斤馅。科学的加工方式如下。

四种形状中,先着手刀工要求最为精细、肉质量要求最高的形状,也就是说,肉的质量稍差时这种形状便切不出来。案例中要求肉质最好的是丝,因此4人应先同时切丝,由于取得的都是整块肉,也便于切丝。其中丝的出成率最低,约有70%的出成,切到100斤即可。

第二步切片,片的出成率可达到80%,具有20%的损耗率。

第三步切方丁,丁的出成率可达到90%,一斤肉可切出9两丁,同样切出100斤。

所剩的余料全部搅馅,馅的出成率是100%,无任何损耗。

这种加工次序是最科学的,不会浪费任何料头,充分做到了物尽其用。

如果加工方法不够科学,拿到肉后四个人一个人切一种形状,或者先切下100斤肉去搅馅,最后切丝,都没办法按要求完成任务。

因此,在加工前一定要进行选择,在所要求的形状中选择肉质要求最严谨的形状先进行加工,然后再以此为基础继续加工,科学的加工方法应做到无一丝浪费,达到100%的出成率。

 **实例**

鸡、鸭、鹅、鸽四种家禽是烹饪界经常使用的烹调原料,属动物性原料中的禽类。

采购回整只的鸡后,应先将鸡肉与骨分离进行分档取料,将鸡头、鸡颈割下卤制,做成凉菜外卖;没有任何筋的鸡芽子(又叫鸡柳、鸡里脊)肉用来制馅,作为鸡丸子、芙蓉鸡片等的主要原料;鸡胸肉可以做鸡片、炒鸡丁;鸡腿肉可以用来烧制;鸡翅直接用来炸、烤;鸡爪可以做出各种各样凤爪类菜;最后所剩下的鸡架子可以用来炖汤。经过科学处理后,鸡的各部分都得以充分运用,且菜品的种类也得到了丰富。

因此在设计成批量进的原料时,首要考虑的不是菜肴如何烹饪,而要考虑利

用这批原料可以烹饪出多少道菜。

以鱼为例,鱼骨头可以做酥炸鱼骨,鱼头可以做浇菜鱼头汤,鱼尾可以做红烧滑水,不仅整条鱼都可得以利用,而且菜谱上又增加了几个花色品种,同时又大大节约了成本。

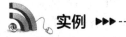 **实例** ▶▶▶

某餐厅,一条鱼就能烹饪出七八样菜肴,最后连鱼骨也能出菜,一点也不会造成浪费,这需要从前期制作时就想办法,根据原料制定菜谱,而并非根据菜谱采购原料。

再如烤箱在烤制点心前需要预热,预热大概需15分钟,烤箱功率4500瓦,预热后再制作甜点。有的餐厅只烤制一两个小点心也按这个程序制作,认为一个点心的原料成本为0.5元/个,售价为2元/个,只要将点心销售出去就盈利了,实则恰恰相反,如果计算电费,很可能是亏本的。

亏本的原因就在于预热,有客户点了点心就预热烤制,否则烤箱就不开,这都是前期制作时留下的弊端。因此饭店在设计菜谱时应多设计几个烤箱菜,如果有十几个需要烤箱烤制的菜肴,那么烤箱就不需要随时预热,每天基本上保持恒温,需要用时加大功率即可,这种情况反而省电。

节约成本要从点滴处着眼,在现有流水不增加的情况下,节约是很值得提倡的!

 **实例** ▶▶▶

以剔鸡为例,现在很多餐厅的厨师不用进行剔肉工作了,需要鸡腿时直接购买鸡腿,需要鸡翅时直接购买鸡翅,免去了剔鸡过程。

因此厨师从业的时间越长,操作方法越容易掌握,但相对的手艺在某些领域会产生倒退。虽然这种方式对厨房而言方便了许多,但根据公式仔细算下来,其中却暗藏玄机。

单件分割鸡肉的综合价格 − 整鸡的综合价格 = 差价的10%

这个公式是根据分割的单价及整鸡中分割部分的重量金额计算得到的,从常理上分析也很容易理解,加工工序也需要成本,成本只能转嫁到商品中。

分档取好的单价之和要比整只鸡的价格高10%,这10%也就是剔鸡的利润所在。如果只是购买已经分割好的50元的鸡肉,也就是成本高了5元。

购买已经分割好的鸡肉、鸡翅等,单价虽然较低,但其成本也高于整只鸡的10%，如果餐厅对鸡肉的用量比较大，建议餐厅最好要求厨师采购整只鸡，自己来剔肉、分档取料，这样，在销售量相同的情况下，利润额会有明显的提高。

三、配份——菜品用量控制

配份是使菜肴具有一定质量、形状和营养成分而进行的各种原料搭配过程，是细加工后进行的各种搭配过程，是细加工后的一道工序，是烹调前生料的配合过程。

根据菜品烹调类型，菜品配制可以分为冷菜配制和热菜配制，如下图所示。

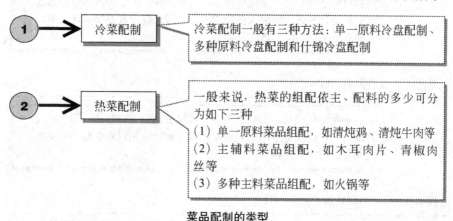

菜品配制的类型

配份是厨房生产菜肴的主要工序，影响着菜肴的内在质量、感官质量、份额量和成本，必须加强对配份的控制，主要抓好以下几个方面工作。

（一）遵循菜品配制基本原则

菜品配制要遵循下图所示的基本原则。

菜品色彩组配的要求是辅料的色泽应适应主料
（1）同类色的组配。同类色的组配是指构成菜品的各种原料的色泽应相似，如糟熘三白、银耳豆腐汤
（2）对比色的组配。对比色的组配是指把两种或两种以上不同颜色的原料组配在一起，使其协调美观、色泽绚丽，如五彩鸡丝

原则二 香味组配

菜品香味组配需要遵循的原则为
（1）如主料香味较好，应突出主料香味
（2）如主料香味不足，应突出辅料香味
（3）如主料香味不理想，可用调味品的香味掩盖
（4）香味相似的原料不宜相互搭配

原则三 口味组配

菜品口味是菜品的"灵魂"所在，一菜一味，人们的饮食喜好需要通过对菜品口味进行组配来获得满足。一般来说，要遵循淡味原则、浓味原则、适口原则、适时原则

原则四 原料形状组配

原料形状组配的原则为突出主料，辅料要适应主料形状，即丝配丝、片配片、块配块、丁配丁。但不论什么形状，辅料都应略小于主料，以便更好地衬托主料

原则五 原料质地组配

菜品所用原料往往质地不一，一般来说，搭配的规律是：软配软，硬配硬，脆配脆。也有一些软硬搭配的菜品，在烹调时要按投料先后来掌握火候，使其烹制得生熟均匀，软、硬、脆、嫩适中

菜品配制基本原则

（二）强化标准化控制

厨房一般采用经验式配菜方法，配份厨师靠手上的功夫对各种原料进行手工抓配，要求"一抓准"，其实很难做到，难以避免误差的出现，具有很大的随意性，难以保证菜肴质量与数量的一致性和稳定性，难以准确控制菜肴原料的成本。

厨房生产实行配份的标准化控制，就是厨房根据菜单通过制定标准菜谱，和在生产活动中实施以标准菜谱为内容的有组织的活动。标准菜谱的制定应根据各餐饮企业和厨房生产的具体情况进行编制，制定中应充分考虑配份影响烹调操作、菜肴质量和原料成本等因素。标准菜谱作为厨房生产活动的技术依据和准则，配

菜工作必须认真贯彻执行，为菜肴烹制、菜肴质量和原料成本控制创造有利的条件和技术保证。

1.标准配料单是计算成本的依据

需要在菜谱制作前确定标准配料单，它也是厨房配菜的主要依据。

2.标准配料单的制作方法与格式

标准配料单的制作要求精确，精确不仅要体现在制作过程中，更要求体现在执行过程中。以餐厅为例，应根据所售商品的品种制作标准配料单，多少种菜品就需要相应地制作多少个配料单，每张配料单的毛利、售价、成本都要有所体现。

（1）菜品配份标准。

菜品配份标准，具体如下表所示。

菜品配份标准

数量单位：克

菜品名称	分量	主料		辅料		料头		盛器规格	备注
		名称	数量	名称	数量	名称	数量		
鱼香肉丝	1例	猪肉丝	120	莴笋丝	30	姜蒜米	各8	7寸条盘	
				木耳丝	15	鱼眼葱	10		
麻婆豆腐	1例	豆腐	150	牛肉末	30	蒜苗	15	7寸条盘	
……									

（2）点心成品配份标准　点心成品配份标准，具体如下表所示。

点心成品配份标准

数量单位：克

名称	分量	主料		辅料		盛器规格	备注
		名称	数量	名称	数量		
小笼包子	1个	发酵面团	30	肉馅	15	2寸圆碟	
清汤面条	1例	面条	30	菜心	10	2寸汤碗	
玻璃烧卖	1个	烧卖皮	1张	肉馅	20	2寸圆碟	
……							

（3）面团配份标准　面团配份标准，具体如下表所示。

面团配份标准

数量单位：克

菜品名称	数量	主料		辅料		备注
		名称	数量	名称	数量	
发酵面团	500					
油酥面团	800	面粉	500克	猪油	100克	冷水200毫升
……						

（4）馅料配份标准　馅料配份标准，具体如下表所示。

馅料配份标准

数量单位：克

菜品名称	数量	主料		辅料		料头		适用范围
		名称	数量	名称	数量	名称	数量	
豆沙馅	500	绿豆	350	白糖	130	油	20	
猪肉馅	500							
……								

（5）臊子配份标准　臊子配份标准，具体如下表所示。

臊子配份标准

数量单位：克

菜品名称	数量	主料		辅料		料头		适用范围
		名称	数量	名称	数量	名称	数量	
红烧牛肉	500							
猪肉脆臊	500	猪肉	450	红糖	15	料酒、盐、味精、胡椒粉	适量	
				香葱	两根			
……								

（三）加强操作过程监督

现代餐饮厨房生产在推行标准化管理的同时，必须建立一套与之相适应的、有效的监督制度与监督体系，使厨房员工在菜品的配份中能够按照规定的标准和规范的作业程序进行操作，最大限度地避免有标准不依、随意配菜的现象发生。

对于厨房生产来说，由于业务量大，而且有相对集中的就餐时间，配份厨师有时忙不过来，就会把配份程序简化，比如主料不过秤等，因此必须要有监督体系。监督制度与监督体系的建立应根据具体情况确定，如建立不定点、不定时的立体式检查、抽查；可以在厨房安装电子监控系统，由专人负责对监视器进行观察；也可以预先将各种主料称重包好，随取随用，用时只配辅料，这样可以缩短配菜时间。

（四）强化配份厨师的责任心

如果配份厨师的工作责任心不够，就会给菜肴的配份和原料成本的管理造成失控，严重影响菜品的质量与原料成本的控制。作为一个配份厨师，除了要有良好的工作责任心与敬业精神外，还必须掌握一定的菜肴配份知识与技术。

（1）掌握各种原料的性质、市场供应、价格变化和原料供应情况。

（2）掌握菜肴名称和主料、配料的数量及净料成本，能熟练运用餐饮成本核算的知识，编制标准菜谱和食品原料成本卡。

（3）熟悉各种刀工技法和菜肴烹调工艺及其特点，使配出的菜肴既符合烹调的要求，又合乎标准食品成本的规定。

（4）熟悉菜肴色、香、味、形、质和营养成分的配合。

（5）具有很强的菜品出新能力，能结合企业和厨房的生产需要不断推出菜肴的新品种。

四、烹调（打荷）——佐助料、调料味、能源的成本控制

（一）佐助料、调料味的成本控制

随着调味料生产水平的不断提高，高品质、多功能的调味料生产越来越多，其价格也越来越高，有效地控制烹调过程中佐助料、调味料的成本，是厨房生产管理与成本控制的一个关键环节。

一般来说，调味料是用来确定和改善菜肴口味的，主要呈现咸、酸、甜、辣、鲜等味感效果，而佐助料在烹调中起着辅助性的作用，如上浆用的淀粉、鸡蛋清，原料熟处理时使用的油脂、汤汁等，它们的共同特点是在使用中难以准确定量，即使能够准确定量，在实际操作中也难以做到准确取量。

目前，在厨房生产管理中，对于佐助料、调味料成本控制的常见方法大致有下面几种。

1. 尽量做到量化或细化

菜肴烹制阶段对于佐助料、调味料成本控制的主要方式，就在于将烹调中使用的各种佐助料、调味料的使用量、添加量进行规格化及标准化，而有些不易量化的，可尽量使其细化。实际上，佐助料、调味料的标准投放不仅有利于原料成本的控制，更有利于菜品质量的稳定，如果一个菜肴连起码的咸度、甜度、酸度、

辣度、色泽等基本指标都无法得到规范，客人就餐时一天一个样，也就没有质量标准可言，失去了可信度。因此，给所有的菜肴确定比较准确的佐助料、调味料使用标准是非常必要的。

以下列举一些主要调味汁的规格供参考。

（1）麻辣味汁　麻辣味汁规格的具体内容如下表所示。

麻辣味汁（配制20份菜）

数量单位：克

调味品名	数量	备注
红油海椒	30	
花椒粉	20	
红酱油	30	
精盐	30	（1）可以用100克红油代替30克红油海椒 （2）所有调料配好之后加开水750克（或鲜汤）调制
味精	20	
白糖	30	
料酒	50	
姜末	20	
香油	20	

（2）糖醋味汁　糖醋味汁规格的具体内容如下表所示。

糖醋味汁（配制15份菜）

数量单位：克

调味品名	数量	备注
醋	150	
酱油	10	
精盐	8	（1）将250克清水加入调料中，然后在锅中熬化调料，再加些香油 （2）糖醋汁在锅中熬制时一定要浓稠
白糖	250	
色拉油	50	
姜末	10	
蒜米	20	
香油	50	

(3) 茄汁味汁　茄汁味汁规格的具体内容如下表所示。

茄汁味汁（配制20份菜）

数量单位：克

调味品名	数量	备注
精盐	15	（1）将色拉油倒入锅中烧热，之后放入蒜泥及番茄酱炒香，再加入清水500克，炒匀以上调料即可 （2）炒制时不能勾芡，要以茄汁自芡
醋	50	
白糖	300	
姜末	10	
番茄酱	200	
色拉油	200	
蒜泥	30	

(4) 鱼香味汁　鱼香味汁规格的具体内容如下表所示。

鱼香味汁（配制15份菜）

数量单位：克

调味品名	数量	备注
精盐	15	将调料拌匀后撒在白水煮的凉菜中
酱油	50	
醋	30	
白糖	20	
泡红辣椒末	50	
姜米	50	
蒜米	50	
葱白	50	
红油	100	
味精	30	
芝麻油	50	

(5) 制糊规格　制糊规格的具体内容如下表所示。

制糊规格表

数量单位：克

用量＼用料　品名	鸡蛋	鸡蛋清	干细淀粉	精炼菜油	备注
全蛋糊	1个		50		
蛋清糊		1个	40		
……					

(6) 制浆规格　制浆规格的具体内容如下表所示。

制浆规格表

数量单位：克

用量＼用料　品名	鸡蛋	鸡蛋清	干细淀粉	精炼菜油	备注
全蛋浆	1个		40		
蛋清浆		1个	30		
……					

2.扩大化生产方式

有条件的后厨应该尽可能采用批量化生产的方法，因为采用批量化生产的方法有利于降低成本。厨房可结合自身情况参考以下方法来降低成本。

(1) 半成品批量加工　厨房可以将其所用主料或配料加工成半成品，如将常用的肉片经加工后备用，将销量最大的菜肴主料进行初步熟处理等。

(2) 实现调制批量调味品　厨房最常用的调料有盐、糖、料酒、高汤，厨房可在营业前将这些调味品按一定比例要求调制好，这样可以节约能源、人工等一系列成本。

> **特别提示**
>
> 事先加工批量菜肴，这些菜肴是指本店特色菜，几乎是每组客人必点的菜肴。事先加工好的菜肴要热存或冷藏，热存温度为60～87摄氏度，冷藏温度为4～7摄氏度。

（二）能源成本的有效控制

厨房常用的能源种类包括水、电、煤气、煤、汽油、天然气等。能源成本一般占餐饮营业额的6%～8%。由于多种能源的价格日趋上涨，是否重视能源控制，是决定厨房生产成本控制目标能否实现的关键环节之一。

厨房能源成本的控制主要取决于三个方面。

1. 节能方法

尽量选用节能设备和成本低的能源种类。选购冰箱要考虑是否节能；用微波炉烹制含水量大的菜肴；使用煤浆代替煤炭，可节约煤的成本1/3以上；厨房使用节能照明系统和感应照明设备，使照明做到人走灯灭；还可充分利用剩余热量，如烤箱的余温可用于保温食品等。

2. 制度规范

对于已经在厨房中广泛推广使用的节能方法和节能措施，还应建立一定的管理制度，以规范广大厨师人员能够很好地执行。由于许多厨师身上都形成了一定的习惯性，需要必要的制度加以约束，并通过有效的监督检查体系来监督实施。

3. 落实责任

能源节约责任应落实到厨房员工每一个人的身上。可以责任到人，如区域照明的节能落实到区域负责人身上。或者把单位时间内厨房的能源成本核算确定后，作为厨房的目标能源成本，然后将目标能源成本分解成具体指标，分配给各个分厨或生产班组，并与一定的奖罚制度挂钩，对于节约能源意识好、节约效果显著的员工给予适当的奖励，对于浪费能源或超过计划指标的，应查明责任人，采取有力的教育和处罚措施。

（三）节约食用油的烹饪技巧

餐厅的食用油消耗量比较大，而食用油又不断涨价，而几乎每道菜都要使用油，所以工作人员应注意节约食用油的使用。

1. 选择大豆油

餐厅一般应选择大豆油，黄豆是素菜之宝，大豆油的营养最全面，它含有23种人体所必需的氨基酸，如果将黄豆整粒食用，它的营养吸收率为50%，做成豆芽食用，营养吸收率为65%，做成豆浆食用，营养吸收率可以达到85%，做成豆腐食用，营养吸收率为92%～96%，制成大豆油，吸收率也达到90%以上。而花生油只含有15种氨基酸，而且价格比大豆油贵。

2. 热油下锅

有几样原料在下油的时候要注意油的温度，例如炸茄子、炸馒头、炸豆泡、炸豆腐等。有些厨师在炸豆腐时，油刚温热就放原料，结果很多油被吸到豆腐里去，吃豆腐时，油会从豆腐里往外冒。所以，在炸这些原料的时候，油温应高一些。油温可从0摄氏度一直上升到240摄氏度，241摄氏度时就达到了燃点，就会起火。油一般在20摄氏度左右融化，之后加热到七成，就可以放原料了。

3. 将调料中的红油炒出来

在炒制过程中，如何将调料中的红油炒出来，也是一门学问。例如麻婆豆腐、鱼香肉丝、干烧鱼、回锅肉，这类菜肴都需要有红油。

炒红油的时候一定要使用小火，在几秒钟之内将调料里的红油炒出来，如麻婆豆腐，搁上汤烧，油比水轻，油在上面漂，水在下面，出锅时不用兑明油，红油就在上面飘着，这就避免了重新放红油的成本。

所以，在烹调过程中只要方法得当，也可以节约成本。

（四）其他方面的节省

1. 炖肉时要后加盐

盐有时候可减少菜肴的烹调时间。例如红烧肉、炖肘子，如果后加盐，并加入适量的红果、山里红，可节约燃气费30%，而且可使炖肉松烂脱骨、不失其形。

2. 明油的甩制与勾芡适当的淀粉

淀粉也是餐厅中经常使用的，淀粉包括玉米粉、绿豆粉、生粉。玉米粉便宜、粒粗，是挂糊和上浆最好的淀粉；而绿豆粉比较细，勾出来的芡不用打明油，所以勾芡最好的淀粉是绿豆粉；生粉是用甘薯、木薯的根块制作而成的，生粉既能挂糊，又能上浆，还能勾芡，但效果不如以上两者。

3. 如何酱肉

在酱肉时，要进行二次操作，即将肉卤熟了之后，不要捞出来，而要在汤里泡两小时之后再上火烹制，第二次开锅后，还应将肉在锅里再泡两小时。等肉自然冷却，再捞出来，此时的酱肉色泽鲜亮，出成率又高，而且不会塞牙。

如果在肉还热的时候将其捞出，肉中的水分会以蒸汽的形式流失，水分蒸发后，肉只剩纤维了，一吃就会塞牙，而且这样酱肉的出成率也变少了。

例如马连良鸭子比香酥鸭子口味好，原因就是进行了两次入味。

4. 水温

有时候水温也能决定出成率，烹制某些菜肴时水温不能过高。例如将海蜇切成丝之后过水，水温应控制在30～40摄氏度，水温一高，海蜇就会明显收缩，从而降低了出成率。

5. 尽量使用原料

烹调的原料要尽量加以利用，例如将肉类剩余的边角集中起来可以制作丸子馅；莴笋头切开后，里面的瓢没法用，可以将它剁碎与肉馅和在一起制成四喜丸子。芹菜叶、莴笋叶、萝卜缨子之类的可以制作成团子，当职工饭；西瓜的籽晾干后可以制成瓜子，西瓜皮可以制成菜肴，用西瓜的外皮熬水，放上冰糖，24小时之内喝下，可清热解毒败火。

总之，要充分地利用各种原料，以节约成本，提高其出成率。

6. 注意细节

细节方面也要注意，例如调料车上的调料要合理摆放，先用的、色重的、液体的调料应近放；色浅的盐、糖、味精、胡椒粉应远放。如果把老抽、生抽放在远处，盐、糖、味精、胡椒粉放在近处，使用老抽时就可能会滴到盐或味精里，从而影响盐或味精的质量，不仅造成浪费，还要费时间进行第二次调配。

第三节 厨房成本的餐前餐后控制

厨房成本的餐前控制包括确定目标食品成本和计算厨房标准成本。

一、目标食品成本的确定

（一）目标食品成本的定义

一般情况下，只要在菜品的生产加工中能准确无误地按照规定的投料标准严格执行，就可以把厨房的生产成本控制在一个合理的水平，使厨房的生产成本控制得到有效控制。毛利率仅仅是从个别菜品来控制食品原料的生产成本，而不能从宏观上有效地控制厨房的食品原料成本。对于厨房管理者而言，还应该从宏观的角度来全面控制厨房生产的成本，首先应确定一个目标食品成本或目标食品成本率。

目标成本是指餐饮企业在一定时期内为保证目标利润实现，并作为餐厅全体员工奋斗目标而设定的一种预计成本，它是成本预测与目标管理方法相结合的产物。

食品目标成本率用食品的成本量与营业额（销售额）之间的比率表示，表示实现一定量的销售额需要多少比例的成本资源消耗。

（二）目标食品成本的制定程序

可以根据菜品的生产特点和原料成本、生产费用等内容制定出某个生产阶段的目标成本，其基本程序可大致分为五步骤，如下图所示。

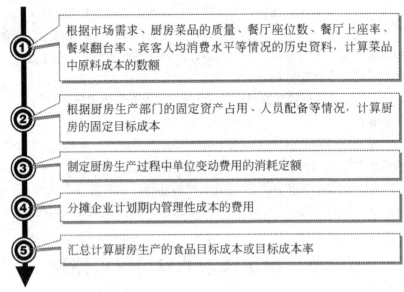

目标食品成本的制定程序

（三）目标食品成本的制定方法

目标食品成本的制定，必须采取科学的方法，才能使制定出来的目标食品成本有参考、对照价值，以便以此为依据，调整、控制实际厨房的生产成本，完成成本控制的最终目标。

1. 固定费用的计算

目标成本中有很大一部分是固定费用。固定费用的制定，具体方法如下。

（1）约束性固定费用，如建筑物、厨房设备折旧以及各项摊消费等，其制定方法主要取决于餐饮企业的财务决策和厨房实际占用的情况，可采用全店折旧额和部门分摊比例的方法。

（2）厨房人工成本根据厨房的员工人数和人均工资额来确定。

（3）厨房用具、设备折旧等数额可根据折旧总额之和计算百分比确定。

2. 其他变动费用

其他变动费用的制定，主要包括水费、电费、煤气、燃料等，这部分费用一般是根据销售量的变化而变化的。目标变动成本可以在制定变动费用率的基础上采用弹性预算的方法来制定，在实际情况与静态预算产生差异的情况下，采用弹性法可以比较充分地考虑市场环境和业务量的变化而可能引起的费用水平的变化。

3. 管理费用

管理性费用数额的制定，一般是以一定的分摊比例计算的。

将上述各项成本和费用汇总，加上税金和预期的利润，即可以确定厨房生产的目标食品成本。

二、厨房标准成本的计算

为了能够有效地对厨房食品原料成本进行控制，必须在食品成本率确定情况下，制定出每种菜肴、面点或整桌宴席的标准成本，以规范厨师在菜品生作业中的成本使用。

厨房标准的制定实际上在厨房生产中是和标准菜谱的制定紧密联系在一起，标准菜谱中对每份成品的配料、配料量和原料单价都做出规定，就可以计算出每份菜品的原料标准成本，对厨师在配份方面的规范，防止厨师盲目投料。既可以杜绝原料的损失浪费，控制原料成本，又可保证成品质量。

同时，标准成本有利于计算菜点成品的价格。食品原料成本是定价的基础，标准菜谱制定了每份成品的原料标准成本，餐饮管理者和菜点生产者就可以以此为基础计算各种菜品的价格。标准菜谱上还留有准备原料价格变化而调整的原料单价栏，若市场原料价格变化，便能立即将食品原料成本分为单份菜肴标准成本和成套菜品标准成本。

（一）单份菜肴标准成本的确定

要想确定每份菜肴的标准成本，就必须首先确定每份菜品的数量。每份菜肴量就是标准菜谱生产批量除以份数。如果某批菜肴的生产总量为5000克，共10份，则每份菜肴的量为500克。每份菜肴的量是确定每份菜品标准成本的基础，也是厨房生产成本控制的关键环节。

标准菜肴量根据标准菜谱确定后，每份菜肴的标准成本就可以计算出来。每份菜肴的标准成本是指生产每份菜肴所耗费的食品原料成本。厨房管理人员可根据不同的菜肴，采用以下方法确定每份菜肴的标准成本。

1. 公式计算法

大多数菜点每份标准成本的确定是相当简单的。厨房管理人员可使用下列公式进行计算。

每份菜肴标准成本＝原料的单位进价/单位食品原料可做菜肴的份数

不少厨房购买由供货单位加工切配好的食品原料，其中包括主料、辅料和调料，这类原料的包装上通常注明可做菜量的份数，厨房管理人员只需用单位进价除以份数，即可求出每份菜肴的标准成本。

2. 标准成本卡

厨房管理人员也可根据标准菜谱确定各种菜肴的每份标准成本。用标准菜谱确定各种菜肴的每份标准成本。用标准菜谱的总生产成本除以份数，就可求出每份菜肴的标准成本。

菜品标准成本卡

出品名称：烧椒酱焗鳝片　　　　单位：份　　　　部门：
建议定价：58.00元　　　　　　　　　　　　日期：

序号	原料名称	毛料/克	净料/克	单价/（元/500克）	金额/元	备注
1	大鳝鱼片	200	200	36	14.40	
2	青尖椒	120	100	3.5	0.84	
3	大蒜子	35		3.5	0.25	
4	鲜花椒	5		11	0.11	
5	洋葱	120		1.1	0.26	
6	葱	30		3	0.18	
7	姜	15	10	2	0.06	
8	盐	8		1.5	0.02	
9	味精	5		8	0.08	
10	鸡粉	6		15	0.18	
11	珠江桥御品鲜	10		5.6	0.11	
12	珠江桥蚝油	3		2.6	0.02	
13	鸡汁	5		24	0.24	
14	菜籽油	60		8	0.96	
	成本合计				17.71	

制作人：　　　　　　　　　　　　　　厨师长：
店财务主管：＿＿＿＿＿＿＿＿　　　出品总监：
公司财务经理：＿＿＿＿＿＿＿＿＿

餐饮菜谱食品原料成本卡

　　　　　　　　　　　　　　　　　　　　　　　分类＿＿＿＿编号＿＿＿＿

品名	天麻鸡茸翅			规格	质量		售价			毛利	毛利率/%
	品名	单价/元	数量/克	出成率/%	佰	拾	元	角		备注说明	
使用原料	金钩翅		75								
	鸡茸		45								
	鲜天麻		10								
	浓汤		250						金钩翅1斤出600克		
	其他										

续表

品名	天麻鸡茸翅			规格	质量		售价	毛利	毛利率/%
使用原料							调价说明		
	总成本								

注：1斤=0.5千克。

标准成本卡

部门：厨房　　　　　　　　　　日期：　　　　　　　　编号：1
菜品名称：珍汤金米浸辽参　　　份数：1

配料名称	单位	用量/克	单价/元	成本额/元	备注
80头大连参	条		23.1	23.1	
小米				1	
辅料				15	
成本合计	39.1	售价	138	成本率	28.3%

（二）成套菜品标准成本确定

成套菜品包括餐厅设计的套餐、团队餐和宴席菜单。餐厅通常需要按照每套菜单计算成本，制定销售价格。

制定一套菜品的标准成本时，应注意以下几点。

（1）要确定各种菜肴组合的成本，需花费很多时间，因此，在工作中，往往只计算销路最广的集中组合的平均成本，如果要增加顾客对上述几道菜肴的选择机会，新增食物的成本应当和销路最广的食物的成本相仿。

（2）各道菜肴的成本之和是一套菜点的标准成本总额。

（3）如果某种菜肴的原料成本发生了变化，成本核算员应重新计算这道菜的标准成本，然后再根据这道菜肴新的成本数额，求出所有菜肴的成本之和，即新的每套食品的标准成本总额。

三、厨房成本餐后控制——成本分析

厨房成本餐后控制，是指厨房生产运行结束后，通过对生产过程中的食品成本月报、日报的分析，找出厨房生产成本的问题，以便进行及时的纠正，避免在下一个生产过程或生产阶段内使成本控制恶化。

（一）厨房成本分析的作用

厨房成本分析有两大作用，如下图所示。

作用一 ▶ 及时发现成本漏洞

在厨房生产成本分析过程中，通过对各种成本指标的预测与实际数、本期数与历史最好时期的数据、本厨房的成本指标数据与同类可比餐饮企业的成本指标数据的比较分析，就能通过数据指标的高低，非常容易地找到成本漏洞的所在，堵塞成本漏洞，评估成本控制效果

作用二 ▶ 验证是否达到成本控制目标

通过成本分析，将各项成本指标与历史上的最好水平、同行业的最先进水平进行比较，如果所有指标都达到了预定目标，就说明成本控制效果良好；如果只有部分指标达到目标；而绝大部分指标没有实现目标，就要分析原因

厨房成本分析的作用

（二）厨房成本分析的内容

成本分析涵盖整个厨房生产过程的各个方面，是对厨房生产和餐饮企业经营管理活动的全面成本分析。具体来说，厨房生产成本分析主要有如下内容：

（1）对食品原料采购成本、验收成本、存储成本的综合分析；

（2）对菜肴、面点等生产加工成本的分析；

（3）对厨房生产能源成本的分析；

（4）对厨房生产人工成本的分析。

（三）厨房成本分析的实施

厨房生产成本分析是一项难度较大的工作，需要管理者投入一定的人力、物力和财力。

1. 参与厨房成本分析的人员

参与厨房成本分析的应该包括如下一些人员：

（1）厨房成本分析应该由企业财务总监负责、财务部成本分析小组或成本核算人员执行；

（2）聘请成本分析专家参与成本分析，能够帮助餐饮企业发现一些内部成本分析人员不易发现的成本问题，虽然要支付一定的费用，但总体来说还是值得的。

2. 定期召开成本分析会议

餐饮企业高层管理者一定要高度重视这一工作，定期组织厨房生产成本分析会议，及时发现成本问题，改善成本控制工作，不断提高成本控制水平。

（四）厨房成本分析的方法

厨房生产成本核算是餐饮企业成本控制的基础，为进一步寻找厨房生产成本控制中漏洞，应制定成本控制的措施，有必要进行成本分析。

1. 直观分析法

就是观测员工的工作情况，各班组、各工序之间的关系，以及员工漏洞强度的大小，食品原料的使用是否有浪费和不合理等情况，在此基础上进行厨房生产成本分析。

例如某餐饮店所有冰柜内的食品原料都是满满的，这说明食品原料的采购程序存在问题。食品原料采购员根据厨师长的申购单进行采购，采购回来的鲜活原料一般是在厨房内同时办理入库和领用手续。厨师长每次申购原料时都按几天需要量填写申购单，每次采购员都按数据进行采购，忽视了原料的实际消耗量。久而久之，厨房内的食品原料存量大增，厨师长却还在按程序下申购单，因此就出现了食品原料库外存量过多的情况。

类似的情况，在许多餐饮企业都存在，如果不能及时通过观察和现场检查，很难发现问题。

2. 流程分析法

了解到厨房生产确实存在成本漏洞，就要先堵塞漏洞，这就要从理顺程序开始。厨房生产的环节主要是原料加工和原料配份等，此外还有员工的工作态度等。

食品原料的加工包括初加工和细加工，都会对食品原料成本产生直接的影响，关键问题在于加工人员是否在加工过程中准确地按规范的原料净料进行作业，对原料的处理是否合理，做到物尽所用。菜品配份过程中对厨房产生很大影响的是配份人员，配份人员的技术过硬并不等于就能把成本控制好，关键在于员工的工作态度是否认真负责，加工中是否有他人替做，配份岗位人员是否随意离开，有没有配份资格的人员替班等。

第四章
存货成本的控制

引言

　　食品原料验收与储存环节管理,对餐饮成品的质量和企业的成本有着举足轻重的影响。许多餐饮企业,对于食物仓库的管理不善,不是视若无睹,就是束手无策,形成物质的浪费和成本的负担。

第一节　食材验收管理

验收工作对采购、订货与使用单位来说，扮演着稽核把关的角色，依照正确的规定与程序执行验收工作，可使整个物料管理流程完美无缺，达到最佳的成本控制效益。

一、验收场所和设备的要求

验收的位置和场所的大小直接影响货物交接验收的效率及工作量。理想的验收位置应当位于货物入口与储藏室之间，和厨房在同一个区域，这样便于控制运到的食品，同时减少搬运距离和次数，使工作失误降低到最低程度。此外，验收常涉及许多发票、账单等，所以要有验收室，并配备一定的办公用具来处理这些事务。

验收人员为了有效地工作，应当有合适的设备，这里最要紧的是称重量必需的量器——磅秤。磅秤的称量范围要能满足验收所需，因此大小要合适，并两面可读；磅秤应精准，要放置在利于使用的位置，保证始终称量准确，始终处于工作状态。除了磅秤外，还需其他一些设备，如开启箱、罐用的小刀和开刀，搬运用的推车，盛装用的网篮和筐箱等。

二、验收人员的要求

验收人员应接受过专门的训练，十分了解本餐饮企业采购食品的规格和标准，最好备有详细的食品采购规格书，对食品的质量能做出准确的判断。另外还必须熟悉餐饮企业的财务制度，懂得各种账单处理的方法和程序，并能正确地处理。

验收人员应具备优秀的素质，要能秉公验收，始终坚持按制度办理一切验收手续。同时还要有完成工作的能力，做到所验收接受的食品项目与发票、订购单相符，发票上开列的重量和数量与实际验收的食品相符，食品的质量与规格书相符，食品的价格与餐饮企业规定的限价相符。

三、验收品管的基本要求

验收品管的基本要求如下图所示。

要求一 包装

在所有收货品管的动作中,若该项货品有外包装,则首先须确定的是,其包装的完整性,例如有无破损、挤压或开过封

要求二 气味

正常新鲜的食品都会有其特定的气味,验收时可从气味上判定其品质有无异变

要求三 色泽

也为判定物品品质的一个方式,验收人员可多学习这方面的专业知识

要求四 温度

食品类物料对温度差异的敏感度与要求很高,正确、良好的低温配送与储存,对食品运送过程中的品质维持非常重要,故验收人员绝不可忽略验收时的温度检验

要求五 外观

此为验收工作最简单,但也是最重要的品管方式,观其外表即可大致确认其品质

要求六 口感

某些特定的可食性物料,用其他方式无法确知其品质时,试吃可能是一最有效的品管方式

要求七 制造标示

此也为可供验收品管人员参考的一个依据,但该项产品必须出自于较具规模与品牌形象的供应商,才具有参考价值

要求八 有效期限

有效期限的控制永远都是食品物料控制品质的重要方法之一,验收时有效期限的确认,必须和订货数量的预估使用期限相配合

验收品管的基本要求

四、各类食材验收要领

（一）关于包装食品的验收

对于包装食品的验收，一是看配送的食品与公司配供的食品的品牌和规格是否相符。二是看食品包装和标签。观察外包装是否整洁干净，标签的字迹印刷是否清晰，是否完整正规，封口是否严实。若发现印刷质量差，字迹模糊不清，标注内容不全，没有生产日期等，则很可能是冒牌产品。同时还应注意该产品是否在保质期内。三是查内质，检查食品的色泽、状态、气味，观察其形状是否完整，有无异物。质量好的食品一般呈原料食品固有的自然、新鲜色泽，块形、大小基本一致，完整不松散。

具体包装食品的验收标准如下。

1. 大豆油

一级豆油质量指标：呈黄色至橙黄色，无气味、口感好，澄清透明，水分及挥发物不超过0.05%，不溶性杂质含量不超过0.05%，不得掺有其他食用油和非食用油，不得添加任何香精和香料。

验收时要做到七看、一闻、一听、一尝，如下表所示。

大豆油验收的方法

序号	方法	具体说明
1	七看	（1）看标识。外包装上必须标明商品名称，看看是不是本品牌的，再看包装上有没有生产日期、保质期，必须要有QS标志 （2）看包装。看其条码是否印制规范，是否有改动迹象 （3）看色泽。正常颜色呈微黄色、淡黄色、黄色和棕黄色 （4）看透明度。透明度能反映油脂纯度，看透明度是不是很好 （5）看有无沉淀物。高品质食用油无沉淀和悬浮物，黏度较小 （6）看有无分层。若有分层现象则很可能是掺假的混杂油 （7）看油状。取一个干燥、洁净、细小的玻璃管插入油中，堵好上口，慢慢抽起，看油状，若呈乳白状，表明油中有水
2	一闻	即闻气味，不同品种的食用油虽然各有其独特气味，但都无酸臭异味
3	一听	即听声音，听食用油燃烧时的声音，燃烧正常无响声者，是合格产品
4	一尝	即尝味道，口感带酸味的油是不合格产品

2. 面粉

特、一级面粉质量指标：色泽呈白色或微黄色，不发暗，无杂质的颜色；呈细粉末状，不含杂质，手指捻捏时无粗粒感，无虫子和结块，置手中紧捏后放开不成团。具有面粉的正常气味,无其他异味。味道可口,淡而微甜,没有发酸、刺喉、发苦、发甜以及外来滋味,咀嚼时没有砂声。

验收员在验收时要做到一看、二闻、三摸、四尝,如下图所示。

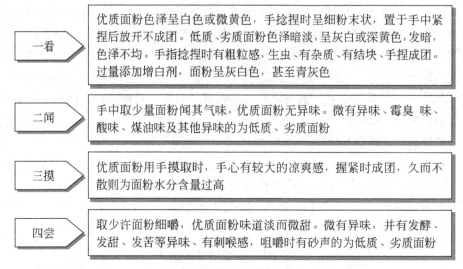

面粉的验收要点

3. 食盐

食盐质量指标:白色、味咸,无可见的外来杂物,无苦味、涩味,无异臭。

4. 油

酱油质量指标:具有正常酿造酱油的色泽、气味和滋味,无不良气味,不得有酸、苦、涩等异味和霉味,不浑浊,无沉淀,无异味,无霉花、浮膜等。

5. 黄豆酱

黄豆酱质量指标:红褐色或棕褐色、鲜艳、有光泽;有酱香和酯香,无不良气味;味鲜醇厚,咸甜适口,无酸、苦、涩、焦煳及其他异味;黏稠适度,无杂质。

6. 味精

味精质量指标:无色至白色结晶或粉末,具有特殊的鲜味,无异味,无肉眼可见杂质。

7. 鸡精

鸡精质量指标:具有原、辅料混合加工后特有的色泽;香味纯正,无不良气味;具有鸡肉的鲜美滋味,口感和顺,无不良滋味;形态可为粉状、小颗粒状或块状。

8. 食糖

食糖质量指标：颜色洁白、无明显黑点、无异物、无异味，水溶液清澈、透明，味甜。

验收时要做到一看、二闻、三尝、四摸，如下图所示。

一看	白砂糖外观干燥松散、洁白、有光泽，平摊在白纸上不应看到明显的黑点，颗粒均匀，晶粒有闪光，轮廓分明
二闻	用鼻闻有一种清甜之香，无任何怪异气味
三尝	白砂糖溶在水中无沉淀和絮凝物、悬浮物出现，尝其溶液味清甜，无任何异味；绵白糖在舌部的味蕾上糖分浓度高，味觉感到的甜度比白砂糖大
四摸	用干手摸时不会有糖粒沾在手上，松散，说明含水分低，不易变质，易于保存

食糖的验收要点

9. 酵母

一级酵母质量指标：淡黄色至淡黄棕色，具有酵母的特殊气味，无腐败、无异臭味，不发软，不粘手，无杂质异物。

10. 醋

食醋质量指标：具有正常食醋的色泽、气味和滋味，不涩，无其他不良气味与异味，无浮物，不浑浊，无沉淀，无异物，无醋鳗、醋虱。

验收员验收时要区别一下真醋和假醋。

真醋的颜色为琥珀色、红棕色或无色透明，有光泽，有熏香、脂香或醇香；酸味柔和，稍带甜味，不涩，回味绵长；浓度适当，无沉淀。

假醋多用工业冰醋酸直接兑水制成，颜色浅淡，发乌，开瓶时酸气冲眼睛，无香味；口味单薄，除酸味外，有明显苦涩味，有沉淀物和悬浮物。

验收员可从以下几方面鉴别其质量。

一看包装上是否有QS标志；

二是看颜色，食醋有红、白两种，优质红醋要求为琥珀色、红棕色或黑莹色；

三是闻香味，优质醋的酸味芳香，没有其他气味；

四是尝味道，优质醋酸度虽高但无刺激感，酸味柔和，稍有甜味，不涩，无其他异味。

11. 芝麻油

芝麻油质量指标：一般呈橙黄至棕黄色，具有芝麻油固有的气味和滋味，无异味，油色允许变深，但不得有析出物。

12. 料酒

料酒质量指标：浅琥珀色或红褐色的透明液体；具有醇香及料香，气味鲜美，略有咸味，无异味；澄清，透明，允许有少量聚集物。

13. 腐乳

腐乳质量指标：红腐乳表面呈鲜红色或枣红色，断面呈杏黄色或酱红色；白腐乳呈乳黄色或黄褐色，表里色泽基本一致；滋味鲜美，咸淡适口，具有各自腐乳特有气味，无异味；块形整齐，质地细腻，无外来可见杂质。

验收员验收时要注意：使用塑料盖子的腐乳瓶，若有液体流出，则很可能已变质；使用金属盖子的腐乳瓶，若有胀盖现象，则很可能已变质。

14. 挂面

挂面质量指标：色泽正常，均匀一致，气味正常，无酸味、霉味及其他异味，煮熟后口感不黏，不牙碜，柔软爽口。

验收过程中，首先看标签标志。正规生产厂家的挂面包装上，应印有健全的标签，如厂名、厂址、电话、生产日期、保质期、品名等。但最主要的是要有QS标志。

其次，要看挂面的颜色和均匀度。如果是白挂面，它的颜色不能太白。同时，面体粗细要均匀，外层和内心都应该没有折断。

最后，闻气味。如果有酸味或其他异味就是不合格食品。

15. 烤肠

优质烤肠质量指标：肠体均匀饱满，无损伤，表面干净，密封良好，结扎牢固，肠衣的结扎部位无内容物，断面呈淡粉红色，组织紧密，有弹性，切片良好，无软骨及其他杂物，咸淡适中，鲜香可口，具固有风味，无异味。外包装必须注明生产日期，应在规定的保质期内。

验收时如果发现肠衣上有破损的地方，则有可能已变质。

（二）关于散装食品的验收

对于散装食品，以下介绍几个品种。

1. 大米

国标一级粳米质量指标：呈清白色或精白色，具有光泽，呈半透明状。大小均匀，坚实丰满，料面光滑、完整，很少有碎米，无虫，不含杂质（如沙石、色素等异物）。此类大米中混有其他类大米的总限度为5%，不完善粒≤4%，黄米粒≤2%，最大限度杂质≤0.25%，小碎米≤1.5%，水分≤15.5%。

验收时要做到一看、二抓、三闻、四尝,如下图所示。

一看	看颗粒,应大小均匀、丰满,光滑、有光泽,很少有碎米或黄粒米。不好的大米,碎米多,米粒没有光泽,有的甚至发乌
二抓	好的大米,抓后糠粉少
三闻	取少量大米,向大米哈一口热气或用手摩擦生热,立即去闻大米气味。新鲜的大米具有清香味,无异味
四尝	取几粒生大米放入口中,细细咀嚼,仔细感觉,新鲜大米有微微甜味,没有异味

大米的验收要点

2.蔬菜

蔬菜质量指标:外观正常,不能有腐烂、霉变现象,有残留农药检测达标报告。不同蔬菜的验收标准如下表所示:

不同蔬菜的验收标准

序号	蔬菜	验收标准
1	白菜	优质的白菜叶柄肥厚,叶端卷缩而互相结成球朵,分量重,无虫眼和黑斑。如果叶片顶端彼此分离而向外翻卷,则菜心处可能已经开始长薹
2	芹菜	枝梗挺直、色泽青翠、新鲜脆嫩,叶不枯萎变黄、未抽薹
3	萝卜	新鲜的萝卜外表光滑,色泽清新,水分饱满。如果表皮松弛或出现黑斑,则已经不新鲜了
4	洋葱	以尚未发芽、捏起来坚实的为好。如果已经发芽,则中间多已腐烂,应当注意
5	马铃薯	薯块完整结实、表皮少皱纹、不出芽、不腐烂
6	青椒、番茄	果形完整匀称、果皮光泽亮丽、肉质爽脆、无外伤或萎缩
7	茄子	外形完整、色泽紫红有光泽、有弹性、无外伤、果蒂未胀裂
8	香菇	菇伞紧密、无水伤、肉质肥厚细嫩。菇面有时呈微褐是正常现象,过于发白可能是经漂白剂或荧光剂处理
9	南瓜	果皮鲜美完整、呈金黄色、无外伤
10	豇豆	颜色翠绿、表皮光滑、香脆细嫩

续表

序号	蔬菜	验收标准
11	芋头	芋粒清洁、表皮干燥、棕纹明显、不蛀洞、不腐烂
12	胡萝卜	形体圆直、表皮光滑、色泽橙红、不开叉、无须根
13	姜	嫩姜，块茎白、肥满，具粉红色鳞片；粉姜，茎肥满、表皮光滑完整；老姜，不枯萎皱缩、不腐烂
14	青葱、大蒜	球白质嫩、叶片绿色不枯萎、表面略有粉状，未抽薹、不腐烂
15	芽菜	以全株新鲜、叶片肥厚、茎粗大、幼嫩质脆、不枯萎、不老化者为宜
16	菠菜、莴苣、茼蒿	叶片完整、肥厚、鲜嫩、饱满，不抽薹开花、少病虫斑点

总体来讲，辨别蔬菜新鲜度主要应把握"望、闻、问、切"四个字，如下图所示。

望	看看蔬菜外观是否新鲜、色泽是否鲜艳
闻	闻一闻蔬菜是否有农药味或其他异味
问	问一问蔬菜的采购日期
切	亲手捏一捏蔬菜，摸一摸，坚实、挺拔者多为好的品种

辨别蔬菜新鲜度的要点

3.桂皮

桂皮质量指标：干燥、无虫蛀、无霉变、无异味、无污染、无杂质，具有该原料应有的色泽，具有天然芳香味或辛辣味。

验收员在验收时要区别一下真假，如下图所示。

正品	外表呈灰棕色，稍粗糙，有不规则细皱纹和突起物，内表呈红棕色、平滑，有细纹路，划之显油痕，断面外层呈棕色，内层呈红棕色而油润，近外层有一条淡黄棕色环纹。气香浓烈，味甜、辣
伪品	外表呈灰褐色或灰棕色，略粗糙，可见灰白色斑纹和不规则细纹理。内表面呈红棕色，平滑。气微香，味辛辣

桂皮真假的区分

注意：受潮发霉的桂皮不可食用。

4. 花椒

一等花椒质量指标：成熟果实制品，具有本品种应有的特征及色泽，颗粒均匀、身干、洁净、无杂质、香气浓郁、麻味持久、无霉粒、无油椒。闭眼、椒籽两项不超过5%，果穗梗小于或等于2%。

验收员在验收时要区别一下真假，如下图所示。

正品	2～3个上部离生的小骨朵果集生于小果梗上，每一个骨朵果沿腹缝线开裂，直径0.4～0.5厘米，外表面紫色或棕红色，并有多数疣状突起的油点。内表面呈淡黄色，光滑，内果与外果皮常与基部分离，气香，麻味而持久
伪品	为5个小骨朵果并生，呈放射状排列，状似梅花。每一骨朵果从顶开裂，外表呈绿褐色或棕褐色，略粗糙，有少数圆点状突起的小油点。香气较淡，味辣微麻

花椒真假的区分

5. 胡椒粉

胡椒粉质量指标：黑胡椒粉呈棕褐及灰黑混合色，白胡椒粉呈淡黄青灰色，黑白胡椒粉均具有新鲜刺鼻的辛辣气味，无异味，异味包括哈喇味和霉味，应具有本品所固有的正常色泽，无肉眼可见外来杂质。

6. 虾皮

一级虾皮质量指标：光泽好、肉质厚实、壳软、片大且均匀、完整，基本无碎末和水产夹杂物，具有虾皮固有鲜香味，无异味、无外来杂质、无污染、无霉变、不牙碜、无色变现象、不发黏。

7. 虾米

一级虾米质量指标：具有虾米固有的色泽，肉质坚实，大小均匀，个体肥满光滑，虾体基本无粘壳、附肢，基本无虾糠，口味鲜香，细嚼有鲜甜味，无外来杂质，无霉变现象。

8. 猪肉

猪肉质量指标：肌肉有光泽，红色均匀，脂肪呈乳白色，纤维清晰，有坚韧性，指压后凹陷立即恢复，外表微湿润，不粘手，具有鲜猪肉固有的气味，无异味，煮熟后肉汤澄清透明，脂肪团聚于表面。

验收员在验收时要注意"瘦肉精"和"注水肉"：含有"瘦肉精"的猪肉特别鲜红，肌纤维比较疏松，猪肉的脂肪层很薄，通常不足1厘米，对有这类表象的猪肉产品，需要引起重视。要辨别是否为"注水肉"，可以把卫生纸贴在肉的切面上，没有明显浸润或稍有浸润的为没有注水的肉，若卫生纸明显浸润则肉质可疑。注水猪肉色泽变淡或呈淡灰红色，有的偏黄，显得肿胀。用指压来判断：鲜肉弹性强，经指压后凹陷能很快恢复；注水肉弹性较差，指压后不但恢复较慢，而且能见到液体从切面渗出。

另外，验收时要注意看猪肉是否经过检疫，经过检疫的猪肉盖有检疫合格印章。要当心猪囊虫、猪瘟、猪丹毒这三种病害猪肉。猪囊虫病猪的主要特征是肌肉中有米粒至豌豆大小的脂肪样颗粒；猪瘟病猪肉的主要特征是在肉皮上有大小不一的出血点，肌肉中也有出血小点；猪丹毒病猪肉的主要特征是在肉皮上有方形、菱形、圆形及不规整形突出皮肤表面的红色疹块。

9.熟牛肉

熟牛肉质量指标：坚实而有弹性，脂肪呈白色或微黄色，透明，具有牛肉固有的气味和滋味，无黏液，无霉斑，无腐败，无酸臭，无其他异味。

10.鸡、鹅

禽产品质量指标：眼球饱满、平坦或稍凹陷，皮肤有光泽，肌肉切面有光泽，并有该禽固有色泽，外表微干或微湿润、不粘手，有弹性，肌肉指压后的凹陷立即恢复，具有该禽固有的气味，煮沸后肉汤透明澄清、脂肪团聚于表面，具固有香味。冻禽应解冻后观察，指标应符合以上要求。

配送的整鸡、整鹅一律按鲜鸡、鲜鹅标准和规格验收，对配送的冻鸡、冻鹅一律拒收。

11.水果

水果质量指标：外观正常，不能有腐烂霉变现象，有残留农药检测达标报告。不同水果的验收标准如下表所示。

不同水果的验收标准

序号	名称	标　　准
1	梨	果皮薄细、光泽鲜艳、果肉脆嫩、汁多、味香甜、无虫眼及损伤
2	苹果	果皮光洁、颜色艳丽、软硬适中、无虫眼和损伤，肉质细密、酸甜适度、气味芳香
3	香蕉	香蕉以有褐色斑点的"梅花蕉"为佳，但要留意与变坏的黑斑的区别。若皮稍青，香气不够，放在密封胶袋焗一段时间即可
4	龙眼	龙眼剥开时果肉应透明，无汁液溢出，无薄膜包着，留意蒂部不应沾水，否则易变坏。用水洗过的龙眼均不能存太久

12. 鸡蛋

鸡蛋质量指标：蛋壳清洁完整，灯光透视时整个蛋呈微红色，蛋黄不见或略有阴影。打开后蛋黄凸起完整并带有韧性，蛋白澄清透明，稀稠分明。

验收时要关注：鲜鸡蛋外壳有一层白霜粉末，手指摩擦时应不太光滑，当鸡蛋不新鲜时，白霜就会脱落，变得很光滑。用手握住鸡蛋，对着光观察，好鸡蛋蛋白清晰，呈半透明状态，一头有小空室；而坏鸡蛋呈灰暗色，空室较大，陈旧或变质的鸡蛋还有污斑。摇一摇，凝而不散的比较新鲜，蛋黄散的鸡蛋，多半不新鲜。

13. 鱼

淡水鱼质量指标：体表有光泽，鳞片较完整且不易脱落，黏液无浑浊，肌肉组织致密有弹性，鱼鳃鳃丝清晰，色鲜红或暗红，无异臭味，眼球饱满，角膜透明或稍有浑浊，肛门紧缩或稍有凸出。

验收员在验收时要区分正常的鱼和受污染的鱼，方法如下图所示。

观鱼形	污染重的鱼，形态异常，有的头大尾小，脊椎弯曲甚至出现畸形，还有的表皮发黄、尾部发青。然后看鱼眼，受污染的鱼眼浑浊，失去了正常的光泽，有的甚至向外鼓出
看鱼鳃	鳃是鱼的呼吸器官，大量的毒物可能蓄积在这里，有毒鱼的鱼鳃不光滑，较粗糙，呈暗红色。同时还要看鱼的鳞、鳍。被污染的鱼，鱼鳞异常，胸鳍、腹鳍不对称。辨别鱼体内是否有孔雀石绿，首先要看鱼鳞的创伤是否着色，受创伤的鱼经过浓度大的孔雀石绿溶液浸泡后，表面会发绿，严重的还长有青草绿色，而鱼鳍正常情况下应该是白色的，经孔雀石绿溶液浸泡过的鱼鳍也容易着色
闻鱼味	正常的鱼有明显的腥味，受污染的鱼则气味异常。由于毒物的不同，气味各异，有大蒜味、氨味、煤油味、火药味等，含酚量高的鳃甚至可以被点燃

区分正常的鱼和受污染的鱼的方法

14. 豆腐

豆腐质量指标：白色或淡黄色，有豆香味，无异味，块形完整，有弹性，质地细嫩，无石膏脚，无肉眼可见外来杂质。

验收员在验收时要注意以下几点。

（1）豆腐的颜色应该略带点微黄，如果过于发白，有可能添加了漂白剂。

(2)好的豆腐表面平整,无气泡,不出水,拿在手里摇时,无晃动感,可闻到少许豆香气。

(3)要求供应商配送到的豆腐全部为当天生产,如果发现豆腐不够新鲜,应拒收。

15. 卜页

卜页质量指标:呈均匀一致的乳白色或淡黄色,有豆香味,味正、无异味,外形边缘整齐,厚薄均匀,厚度≤2毫米,有韧性、无杂质,不粘手。

16. 豆腐干

豆腐干质量指标:形状完整,厚薄均匀,无焦煳,具有该产品特有的色泽和香味,无肉眼可见杂质。

验收员在验收时要注意,好的五香豆腐干表皮光洁,有光泽,呈褐色,有五香味,块形整齐,厚薄均匀,有韧性,对角慢慢对折不断。

17. 干香菇

一级干香菇质量指标:菌盖呈淡褐色,或褐色,或黑褐色,呈扁半球形稍平展或呈伞形,菇形规整,菌褶呈黄色,菌盖厚度>0.5厘米,虫蛀菇、残缺菇、碎菇体不超过2%,无异味,无霉变,无腐烂,无虫体、毛发、动物排泄物、泥、蜡、金属等异物。

验收员在验收时要注意香菇的菌盖以厚的、完整的、不全开启的为好。菌褶应整齐细密,菌柄短而粗壮,边缘内卷、肥厚。验收要点如下图所示。

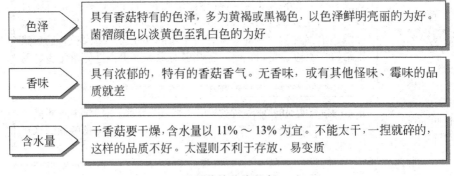

干香菇的验收要点

18. 黑木耳

一级黑木耳质量指标:耳面呈黑褐色,有光亮感,背呈暗灰色,不允许有拳耳、流耳、流失耳、虫蛀耳和霉烂耳。朵片完整,含水量不超过14%,耳片厚度1毫米以上,杂质不超过0.3%。

验收员在验收时可从四个方面检验,如下图所示。

眼看	凡朵大适度，耳瓣略展，朵面乌黑但无光泽，朵背略呈灰白色的为上品；朵稍小或大小适度，耳瓣略卷，朵面黑但无光泽的属中等；朵形小而碎，耳瓣卷而粗厚或有僵块，朵呈灰色或褐色的最次
手捏	通常优质的黑木耳含水量较少，取小量样品，手捏易碎，放开后朵片能很好伸展，有弹性，说明含水量少；反之则过多
口尝	纯净的黑木耳口感纯正，无异味，有清香气；反之则多为变质或掺假品。常见掺假品用明矾水、碱水浸泡或用食糖水拌匀，可用口尝有无涩味、碱味、甜味加以鉴别
水泡	朵体质轻，水泡后涨发性大的属优质；体稍重，吸水膨胀性一般的为中等；体重，水泡涨发性差的为劣质

黑木耳的检验要点

19. 紫菜

紫菜质量指标：呈方、圆形片状或其他不规则状，干燥均匀，无霉变，颜色呈褐色或黑褐色，具有紫菜特有光泽、气味与滋味，无异味，无霉味，无正常视力可见的外来机械杂质，但允许有少量的硅藻、绿藻等杂藻。

验收员在验收时可从以下三个方面检验。

（1）要注意其色泽以紫红色为好，如色泽发黑可能是隔年陈紫菜，如色泽发红则表明菜质较嫩。

（2）要注意厚薄均匀，无明显的小洞与缺角，如有小洞，可能是在储存运输过程中保管不妥，遭遇损坏。

（3）要注意陈紫菜，现在市场上有一些不法商贩将隔年陈紫菜用食用油涂抹后冒充新紫菜销售，可用手绢纸擦一下，纸上就会有油迹，且陈紫菜无香味，入口有一股海腥味。

在此基础上，验收时可从感官上进行观察，注意是否有霉变，包装是否结实、整齐美观，包装上是否标明厂名、厂址、产品名称、生产日期、保质期、配料等内容。

20. 鱼丸

鱼丸质量指标：具有鱼丸固有的滋味，有弹性，不发黏，无异臭，无杂质，煮汤较清，不浑浊。

21. 粉丝

粉丝质量指标：色泽洁白，有光泽，呈半透明状，丝条精细均匀，无并丝，手感柔韧,有弹性,复水后柔软、滑爽,有韧性,无外来杂质。

验收员在验收时可以遵循一看、二闻、三摸、四尝的方法,如下图所示。

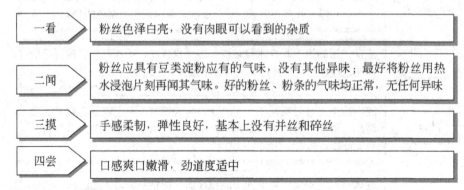

粉丝的验收要点

五、收货过程中运用的表单

(一)收货单

一般来说,所有原料都随带发货单和发票运送,副本经餐饮企业验收员签字后,由送货人带回供货单位;正本应加盖收货章,由验收员、食品管理员及会计部门有关人员签字,说明原料已经按质、按量及合适的价格购进入库,同意付款。

一张收货单要求四位不同的人员签字,其目的是:它有助于餐饮企业日后检查该项原料(物品)是何年何月何日收妥的。经手人签字,表明谁负责验收这批原料及处理所有单据,表明原料的数量、质量和价格已经过核对;管理员签字,表明他已经得到这批货物已收妥待用的通知;单价及小计核审签字,表明食品成本控制员已经认可该原料应付款项的正确性;而同意付款签字,说明了这批原料物品的采购过程已正式结束。

(二)鲜货类食品原料双联标签

由于肉类、禽类、鱼类等鲜货类食品的成本往往可占餐饮企业食品成本的一半以上,因此对这些原料成本严加控制非常必要。使用双联标签便是适用于这种控制的一项简便方法。

在鲜货类原料正式入库之前,验收员应该给每一件原料挂贴双联标签,填写各栏内容。但对直接进料,即收货后立即送往厨房当天消耗的原料,并不需要使用双联标签。

双联标签上、下联的内容填写必须完全相同,只留发货日期不填,填妥后,将下联撕下,交给食品成本控制员保管。日后当该原料从仓库发出时,上联由厨师长或管理员交到食品成本控制员处,这时,这批原料的整个双联标签都到了成本控制员手中,他便可以计算当天的食品成本。

(三)进货日报表

餐饮企业每日所进的食品原料及物品必须登录在进货日报表上,其目的在于区分当日进货中哪些是直接进料,哪些是仓库进料,哪些是杂项进料。

1. 直接进料

直接进料是指当日进货不经过仓库储存,直接运至厨房,当日予以消耗,其成本记入当天的食品原料的成本。

2. 仓库进料

仓库进料是指当日进货送至仓库、冰库储藏以备后用,其成本记入原料储备价值,待日后该原料从仓库发出并消耗时,再记入该天食品成本的原料。

3. 杂项进料

杂项进料是指餐饮企业的厨房用的其他物品,如消毒品、清洁剂等,它们当然不能作食品成本。但杂项进料栏还可用于填写餐饮企业其他部门(如酒吧)所需的食品原料,以示区分。

如果有的原料其中一部分须立即交送厨房使用,另一部分需入库储存,那么应该按实际分配比例,将其成本分成两部分,分别填入直接进料和仓库进料栏下。

由此可见,进货日报表的主要目的是成本控制,是为了财务部计算餐饮企业当天的食品成本。如果验收员不填写进货日报表,也不分直接进料、仓库进料和杂项进料,只将一天内收到的所有货单、凭据交给会计入账,那么将无法正确统计当天的食品成本。

六、验收的程序

(一)依据订购单或订购记录检查进货

在这个程序中,首先,必须核实收受的项目是否与订购单相符,凡未办过订购手续的食品不予受理,这样可避免不适用的食品进入库存。其次,要核实食品的质量是否符合规定的质量标准,为使验收既高效率又准确无误,验收人员应备置一份采购规格书,帮助验核对照,而不至于凭猜测办事,保证食品的质量与规格书相符,不符质量要求的食品不予受理,对有怀疑的食品应请厨师长来判断。

(二)根据发票来检查食品

通常供货发票是随同食品一起交付的。发票是付款的重要凭证,供货单位送来或自己购运回来的食品数量是发票开具的内容,据此可核实食品的数量和规格,核实的方法是过秤称量。对有外包装的食品，即使没有必要称重的，也须清点数目；计重量的包装食品仍需过秤，核实是否与包装上标明的食品毛重相符；对易腐食品必须逐一清点过秤，凡超出规定的规格或重量范围标准的食品不能接受。如果经过称重存在数量不足的情况，应填写餐饮企业规定的凭单来调整发票上的数量和总价。如果由于某些原因，发票未随货一起送到，可开具餐饮企业印制的备忘清单，注明收到食品的数量等，在正式发票未送到之前，便以此单暂时充当入账凭据。

（三）受理货品

当完成前两个程序后，验收员应在送货发票上签字并接受货品。有些单位根据经营要求设计出发票讫章，用于所有进货发票的验签。收讫章可包括收货日期、数量、价格、总金额、验收等项，加盖印记后，验收员再签名。收受验收后，食品就由仓储人员负责，而不再由采购员或送货单位负责了，这一点验收员在接收时应清楚。

（四）送库储存

验收后的食品由于质量和安全方面的原因，需及时送入库内存放（尤其是易腐食品）；如需厨房接收的，应及时通知厨房来领取。食品入库时，应有专门人员搬运，不应随便请人搬运。送入库的食品还应该贴上标签，以帮助有关人员盘点存货和了解库存周转情况。

（五）填写有关报表

填写进货日报表，并将所有发货单、发票（或有关单据）及进货日报表及时送交财务部门，以便登记结算。

七、验收时常见的问题

验收品管人员严格执行其工作，的确可对餐点品质的提升有直接的帮助，但是当验收过程中发现品质不良或规格数量不符时，也应有正确的作业规定。

（一）数量不符时

数量不符可能是太多了，也有可能是不足。当数量太多时，则多出的数量应拒收，请送货人员载回，单据上填写实际收货数量；若数量不足时，应即刻通知订货、采购、仓管及使用单位各相关人员做必要的处置。另外须注意的是，一旦发生验收数量短少时，要确实做到一笔订货单、一次收货动作，再补货时，则须视为另一笔新订单，如此才能确保账面与实际物料的正确性，以及减少人为的疏失与弊端。

（二）品质不符时

当品质不符时，非食品类可采取退货方式处理，若为非适合久存的物品，可与送货人员确认后请其带回。因为品质不符退回原供应商而产生数量的不足，可请订货或采购员重新补订货。

八、坏品及退货处理

（一）坏品处理

食材或用品由于品质不良、储存不当、制备过程错误或其他因素，造成腐败、过期、毁损等，导致产生坏品，应由各使用单位依事实随时填报，由所属单位主管负责查证并签名，购入时价由会计组查填，并做相关账务处理。

（二）退货处理

餐饮企业由于其采购及验收的程序严谨，在验收过程当中，一发现不当或瑕疵品即予拒收，所以退货的情形不多见。

不过如果因为储存管理不良或销售预估错误，造成某类食材数量太多或即将到期，餐厅大都会以推出特餐或改变制备方式来促销，作为应对措施。如牛排销路不佳，厨师便可将其蒸热剁碎做成牛绒浓汤，随餐附送客人，或加强促销牛排特餐，以降低牛排逾期报废的耗损。

餐厅对于退货的解决办法是强化采购、验收、储存及损耗管理，杜绝坏品、不良品的产生，退货自然无法发生。

第二节　食品原料仓储成本控制

食品原料一经验收，必须进行有效的保管，以防止腐烂变质和其他可能发生的浪费现象。在小型的餐饮企业，采购、储存一般是由一个部门负责的，而在大、中型的餐饮企业，食品原料的储存和发放是一个专门的部门来负责。

据统计，一家中等规模的餐厅，每月销售额在100万元左右，如果没有对食品原料存货进行很好的控制，初步估计成本浪费为1%以上，也就是一个月至少浪费1万元，而厨房作为餐厅的核心部门，也是利润的创造部门，厨房要生产优质的、实惠的餐饮产品，离不开对食品原料存货的有效控制。

餐厅每天生意都具有一定的不确定性，餐厅厨房菜品销售，不能严格地按照标准的计划订单来生产，因此，掌握一套有效的厨房存货控制方法，对餐厅成本控制至关重要。

一、专人负责

原料的储存保管工作由专职的仓库保管员负责,应尽量控制有权进入仓库的人数,仓库钥匙由仓库保管员专人保管,门锁应定期更换,以避免偷盗损失。

以下是某餐饮企业仓库保管员岗位职责要求,仅供参考。

【范本】仓库保管员岗位职责

1. 在部长领导下,负责仓库的物料保管、验收、入库、出库等工作。

2. 提出仓库管理运行及维护改造计划、支出预算计划,在批准后贯彻执行。

3. 严格执行公司仓库保管制度及其细则规定,防止收发货物差错出现。入库要及时登账,手续检验不符合要求不准入库;出库时手续不全不发货,特殊情况须经有关领导签批。

4. 负责仓库区域内的治安、防盗、消防工作,发现事故隐患及时上报,对意外事件及时进行处置。

5. 合理安排物料在仓库内的存放次序,按物料种类、规格、等级分区堆码,不得混合乱堆,应保持库区的整洁。

6. 负责将物料的存储环境调节到最适条件,经常关注温度、湿度、通风、鼠害、虫害、腐蚀等因素,并采取相应措施。

7. 负责定期对仓库物料盘点清仓,做到账、物、卡三者相符,协助物料主管做好盘点、盘亏的处理及调账工作。

8. 负责仓库管理中的入出库单、验收单等原始资料、账册的收集、整理和建档工作,及时编制相关的统计报表,逐步应用计算机管理仓库工作。

9. 做到以公司利益为重,爱护公司财产,不得监守自盗。

10. 完成采购部部长临时交办的其他任务。

二、仓库保持适宜环境

不同的原料应有不同的储存环境,如干货仓库、冷藏室、冷库等,普通原料和贵重原料也应分别储存,各类仓库的设计应符合安全、卫生要求,并保持各仓库的清洁卫生,以杜绝虫害和鼠害,从而保证库存原料的质量。

餐饮企业要做好仓库管理工作,保证仓库质量及安全,以免造成损失,从而引起成本浪费。

以下是某餐饮企业仓库管理规定及餐饮食品原料仓库要求,仅供参考。

【范本】××餐饮企业仓库管理规定 ▶▶▶

一、仓库安全及质量管理

安全管理控制应当结合自身的特点，采纳同类型餐饮企业仓储管理的先进经验，加强对仓库工作的管理。具体做法如下。

1. 限制人员进入：仓库管理应由专人负责。仓库保管人员除了允许相关的上层领导人可以进入库区以外，有责任和义务拒绝其他人员进入仓库重地。持有库门钥匙的人，交接班时要做好移交工作。

2. 仓库环境安全：仓库的设计和建筑必须考虑到能够有效地阻止非法人员入室偷盗行为的发生。

3. 采用有效的存货控制程序：为了预防仓库的物品尤其是贵重物品和容易失窃的物品发生被盗现象，应通过使用永续货物盘存制进行管理，控制仓库物品可能发生损失的频率。

4. 仓库区域的照明和监控：在仓库区，室内灯光照明必须充足和明亮，有利于实施管理。

二、仓库工作的质量管理仓库

仓库工作管理应制定一系列严格的操作规程，用以保障仓库管理措施到位、人员管理意识到位。具体包括下列几方面要求。

1. 保证物资产品数量完整，保障物资产品质量完好无损。

2. 贵重物资应存放于仓库内特别的小间或仓库内重点分隔区内，便于实施重点管理。

3. 物资产品储存堆放要有序。库区环境必须经常打扫，保持环境整洁，以利于仓库货物的进出、检验、盘点和清仓。

4. 仓库应保持适当的空气流动和保持良好的通风状态。根据不同的物品储存的要求，做好防潮、防腐、防霉、防损、防变质等工作。同时还要配置适量的消防用品，以防不测。

5. 盘点管理：仓库可随时进行盘点，系统可自动调出库存产品和库存账面数量，录入盘点数后自动计算盘盈、盘亏并调整库存数。记录货品盘查多出或者损坏的货品明细报损报溢单。

三、仓库物资流动的管理

餐饮企业不仅要对仓库安全及质量进行管理，还需对出库与入库物流进行管理。建立各项岗位责任管理制度，加强对仓库物资的动态管理。仓库动态管理的主要内容包括物资收发的记账程序、仓库货物的清点等部分。

1. 制定严格的管理操作细则，明确管理人员对物资流动管理的具体要求，主要有物资产品进库、存放、发货、查验等环节的控制,以便能够按照进货有数、储备有序、发料有据的规程运作。物资入库要先验收,后收料入账。进库物品均应定量过磅入库。

2.各种物品都应设置明细台账,收入、发出、结存都按时登卡记账。同时要进行定期检查,核实来往账目,并定期清仓查库,做到账目、登记卡、物资和资金互相吻合。

3.仓库物品的流动和周转非常繁忙,为了有效地确定仓库物品的储存数额,可以采用实地盘存制和永续盘存制两种基本做法。实地盘存制是根据物品储存次序编制表格,按序清点,通常每月盘存一次,以便为计算物品的成本提供必要的资料数据。永续盘存制的关键是使各种记录吻合一致,在任何时候都能及时了解物品的库存数量和金额有多少。当然最理想的做法是把两种盘存法结合起来使用,以达到最有效的控制作用。

4.采购入仓单/直拨单:录入从供应商那里采购的货品明细。直拨单与采购入仓共用一个界面,如果产品入到厨房等各个具体工作部门,则是直拨单。直拨货必须由三方核对重量后共同签署确认验收报告并记录在案。

  相关链接

餐饮食品原料仓库要求

(一)食品储存区域要求

餐饮原料的仓库每天都要接收存储和分发大量的食品等原料。但是,不少餐饮企业对仓库的设计工作却不太重视,如允许其他部门占用仓库面积,或各个食品仓库相隔很远,甚至分散在各个不同的楼面,因而影响仓储控制工作。在仓库设计工作中需考虑的因素主要有以下几方面。

1.仓库的位置

从理论上看,仓库应尽可能地位于验收处与厨房之间,以便于将食品原料从验收处运入仓库及从仓库送至厨房。在实际工作中,由于受建筑现状的限制,往往不易做到这一点。如果一家餐饮企业有几个厨房,且位于不同的楼层,则应将仓库安排在验收处附近,以便方便、及时地将已验收的食品原料送到仓库,可以减少原料被"顺手牵羊"的可能性。一般而论,食品仓库被设计在底楼或地下室内。

2.仓库面积

确定仓库面积时,应考虑到餐饮企业的类别、规模、菜单、销量、原料市场的供应情况等因素。菜单经常变化,仓库面积就应大些。远离市场,进货周转较长的仓库就要比每天都能进货的企业的仓库大一些。如果喜欢一次性大批量进货,就必须有较大面积的储存场地。

仓库面积既不能过大,也不应过小。面积过大,不仅增加资本支出,而且会增加能源费用和维修保养费用。此外,人们往往喜欢在仓库放满物品,因此仓库过大,可能会引起存货过多的问题;如果仓库没有放满食品原料,空余的场地就有可能用来堆放其他用品,各类存货增多,进出仓库的人数也增加,会影响安全保卫工作。仓库面积过小,也会引起一系列问题:不少食品原料只能露天堆放,仓库的食品原料堆得满满的,仓库保管员既不易看到、拿到,也不易保持清洁卫生。

(二)温度、湿度和光线要求

几乎所有食品、饮料对温度、湿度和光线的变化都十分敏感。不同的食品、饮料在同一种温度、湿度、光线条件之下的敏感程度又不一样。因此,不同的食品、饮料应存放于不同的储存库之内,并给予不同的温度、湿度及光线条件,使食品、饮料始终处于最佳待食用状态。

1. 温度要求

(1) 干藏库。最好控制在10摄氏度左右,当然15~22摄氏度也是普遍被接受的温度。

(2) 冷藏库。冷藏的主要作用是防止细菌生长。细菌通常在10~50摄氏度之间繁殖最快,因此,所有冷藏食品都必须保存在10摄氏度以下的冷藏间里。

不同的食品类别,需要存在不同的冷藏间,其对应的冷藏温度也各异。

肉类的冷藏温度应在0~2摄氏度之间。

水果和蔬菜的冷藏温度应在2~4摄氏度之间。

乳制品的冷藏温度应在0~2摄氏度之间。

鱼的最佳冷藏温度应在0摄氏度左右。

存放多种食品的冷藏库只能采用折中方案,将温度平均调节在2~4摄氏度之间。

(3) 冷冻库。温度一般须保持在-24~-18摄氏度之间。

2. 湿度要求

食品原料仓库的湿度也会影响食品存储时间的长短和质量的高低。不同的食品原料对湿度的要求是不一样的。

(1) 干藏库。干藏食品库的相对湿度应控制在50%~60%之间;如果是储存米面等食品的仓库,其相对湿度应该再低一些。

如果干藏库的相对湿度过高,就应安装去湿干燥装置;如果相对湿度过低,空气太干燥,应使用湿润器或在库内泼水。

（2）冷藏库。水果和蔬菜冷藏库的相对湿度应在85%~95%之间；肉类、乳制品及混合冷藏库的相对湿度应在75%~85%之间。

湿度过高，食品会变得黏滑，助长细菌生长，加速食品变质；湿度过低，会引起食品干枯，可在食品上加盖湿布，或直接在食品上泼水。

（3）冷冻库应保持高湿度，否则干冷空气会从食品中吸收水分。冷冻食品应用防潮湿或防蒸发的材料包好，防止食品失去水分及脂肪而变质发臭。

（4）所有食品仓库均应避免阳光的直射。仓库的玻璃窗应使用毛玻璃。在选用人工照明时，应尽可能挑选冷光灯，以免由于电灯光热，使仓库的室内温度升高。

（5）储存仓库应保持空气流通。干藏室最好每小时换四次空气。冷藏间和冷冻室的食品不要靠墙存放，也不要直接放在地板上或堆放到天棚，以利于空气流通。

（三）清洁卫生要求

干藏库和冷藏库的地板及墙壁的表面应经受得起重压，易于保持清洁，并能防油污、防潮湿。

食品仓库的高度至少应该是2.4米。如果使用空调，仓库里就应有充足的压力通风设备。

仓库内应有下水道，以便清洗冰箱，擦洗墙面和地板。

食品仓库在任何时候都应保持清洁卫生。企业应制定清洁卫生制度，按时打扫。食品仓库里绝对不可堆放垃圾。

干藏库同样应每天清扫，特别是要注意角落和货架底下的打扫。

干藏库要做好防虫、防鼠工作。墙上、天棚和地板上的所有洞口都应堵塞住，窗口应安装纱窗。如果暖气管和水管必须穿过仓库的墙壁，管子周围应填塞。在杀虫灭鼠工作中，仓管人员应请专家指导，以便正确使用杀虫剂和灭鼠毒药。

三、确保餐饮原料正确的库存方法

（一）干藏

（1）食品应放置在货架上储存，货架离开墙壁至少10厘米，离地面15厘米，以便空气流动和清扫，要随时保持货架和地面的干净，防止污染。

（2）食品放置不仅要远离墙壁，同时还应远离自来水管道、热水管道和蒸汽管道；热水管道和蒸汽管道应隔热良好。

（3）使用频率高的食品，应存放在容易拿到的下层货架上，货架应靠近入口处。

(4) 重的食品应放在下层货加上，并且高度适中，轻的物品放在高架上。

(5) 库中的食物应有次序地排列，分类放置，同类食品必须放在一起。

(6) 遵循先进先出的原则，始终保持久存的食品移到架前面，新入库的食品放在后面。

(7) 有些食品由于体积的原因不能放在货架上，则应放在方便的平台或车上。

(8) 各种打开的包装食品，应储存在贴有标签的容器里，并能达到防尘、防腐蚀的要求。

(9) 所有有毒的货物，包括杀虫剂、去污剂、肥皂以及清扫用具等，要存放在食品储藏室。

(二) 冷藏

(1) 通常冷藏的食品应经过初加工，并用保鲜纸包裹，以防止污染和干耗，存放时应用合适盛器盛放，盛器必须干净。

(2) 热食品应待凉后冷藏，盛放的容器需经消毒，并加盖存放，以防止食品干燥和污染，避免熟食品吸收冰箱气味，加盖后要易于识别。

(3) 存放期间为使食品表面冷空气自由流动，放置时要距离间隔适当，不可堆积过高，以免冷气透入困难。

(4) 包装食品储存时不要碰到水，不可存放在地上。

(5) 易腐的果蔬要每天检查，发现腐烂时要及时处理，并清洁存放处。

(6) 鱼虾类要与其他食品分开放置，奶要与有强烈气味的食品分开放置。

(7) 存、取食品时需尽量缩短开启门或盖的时间；要减少开启的次数，以免库温产生波动，影响储存效果。

(8) 随时和定期地关注冷藏的温度。

(9) 定期进行冷藏间的清洁工作。

不同原料的冷藏温度和相对湿度要求

食品原料	温度/摄氏度	相对湿度/%
新鲜肉类、禽类	0～2	75～85
新鲜鱼、水产类	−1～1	75～85
蔬菜、水果类	2～7	85～95
奶制品类	3～8	75～85
厨房一般冷藏	1～4	75～85

(三) 冻藏

(1) 冰冻食品到货后应及时置于−18摄氏度以下的冷库中储藏，储藏时要连同包装箱一起放入，因为这些包装材料通常是防水汽的。

（2）所有新鲜食品需冻藏前应先速冻，妥善包裹后再储存，以防止干耗和表面受污染。

（3）存放时要使食品周围的空气自由流动。

（4）冷冻库的开启要有计划，所需要的物品一次拿出，以减少冷气的流失和温度的波动。

（5）需除霜时应将食品移入另一个冷冻库内，以利于彻底清洗冷冻库，通常应选择库存最少时除霜。

（6）取用物品时应实行先进先出的原则，轮流交替存货。

（7）任何时候都要保持货架整齐、清洁。

（8）定期检查冷冻库的温度情况。

速冻食品一般都保存在 –23 ～ –18 摄氏度之间的冷冻库内，采用真空包装或保鲜膜包装。

冻藏原料的库存时间

原料名称	库存时间/月	原料名称	库存时间/月
牛肉	9	家禽	6
小牛肉	6	鱼	3
羊肉	6	虾仁鲜贝	6
猪肉	4	速冻水果和蔬菜	3

四、及时入库、定点存放

购入原料经验收后应及时运送至适宜的储存处，在储存时，每种原料应有固定的存放位置，以免耽搁而引起不必要的损失。

存货登记卡

月	日	凭证		摘要	收入			发出			结存		
		名称	号码		数量	单价	金额	数量	单价	金额	数量	单价	金额

五、及时调整原料位置

入库的每批次原料都应注明进货日期,并按先进先出的原则发放原料,及时调整原料位置,以减少原料的腐烂或霉变损耗。

六、定时检查

仓库保管员应定时检查并记录干货仓库、冷藏室、冷库及冷藏箱柜等设施设备的温度和湿度,以保证各类原料在适宜的温度和湿度环境下储存。

仓库检查表

时间	检查情况	正常	不正常	检查人

七、保质期管理

酒水、饮料、香烟等都有一定的保质期,有些物料保质期短,所有仓储必须有标签,并规定一定的保存预期,如饮料在保质期前若干天必须处理。某酒店曾发生一起投诉,原来客人在早餐就餐时,喝到的饮料是当天到期的,虽然最终酒店没有任何损失,但却给客人留下了极为不好的印象。

八、建立报损丢失制度

对原料变质、损坏、丢失制定严格的报损制度,如对餐具等制定合理的报损率,超过规定,部门必须分析,说明原因,并与奖金考核挂钩。

第三节 发放成本控制

食品原料发放管理和目的:一是保证厨房用料得到及时、充分的供应;二是控制厨房用料数量;三是正确记录厨房用料成本。发放控制的目的是按营业需要发放与需求符合的原料规格和数量,从源头上来控制成本支出。仓库应设立签字样本,特别是贵重物品要专人领用。仓库管理人员做好原料出入的台账登记工作,这样可以很明显地看到每日经营情况与原料领出的数量比。

一、定时发放

为了使仓库保管员有充分的时间整理仓库,检查各种原料的情况,不至于每天忙于发原料,耽误其他必要的工作,应做出领料时间的规定,如上午8～10时,下午2～4时。仓库不应一天24小时都开放,更不应任何时间都可以领料,如果这样,原料发放难免失去控制。同时,只要有可能,应该规定领料部门提前一天送交领料单,不能让领料人员立等取料。这样,保管员便有充分时间准备原料,免出差错,而且还能促使厨房做出周密的用料计划。

餐饮材料领用汇总表

年　　月　　日

材料类别	金额	领用部门	金额
一、水产			
二、肉类			
三、禽蛋			
四、乳品			
五、蜜饯			
六、干货			
七、珍品			
八、调味			
九、罐头			
十、粮油			
十一、腌腊			
十二、水果			
十三、软饮料			
十四、酒水			
十五、卷烟			
……			
合计		合计	

二、原料物资领用单使用制度

为了记录每一次发放的原料物资数量及其价值，以正确计算食品成本，仓库原料发放必须坚持凭领用单（领料单）发放的原则。领用单应由厨房领料人员填写，由厨师长核准签字，然后送仓库领料。保管员凭单发料后应在领用单上签字。原料物资领用单须一式三份，一联随原料物资交回领料部门，一联由仓库转财务部，一联作仓库留存，应正确、如实记录原料领用情况。

餐厅厨房经常需要提前准备数日以后所需的食物，例如一次大型宴会的食物往往需要数天甚至一周的准备时间，因此，如果有原料不在领取日使用，而在此后某天才使用，则必须在原料物资领用单上注明该原料的消耗日期，以便把该原料的价值记入其使用的食品成本。

原料物资领用单

领用部门： 　　　　　　　　年　　月　　日　　　　　　No.

品名	规格	单位	请领数	实发数	金额	备注
合计						

领料人：　　　　　　厨师长/部门主管：　　　　　　仓库保管员：

三、内部原料调拨的处理

大型旅游餐厅往往设有多处餐厅、酒吧，因而通常会有多个厨房。餐厅之间、酒吧之间，餐厅与酒吧之间不免会发生食品原料的互相调拨转让，而厨房之间的原料物资调拨则更为经常。

> **特别提示**
>
> 为了使各自的成本核算达到应有的准确性，餐厅内部原料物资调拨应坚持使用调拨单，以记录所有的调拨往来。

调拨单应一式四份，除原料调出、调入部门各需留存一份外，一份应及时送交财务部，一份由仓库记账，以使各部门的营业结果得到正确的反映。

内部原料物资调拨单

调入部门：　　　　　　　调出部门：
　年　月　日　　　　　　　　　　　　　　No.

品名	规格	单位	请领数	实发数	金额	备注
合计						

第四节　存货盘存与计价

仓储工作中，除了保持食品原料的质量、做好安全保卫工作之外，还应保存完整的书面记录，即对食品原料的价格进行记录，以便了解存货成本、存货数量等。科学的存货记录是建立有效的成本控制体系的基础。

一、存货盘存

服务齐全的餐饮企业有上百种食品原料要清点，建立一个精确的盘存方法是非常重要的，盘存方法视企业类型、业务量的不同而不同。常见的盘存制度有两种：永续盘存制和实地盘存制。其他还有开放式储藏室、存料卡和双重存料卡等。

（一）开放式储藏室

对小型企业来说，大多只设一个开放的储藏室。尽管有一名人员负责货物的订购和盘存，但并不对每天的到货和发出货物进行登记。采用这种方法常会由于偷盗和用完而发生缺货，也可能由于非正常情况下的消耗或疏忽造成缺失，为避免这种情况发生，可使用存料卡或双重存料体系。

（二）存料卡

在存料卡上一般标明最低的存货水平，以防止货物用完，因为进行盘存的人在订购之前可检查存货是否在所规定的标准以下。其他员工从储藏室领取食品原料时,若发现存货降至标准以下,也要向管理人员报告。但在业务繁忙时,他们常会忘记注意存货是否缺乏或忘记向管理人员报告,如果没有人负责检查存货到达什么水平。这个体系就是无效的。这种体系只适合于小型企业,只能允许有限的人进入储藏室。

(三)双重存料卡

在这种方法下,要对重要的食品原料进行两重存货:一重适合于所有允许接触货物的人;另一重适用于任何时候都应存放的数量以防紧急需要。使用这种方法,管理阶层自然要注意正常的存货何时用完,以免出现紧急采购。

在实践生活中,员工要进入储藏室补充供给,发现供给不合理就要报告给管理人员存货已经用完了。对所有的货物都采取双重存货在实际中很难办到,所以只是选择那些许多人都使用的货物,并且不占用很大的空间,像佐料、大头针、布袋和搅拌器等应放在加锁的箱子里,只有班次的负责人才可以使用钥匙。

(四)永续盘存制

永续盘存制主要是指那些设置专门的仓库保管员,由他们负责存货物的分发和保持存货记录,保证食品原料的合理供给。永续盘存制要求使用"允许盘存表"或"永续盘存卡",逐笔记录由于食品原料的验收和领料而发生的存货数量及金额的增减变化。

永续盘存制具有以下特点。

特点一	便于掌握采购动向。永续盘存表上的"再订购点"表明再次进货的时间
特点二	防止进货过多或过少。永续盘存表上的"再进货数量"经过科学计算,表明需进货的食品原料数量
特点三	随时了解存货数量
特点四	有助于了解实际存货与记录上的差异。永续盘存表上记录的食品原料的"应有数量"应该和"实际数量"一致,通过比较便于发现两者的差异
特点五	有助于贯彻"先进先出"的原则。查阅永续盘存表便于发现存放时间较长的食品原料,以便尽快安排这些食品原料的使用

永续盘存制的特点

永续盘存表

永续盘存表编号：1234

品名：
规格：
单价：
最高储存量：
再订购点：

日期	订单号码	收入	发出	结余
日期				（承前）
1/12	#637-43		10	60
2/12			8	52
3/12			11	41
4/12			12	29
5/12		132	10	151
6/12				
7/12				
8/12				

但是，永续盘存法若用手工操作的话，要花大量的时间和成本，尤其是价值很低的罐头食品和乳制品。永续盘存法的计算机系统极大地简化了记录、采购、发料和订购，计算机软件也能使任何规模的餐饮业在合理的成本基础上获得必需的设备。

（五）实地盘存制

实地盘存制是通过实地观察，即通过点数、称重或计量的方法来确定存货数量。

实地盘存一般情况下是每月一次，如果需要也可以增加次数。盘存应有非保管人员参与，大型企业是财务部派人来盘存。实地盘存工作由两人进行比较方便，例如由储藏室主任和食品控制员两人负责。一人清点货架上每种食品原料的实际数字，另一人对记录上的（例如永续盘存表）余额与实物进行核对，提高盘存的效率。

货架上的每种食品的实际数应与盘存表上的结余数一致，若不一致，应在盘存之后检查有关发票和领料单，找出原因，调整实物数与永续盘存表上的差异。

在盘存那天，如果食品原料已经入库，但永续盘存表上尚未记录，或永续盘存表上已记录发票上的信息，而食品原料尚未入库，也会引起实物数与结余数之间的差异。在盘存那天领发料，也有产生账实差异的可能性。因此，盘存工作应在当天入库和领发料工作结束之后进行。

实地盘存后可填写如下所示的盘存清单。

存货清单

年　　月　　日　　　　　　　　　　　　　库号

货号	品名	单位	数量	单价/(元/箱)	金额/元	备注
H2-7	3#番茄酱罐头	箱	15	29.00	435.00	
H2-8	2#金针菇罐头	箱	3.5	28.00	98.00	
H2-9	1#蘑菇罐头	箱	5.0	30.00	150.00	
H2-10	2#青豆罐头	箱	6.5	24.00	156.00	
				合计	839.0	

实地盘存的主要目的如下图所示。

目的一	确定存货价值，以表明库存量是否合适，存货总价值是否和企业的财政政策相应
目的二	比较一定时间内实际库存价值和记录上的书面价值，发现差异
目的三	列出流转速度的食品原料项目，采购员和厨师长应注意那些不再需要而仍留在仓库里的食品原料，制定特别菜肴，在变质之前争取全部出售或退给供应商
目的四	比较食品原料的消耗和销售情况，以确定食品成本率
目的五	防止损失和偷窃

实地盘存的主要目的

（六）库外存货盘点

为确保营业收支表的正确性，不能只在食品仓库内盘点库存，因为许多企业每日在厨房中结存价值量很大的库存物质，比如尚未使用或尚未使用完的食品原料；还有像汤、酱汁和其他照菜单准备的各种菜肴的半成品等，这种情况平时有，月底也存在。另外，已领用而尚未用完的物品，如调味品、酱汁、饮料等，在楼面也会有，这些物品都是库存的一部分，因此，月底也要盘点。这部分库存，一般称为库外存货。

为了正确盘点库外存货，每样物品都应该清点、记值，并计入食品库存盘点清单。如某种食品已和其他食品合并而制成另外一种食品（如汤和酱汁），盘存有困难时，可请厨师长帮助估价盘点。

库外盘存不需要每月盘点，可每季度进行一次，季中各月的库外存货可以估计，具体数字可以低于或高于季度实际盘存数。一般情况下，库外存货的估计数不要每月变动为好，占采购资金比较大的是肉类、禽类、海鲜类等主要食品。因此，只要取得这些主要项目盘存数，以此为依据，就可以将每月的仓库食品盘存总数予以调整。

假如上个月的库外食品盘存数是5400元。其中肉禽类和海鲜类占2500元，下个月盘存中的肉禽和海鲜类数是2750元，比上月增加10%。在这一点上，有两种可能：一是下个月全部仓库食品盘存数比上个月增加10%，即5400+5400×10%=5940（元）；二是除肉禽和海鲜类外，其他食品没有增加，这样下个月的仓库外食品盘存数为2750+2900=5650（元）。

上述两种情况的盘存数相差90元，这个数字的大小会影响到食品成本率的大小。那么，对于这两种计算方法如何选择呢？假如，当月的肉禽海鲜类盘存数增加的原因是因为市价上涨了，那么应该采用第一种计算方法；反之，如果这些盘存数的增加是因为盘存数量增加了，那么采用第二种计算方法比较合适。

另外，还要考虑到的情况是，一般月终盘存日如果是星期五，而为了周末营业准备，往往进货较多，所以，盘存数较大；相反，月终盘存日如果在星期一或假期结束后，则盘存数就比较小。在正常情况下，库外存货也应控制在相当于一天用量的标准。如全月的食品消耗是30000元，每天1000元，则库外存货额应控制在1500元。

二、存货计价方法

实地盘存工作中确定了各种食品原料的存货数量之和，要计算各种食品原料存货的数额，即单价和存货量的乘积。然后再把各种食品原料的存货额相加，就可得到本期期末存货总额。但是每次进货的单价可能不完全相同，因此，要计算各种食品原料的存货数额，首先要确订单价。

（一）确定存货单价的方法

确定存货单价的方法有五种，如下图所示。

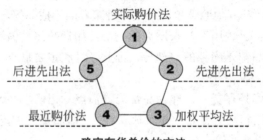

确定存货单价的方法

1. 实际购价法

实际购进法是以存货实际的购价作为单价,若食品原料入库时就标明实际购价,将存货量与标明的单价相乘,便得出金额。

2. 先进先出法

先进先出法是假定期末存期是最近采购的,而销售成本是最先采购的。这样期末存货价值是由最后几次购价计算的。

3. 加权平均法

加权平均法是根据多次采购的价格和采购数量为权数计算出一个平均价格,计算加权平均价格的方法是:先计算期初存货数量和各次数量与各次单位购价的乘积,再求出乘积之和,然后除以本期可动用食品原料数量,就得出加权平均价格。以此价格乘以期末存货便得到期末存货价值。

4. 最近购价法

最近购价法是指期末存货价值用最近一次购价计算。

5. 后进先出法

后进先出法是假定所计算的食品成本是最近成本,而期末存货数额则是由最早的几次单位购价决定的。

例如,某餐厅在4月份购进$2^{#}$金针菇罐头,各次购进的单价和价值如下。

某餐厅购进罐头的单价和价值表

4月1日月初结存100听×2.40元/听=240元
4月6日购进180听×2.45元/听=441元
4月16日购进180听×2.50元/听=450元
4月26日购进100听×2.55元/听=255元
合计560听1386元

(二)计算库存原料单价的方法

计算库存原料单价的方法有如下几种。

1. 实际进价法

如果企业在库存的原料上挂上库物标牌,标牌上写有进货的单价,那么采用实际进价计算领料的原料单价和库存物资的单价就比较简单也最合理。

假如上述餐厅4月底结存120听金针菇罐头中,根据货物标牌,它们的进价分别为:

20听×2.45元/听=49.00元

40听×2.50元/听=100元

60听×2.55元/听=153元

合计302元

2. 先进先出法

如果不采用货物标牌注明价值，金额按照货品库存卡进料日期的先后，采用先进先出计价法。先购进的价格，在发料时先计价发出，而月末库存则以最近价计价。

在上例中若以先进先出法计价，金针菇罐头的月末存货额为：

100听×2.55元/听=255元

20听×2.50元/听=50元

合计305元

3. 后进先出法

由于市场价格呈上涨趋势，采用后进先出法可使记入餐饮成本的原料价值较高而记入库存存货的价值较低，这样出现在经营情况表上的经营利润会偏低，可少交所得税，按后进先出法，月末金针菇罐头的库存额为：

100听×2.40元/听=240元

20听×2.45元/听=49元

合计289元

采用后进先出法计价，在实际发料时，还是检查将先进的货先发出去，只是价值的计算采用后进先出法。

4. 平均价格法

如果企业储存的原料数量较大，其市场价格波动也较大，采用上述方法计价太复杂时，可采用平均价格法。平均价格是将全月可动用原料的总价值除以总数量计算出单价，上述例子中金针菇罐头的平均价格为：

1386÷560听≈2.48元/听

月末金针菇罐头的库存额为：

120听×2.48元/听=297.6元

平均价格法需要计算可动用原料的全部价值和平均价格，比较费时，所以应用不广泛。

5. 最后进价法

如果企业不采用货物标牌，也无货品库存卡反映各次进货价格，为方便计算库存额，可采用最后进价法。最后进价法是一律以最后一次进货的价格来计算库存的价值，这种方法计价最简单。如果库房没有一套完整的记录制度，或者为了节约盘存时间，可采用最后进价法。当然最后进价法计算的月末库存额不太精确，往往会偏高或偏低。上述例子的库存若以最后进价法计价，其价值为：

120听×2.55元/听=306元

用上述五种方法计价，会使月末库存额的价值不一，企业要根据财务制度和库存管理制度确定一种计价方法，并统一按该计价法计算，不得随意变动。

三、账面存货和实际存货的比较

通过实地盘存可能发现实际存货和账面存货有差异，形成差异的原因可能是多样的，主要有：

（1）填写错误；

（2）入库原料未记账，记了账的原料还未入库；

（3）盘存时发料；

（4）坏损和偷窃。

使用验收日报表和领料单以记录每天的存货数额，在月底和实际盘存数进行比较，就可以发现账面存货和实际存货的差异。这项工作可以使用如下表所示的"食品储藏室存货控制表"来进行。

食品储藏室存货控制表　　　　　　　　　　　单位：元

日期	期初存放	储藏室进货	储藏室发料	期末存货
1	2242.10	163.20	58.00	2347.30
2	2347.30		110.30	2237.00
3	2237.00	158.00	182.0	2211.00
4	2211.00	42.10	107.60	2145.5
⋮	⋮	⋮	⋮	⋮
31	2406.20	118.70	42.20	2482.70
31	2482.70	90.20	116.00	2456.90
	合计	3612.40	3397.80	

月末实际存货：2440.90
差额：16.00

2月初存货应当和1月月底实际存货相同，每天储藏室进货数额应根据"验收日报表"中储藏室这一栏的数字填写；储藏室发料是所有发料金额之和。要计算每天期末账面存货数额，只需用昨天期末（即今天期初）账面存货数额加上今天储藏室进货数额再减去今天储藏室发料数额。如果每天进行计算，月底那天的期末账面存货数额就是本储藏室期末存货数额。

如果不是每天计算，可采用下列公式确定账面存货数额。

期初存货+进货=可动用存货总额−发料=期末储藏室账面存货数额

存货账实差额经常会产生，其中有些原因是可以原谅的，例如领料成本计算错误、不是用实际购进计算存货价值等，但是由于保管不善食品原料变质以及偷盗等造成的差额是不能容忍的。存货账实差额不应超过本月发料总额的1%，如超过，食品成本控制人员应查明原因，并采取必要的措施将差额控制在标准内。

尽管所有管理人员都试图通过适当的流转将食品原料变质降低到最低限度，但仍会存在自然变坏和收缩。为核算成本，在食品仓库管理员的报告上专门设一栏变质和收缩数，调节账面数字以反映实际盘存数。最简单的办法是要求食品保管员在一张坏损报告单上填入变质的食品原料项目，见下表。

坏损报告单

时间：		填写人：	
项目	金额/元		原因
3听番茄酱	5		发霉
1瓶醋	1.5		摔破

四、物品周转速度

1. 存货周转率

存货周转率是确定食品原料存货水平的一个指标。食品原料的存货量不宜过大，否则将造成资金积压，增加利息开支，影响资金的充分利用；但库存量也不能过小，否则会发生短缺。食品原料存货周转率是控制食品原料库存量的有效办法。

餐厅一般在月底实地盘存时计算存货周转率，计算公式如下。

$$月存货周转率 = \frac{本月食品成本}{月平均存货数额}$$

$$月平均存货额 = \frac{期初存货+期末存货}{2}$$

例如，某餐厅2月份食品成本为3000元，月初存货为800元，期末存货为700元，则：

$$月存货周转率 = \frac{3000}{\frac{800+700}{2}} = 4（次）$$

按行业传统，一般食品库存周转率为每月2～4次，这样发生食品库存物资脱节现象就会降低到最低限度，同时，资金也可以不受超额的积压，而得以充分利用。

有些餐厅的食品库存周转率低于2，比如，开设在偏僻地区的旅游餐厅，每月进货一次,因此,不得不保持一个较大的食品库存量。而有些餐厅的食品原料,每天都由供应商分送,可以几乎没有库存,因而库存周转可以达到30。总之,每天应根据自己的实际情况来规定一个合理的周转率,以保证生产活动的正常进行。

2.物品的周转时间

以一定时间内的平均储存额与周转物品的消耗额来说明平均库存物品周转一次所需要的时间,物品周转时间越短,表明周转速度越快。

周转时间的计算如下。

$$周转时间 = \frac{平均库存额}{原料消耗额}$$

仍以讨论库存周转率时的餐馆为例:

$$周转时间 = \frac{\frac{700+800}{2}}{3000} = 0.25(次)$$

即平均每一周左右资金周转一次。

> **特别提示**
>
> 餐厅原料的发放工作不仅仅是把货物从库中提出供生产使用,而且也是对发出用于生产的食品原料进行控制的过程。所以,对食品原料的发放进行有效的控制和管理有三个目的:保证厨房生产的供应、控制厨房用料的数量、正确记录厨房用料成本。

食品原料入库有先后之分,具有不同的价格。为求成本计算的一贯性,必须执行统一的存货计价办法。存货计价可选用上述方法中的任何一种,具体采用哪种计价方法,通常由总会计师决定。一旦决定采用哪种方法,就不得随意改变。当然若购价始终不变,企业就没有选择上述种种计价方法的必要性,用上述五种方法计算的存货数额是一样的。

第五章
餐厅销售服务环节成本控制

引言

餐饮行业的服务环节就是销售环节,要把控的重点是如何以最低的服务成本获取最有效、最大的销售额度。同时,餐厅还需要培养员工的归属感,避免频繁的员工更替造成人工成本的浪费。

第一节　销售成本控制

无论顾客量多少，许多成本都是没有多大变化的，如租金、人工成本、电费等。增大销售就是降低成本，因此在销售环节同样可以进行成本控制。

一、突出经营特色，减少成本支出

依靠别致的就餐环境、不一样的食品口味以及常变常新的菜品来吸引顾客。从成本控制上考虑，如果要采取多种经营，成本上就会很铺张，管理上也会增加很大难度。

二、从销售角度调整成本控制

体现餐厅特色，由服务员及经理进行推荐来宣传新的菜品。餐厅有剩余原料时推广介绍的力度应更大一些。如没有效果，就内部消耗掉。同时要寻找原因，是口味问题还是外界原因，如果是口味问题应考虑更换菜单。

相关链接

针对不同客人推销菜品

一、按年龄销售

（一）儿童

现在很多家庭都只有一个宝宝，只有满足了孩子，全家才会皆大欢喜。作为餐饮服务员，千万不可忽视为儿童客人的服务，因为其成功的消费经历可能为餐饮企业带来更多的潜在客人。餐饮服务员在为儿童推荐菜品时，要注意以下几个方面的要素。

1. 菜肴色泽要鲜艳，质感鲜嫩易消化，口味清淡无刺激，甜酸适宜。
2. 菜品属营养丰富、易消化的滋补类。
3. 原料的形状要小，便于儿童食用，且刀工精细。
4. 菜肴的烹调尽量以使用爆炒、汤爆、软熘、清炖、水煮、清炸、蜜汁、挂霜等方法为宜。

为儿童推荐的菜式，比如"韭黄炒鱼子""绿豆芽炒鱿鱼丝""胡萝卜西红柿鸡蛋汤""虾仁扒大白菜""鱼片菠菜汤""黄瓜炒鸡肝""萝卜瘦肉汤""蔬白炒虾米""大骨炖萝卜",均可助消化、补脑益智、营养丰富,有利于儿童的生长发育。

（二）青年

青年消费者的特征是,身体处于最佳生长时期,身体健壮、精力充沛、追求时尚,喜欢创新的前卫菜式。餐饮服务员在为青年消费者推荐菜品时,可就以下几个方面着手进行。

1.体现西方饮食文化的时尚潮流菜式,备受青年"白领"的喜爱。

2.年轻人追求的是吃得"酷",奇特食材,如昆虫、花类、海水蔬菜、山野菜、绿色环保蔬菜,也备受年轻人的喜爱。

3.菜品要天天出新,以便满足年轻人求新、求异、求时尚的需求。

适宜为青年人推荐的菜式包括"油炸蚕蛹""核桃全蝎""野生菌汤""川味菜水煮鱼"等。

（三）中老年人

生活节奏的加快,日常营养的丰富,使许多中年人身体器官提前老化,很多中老年人大腹便便。餐饮服务员在为这部分客人推荐菜品时要注意以下事项。

1.多选一些富含优质蛋白的鱼类,多补钙。

2.多食新鲜蔬菜和豆制品,减少热能的源头——脂肪、糖类,多推荐低脂、高蛋白质的菜品。

3.菜肴的烹调方法为炖、清蒸、煨制等,这样有利于补充体内缺少的营养素,排出体内多余的垃圾。

适于为中老年人推荐的菜式包括：滋补类菜式,如"鲫鱼炖豆腐""肉丝炒时蔬""盐水排骨""白萝卜炖肉"等；降脂排毒的菜式,"黑木耳炒白菜""清炒丝瓜""黄花菜炒肉丝"；家常的菜式,如"韭菜炒肉丝""清炒蕨菜""苦菜烧肉片""魔芋豆腐""香椿炒竹笋"等。

二、按性别销售

（一）女士注重养颜美容

爱美女士最担心的是容颜的衰老,尤其是在商界打拼的"白领"女士。所以,餐饮服务员在为此类客人推荐菜品时,应多考虑防止脸部皮肤老化、滋润皮肤的食材组成的菜品。比如,"草菇炒笋片""红烧皮丝""大葱烧蹄筋""排骨墨鱼煲""银耳鸽蛋汤"等。

另外,餐饮服务员平时自己就应对此类食材多加了解和掌握,以便在点菜时能运用自如。有助于女士皮肤的滋补、除皱,调解血液的酸碱度,防止分泌过多的油脂的食材包括如下几类。

1.牛奶。牛奶能改善细胞活性,增强皮肤弹性、张力,除去小皱纹,延缓皮肤衰老。

2.肉皮。肉皮中含有丰富的胶原蛋白，能使细胞变得丰满，增加皮肤弹性，减少皱纹。

3.海带。海带中含有丰富的矿物质钙、磷、铁及多种维生素，其中维生素B_1、维生素B_2含量丰富。常吃海带可调解血液中的酸碱度，防止皮肤分泌过多的油脂。

4.西兰花。西兰花富含维生素A、维生素C和胡萝卜素，能保持皮肤的弹性和抗损能力。

5.三文鱼。三文鱼所含的脂肪酸有一种特殊的生物活性物质。这种物质能消除破坏皮肤胶原的保湿因子，防止皮肤粗糙和皱纹的产生。

6.胡萝卜。胡萝卜富含胡萝卜素，能维持皮肤细胞的正常功能，保持皮肤润泽和细嫩。

7.大豆。一般指黄豆，其中富含维生素E，能破坏自由基的化学活性，可抑制皮肤衰老，防止黑斑的出现。

8.猕猴桃。猕猴桃富含维生素C，可干扰黑色素生成，有助于消除皮肤上的雀斑。

9.西红柿。西红柿含有大量的维生素C和茄红素，有助于展平面部的皱纹，令肌肤光亮细嫩。常吃西红柿，能增强肌肤抗晒能力。

10.蜂蜜。蜂蜜中含有大量氨基酸且易被人体吸收，含有多种维生素和糖，常食蜂蜜能使肌肤滑嫩、红润、有光泽。

(二) 男士注重保养身体

随着经济的不断发展，商业应酬往来的频繁，很多男士多在饮食上很注意。所以，对于男性客人，餐饮服务员要根据所在餐厅的食材，为客人推荐合适的菜品。比如"杜仲炒腰花""枸杞子汁烩排骨""韭菜炒羊肝""虫草炖黄雀""红烧牛鞭""红烧海参""麻油腰花""红烧羊肉""爆炒鳝鱼片""椒盐泥鳅"等。

三、按体质销售

(一) 体质虚弱者

通常，体质虚弱的客人一般胃的消化能力较差，餐饮服务员最好能为其提供一些好消化、易吸收、暖胃的菜品。比如"清蒸鲈鱼"等。适宜用的食材有鹅肉、牛奶、蜂蜜、芝麻酱、银耳、核桃仁等，千万不能推荐冰爽刺身生吃之类的菜式。

(二) 糖尿病人

糖尿病是因体内胰岛素不足而引起糖、脂肪及蛋白质代谢紊乱所致，表现出人体消瘦、多食、多饮、多尿。由于此病为燥热阴虚、津液不足，故应为此类客人选择以滋阴清热、补肾益精、少糖、低热能、多优质蛋白和富含无机盐及维生素的菜肴，以补充营养，减少胰岛素分泌的负担，如"山药莲子大枣炖羊肚"；另外，新鲜蔬菜、南瓜、冬瓜、豇豆、芹菜和猪脑、木耳、蘑菇类食材组合的菜式也比较适宜，如"蛋黄焗南瓜""家常南瓜片""瘦肉冬瓜汤"、各类野生菌汤、"蘑菇扒芥蓝""鸡蛋煎猪脑"等。

（三）"三高"客人

"三高"是指高血压、高血脂、高胆固醇的人群，这是典型的老年病症，餐饮服务员可为他们选择诸如"葱烧海参""海蜇皮拌黄瓜""香醋拌木耳""煲海参粥""煲莲子粥"之类的菜品。

对于此类客人，餐饮服务员在为其推荐菜品时，应注意以下几个方面。

1. 食材和菜肴应以疏通血管、稀释和降低血脂、降低胆固醇为目的。

2. 要选择适宜的食材，如燕麦、荞麦、麦麸、小麦、玉米、薏米、高粱米、绿豆等富含植物蛋白和粗纤维的杂粮。

3. 选择新鲜蔬菜，如油菜、芹菜、苦瓜、黄瓜、茼蒿、芋头、土豆、红薯、西红柿等；海鲜品应选择海参、海带、海蜇、海藻类；干果类应选择菱角、花生、莲子、葵花籽；适宜的水果包括山楂、柿子、香蕉、西瓜、桃等；此外，鸭蛋、黑木耳、黑芝麻等也比较适宜推荐。

4. 菜式要少盐，口味清淡；油脂少，便于消化吸收，利于降低血压、血脂和胆固醇。

三、增加顾客人数

产品和服务有一个普遍接受的市价。通过异质产品提供，营造顾客对餐厅的忠诚感，可达到增加就餐人数的目的。要有计划性地将本餐厅的产品和服务与竞争对手区别开。顾客在不同的场合对服务有不同的要求。

确定菜品种类时应考虑厨房设备、厨师技术力量、成本等因素。需要增加就餐人数时，应制定适当的方案去达到预定目标。持续形成大量等位现象时，应通过产品调整、价格调整、菜品质量更精细、服务水平提高等方法减少就餐人数。

四、增大销售及顾客购买力

（一）菜单编制

菜单编制要利于影响顾客购买餐厅最想售出的菜品。

（1）确定分类菜品在菜单中的位置。

(2) 从单一菜品贡献差额率角度考虑到编排位置。
(3) 确定菜品的名称要使用描述语言,但不宜过于夸张。
(4) 用配以图片的方式影响顾客的购买行为。

特别提示

图片影响消费的作用较大,配图比例不当,可能造成经营管理者不愿看到的结果。

(二) 推销技巧

服务员把菜品和饮品的信息传递给顾客,引起顾客兴趣,激发购买欲望,促成购买行为。必须使用正确的销售技术,不能盲目"促销"。
(1) 服务者的自我销售,良好的仪表、正确的站姿、自信的神态等。
(2) 准确预计顾客的需求再进行销售。

熟悉菜品是餐饮推销的前提,服务员要熟悉菜单上的每个菜品,熟悉各菜品的主料、配料、烹调方法和味道。菜品的介绍要能调动顾客的购买动机。
(3) 为顾客介绍菜品时要有针对性,时刻为顾客着想。

服务员应了解顾客的用餐目的,面对不同的客人,不同的用餐形式,不同的消费水准,进行有针对性的推销。如对家宴,要注重老人和孩子们的选择;对情侣,则一般要侧重于女士的选择。

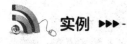 实例

几位职业女性来某餐厅就餐,她们选了一道招牌菜"糖醋瓦块鱼"。服务员将菜端上来,有位女士一尝就提出"味不对",要求退菜。当时服务员还纳闷,这道菜卖得很好,按理说,质量和口味应该都没有问题,这不是"无理取闹"吗?于是回应道:"不能退。"双方僵持不下。后来,该桌的餐饮服务员小然微笑着向客人请教退菜原因,一问才明白,这几位女士全是江南女子,这道菜醋味太浓,她们接受不了,觉得甜味略大一些就可以了。原来问题出在这里。小然马上意识到自己在点菜时,没有将菜的口味及调料的产地告诉客人。因为同样是醋,江南的醋和北方的醋浓度不同,糖醋口味中糖和醋的比例也不相同。小然很感激这桌客人,让她不交学费就又学会了一种点菜技巧。后来,小然把这道菜算到自己头上,请示领班让厨房重新做了一道,这样的处理让客人非常满意。后来,她们每次来吃饭都找小然点菜,并为小然推荐了不少客人。

小然的成功就在于出现问题时自己仔细、虚心地听取客人的意见或建议，同时了解到要想适应客人的需求，口味不能永恒不变，自己要主动咨询，要尊重客人、体谅客人的饮食习惯及习俗，这样才能让客人"乘兴而来，尽兴而归"。

（4）同时兼顾餐厅利益，注意高贡献率的菜品会令客人觉得不实惠。

（5）订单低、贡献率的菜品，餐厅将盈利甚微。

如果看到顾客在点菜时犹豫不定，服务员可适时介绍，推荐高价菜品或高利润菜品。因为价格较高的菜肴，一般都是高利润的菜肴。一般来说，高价菜品和饮料，其毛利额较高，同时这些菜品和饮料的确质量好，有特色。

（6）正确使用推销语言。

服务员应具备良好的语言表达能力，要善于掌握客人的就餐心理，灵活、巧妙地使用推销语言，使客人产生良好的感受。服务用语要简洁、短小、精炼，同时又能吸引顾客，在服务中若使用选择性语句（如加一个鸡蛋还是两个鸡蛋，加荷包蛋还是煎蛋），将有助于餐饮的推销。

相关链接

赞美性销售与建议性销售

一、赞美性销售

餐饮服务员对客人消费的偏好要给予赞美和肯定，但措辞要适度，可赞美客人懂菜，赞美其风度和气质，赞美客人的品质修养，赞美客人的家人等。

（一）赞美客人懂菜

当客人很高兴并自信地点出自己喜爱的菜时，餐饮服务员可赞美客人有眼力。

（二）赞美客人的风度气质

遇到着装有品位、眼睛流露出自信的神态、说话有亲和力的客人，餐饮服务员要学会赞美客人是事业成功的人士，夸赞其风度气质不凡。

（三）赞美客人的品质修养

在面对销售服务中出现失误，非但不责备，而且还鼓励自己以此为鉴的客人时，要真诚地说："对不起，由于我的失误，给您带来了麻烦和不便。您不但不责备，还鼓励我继续努力，您的修养和品德令人敬仰，谢谢您的包容。"

（四）赞美客人的家人

赞美客人的家人的技巧是赞美孩子的聪明、老人的慈祥、妻子的贤惠等。

（五）语言适度，不能虚假吹捧

如果没等客人开口点菜，就吹捧说"一看您就是美食家"，会使客人感到"太假"而不知所措。

通过赞美，应该使客人产生愉悦和自豪感，从而对餐饮服务员的销售工作更好地给予协助和支持，以此对餐饮服务员产生更深的信赖。

二、建议性销售

建议性销售要把握好建议的销售时机，体现专业水平，把握好建议性销售的尺度。

（一）体现专业水平

当客人既要自己点菜，又有求于餐饮服务员时，餐饮服务员要展示自己的专业水平，做补充性的建议和推荐。在赢得信任的基础上选择客人最喜欢的菜品，满足其消费需求。

（二）把握好建议性的销售时机

例如，看到李经理又请了好多朋友来餐厅就餐，餐饮服务员小秦很有礼貌地问候之后诚恳地建议说："李经理，您是我们的常客，今晚介绍两道新菜给您和您的朋友，好吗？"用商量和征询的语调向客人推荐，抓住了新朋友初来就餐的时机，使客人备感亲切。

（三）把握好客人接受建议性销售的尺度

一般消费高的客人强调的是菜品原料的质量新鲜与否，消费低的客人更喜欢仔细地询问菜的价格和菜量的多少。

当客人点了"鲍汁扣阿一鲍"或点了一瓶茅台酒（又强调必须保真时），餐饮服务员应该看明白客人请客的档次不会低，而且是高档的宴请，在组合菜品时，价格上要高、中、低档兼顾，既美味又能达到膳食平衡、营养互补。

第二节　服务成本控制

一、服务不当情况

服务不当会引起菜品成本的增加，主要表现如下：

（1）服务员在填写菜单时没有重复核实顾客所点菜品，以至于上菜时顾客说没有点此菜；

（2）服务员偷吃菜品而造成数量不足，引起顾客投诉；

（3）服务员在传菜或上菜时打翻菜盘、汤盆；

（4）传菜差错。如传菜员将2号桌顾客所点菜品错上至1号桌，而1号桌顾客又没说明。

> **特别提示**
>
> 加强对服务人员职业道德教育并进行经常性业务技术培训，端正服务态度，树立良好的服务意识，提高服务技能，并严格按规程为顾客服务，不出或少出差错，尽量降低菜品成本。

二、准确填写菜单

（一）常见菜肴单位计量

中餐菜肴的计量单位，因客人人数、需要菜品的分量及盛装器皿的不同而有所不同。高档名贵海珍品有的按份、有的按例。菜品不同，规格不同，分量也不同，因此计量单位各不相同。海鲜和肉类，一般用斤和两作计量单位，现在一般按国际统一计量单位千克或克来作计量单位。

菜肴的分量除可用大、中、小例表示之外，也可用阿拉伯数字来注明。不过无论用哪种单位计量都要注明该单位盛装菜品的净样数量，以达到投料量透明，便于客人监督。

（二）记入菜单码数

菜的配制按码盘数量一般分为大、中、小盘。一般炒时蔬的小盘量为4～8两，即200～400克。如净炒苦瓜为200克（1小盘）；荤素搭配，如肉片炒苦瓜，则需要用肉片100～150克，苦瓜150～200克，合计量为300克左右。

以汤菜为例，1小盘汤的分量为6碗（小碗），供2～5位客人的用量。

（三）写菜要求

（1）准备好笔和点菜夹，将带有号码的点菜单夹在点菜夹内，以备使用。

（2）填写点菜单时，对菜名的填写（如用手写）要求字迹工整、准确；自编系统代码要用大家习惯的代码。

（3）注明桌号（房间雅座）、菜名及菜的分量、规格大小，填写点菜时间和点菜员姓名及值台服务员姓名。如果是套菜，要在点菜单上注明桌数。

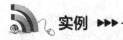

实例

某餐饮企业接待了一个十桌的寿宴,接待完毕后,客人顺利地结账。次日,寿宴客人到部门投诉,说宴席上没上鱼,并要讨个说法。经调查后,客人确实在预订时点了"黄椒蒸鲈鱼",但在营业部下单时,因点菜员工作粗心,开漏了分单,导致厨房无单无出品,引起客人投诉。

查明原因后,经理当即向客人赔礼道歉,并再三承认了错误,征询客人意见后,将十桌"黄椒蒸鲈鱼"的费用退还给客人,部门内部对当事人进行了批评与处罚。

(4)标清楚计量单位。尤其对高档海鲜,计量单位是"两",还是"斤",一定要向客人介绍清楚。免得在结账时会出现点菜按"斤",结账按"两",出现10倍的价位差,使客人无法接受。

(5)标清菜肴器皿的规格、分量。

(6)下单的去向一定要写准。冷菜、热菜、点心、水果要分单填写,分部门下单。

(7)点菜单写菜的顺序要和上菜的顺序记录一致。

(8)在点菜单上一定要注明个性需求和忌讳的内容。

相关链接

点菜前须做好准备

(一)记住推荐菜

餐厅为了满足顾客的需要,在菜肴原料的选取上、烹调方法上、菜肴口感和造型上不断地推陈出新,同时,在每一天或每周会推出一道或几道特色菜、风味菜供顾客品尝。点菜员必须记住这些菜肴的名称、原料、味道、典故和适合的顾客群体,以顺利地将菜品信息及时传递给顾客。

(二)记住沽清菜

沽清单是厨房在了解当天购进原料的数量缺货、积压原料的情况后开具的一种推销单,也是一种提示单。它告诉服务员当日的推销品种、特价菜、所缺菜品,以便服务员对当日菜式有所了解,避免服务员在当日为客人服务时遇到尴尬、难堪、指责等情况。

后厨开出当天的沽清单后,通常会与前厅负责人协调。列举当日原料情况以及最适合出品的菜肴,并介绍口味特点、营养特点、季节特点等普通服务员难于介绍的专业知识。所以，点菜员须记沽清菜，在介绍菜品时，就要相对有倾向性地进行介绍。当客人点到当天没有的菜品时，一般可以以"对不起，今天刚刚卖完"来回答，然后要及时为客人介绍一道口味相近的菜品，这样客人从心理上比较容易接受，也不会引起客人不满和抱怨。

（三）必须熟悉菜牌

了解所推销菜式的品质和配制方式，介绍时可作解释，在点菜过程中，客人不能决定要什么时，服务员可提供建议。最好是先建议高、中档价位的菜式，再建议便宜价位的菜式。因为高、中档菜的利润较高，且有一部分菜的制作工序较简单，在生意高峰期尽量少点一些加工手续比较烦琐的造形菜和加工时间较长的菜。否则这样会加大后厨的工作负担，并且由于太忙，可能会影响到上菜速度，造成客人投诉。

三、防止偷吃菜品

员工偷吃菜品，可以说是屡禁不止的现象，在许多餐饮企业中都存在。员工偷吃菜品，不仅不卫生，更影响餐饮企业形象。因此，必须杜绝这种现象，可以实行连环制。

例如发现一个员工偷吃菜品，则告诉他：如果一个月内能发现偷吃菜品的人，那偷吃的事就算了；如果不能发现，这个月被人偷吃菜品的所有费用全部由他来承担，还要继续这项"工作"三个月。这样就可以有效防止员工偷吃菜品。

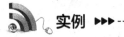

小孙到一家KTV当服务员，主要负责给客人送餐。虽然KTV里卖得最多的就是辣鸭脖等小吃，并没有什么大餐，可就是这些在平常人眼中并不稀罕的食物，小孙却舍不得买。有几次，他在送餐时忍不住偷偷尝了几口。

小孙的小动作，被小周看在眼里。小周是小孙所在小组的组长，小周很快将小孙的行为报告给了经理。经理狠狠地批评了孙，并罚款100元。这件事情让小孙觉得很没面子，便辞了职。此后，小孙一直对小周"告状"之事耿耿于怀。

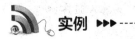

杨小姐和一位朋友到一家饭店吃饭，期间要了一份"酒鬼花生"和"红烧肉"，可能因为当时客人太多，她等了半个小时也没有上菜，于是她就到饭店

的厨房去问问。就在那时，杨小姐看见一名服务员端着一盘"酒鬼花生"走过来，令杨小姐吃惊的是，这名服务员边走边用手拿着吃。杨小姐顺眼望去，这名服务员竟然走到了自己的桌子旁把花生放在桌子上，气愤之下她找到了饭店经理，经理随后对那名员工进行了批评，给杨小姐换了一份"酒鬼花生"并向杨小姐道了歉。

四、避免打翻菜

服务员在传菜或上菜时打翻菜，主要是由于员工操作失误所导致的，因此要尽量避免。服务员应掌握上菜顺序，因为上菜顺序不当可能造成失误。

（一）中餐上菜顺序

1. 热菜

上热菜时，菜盘内放置服务叉、勺，要注意将叉（勺）柄朝向主人；如果盘子很热，一定要提醒客人注意；另外，上冒气、带响的菜，如三鲜锅巴、带铁板等之类的菜前，一定要提醒客人用餐巾或桌布稍作遮挡，以免油星溅到客人身上。

2. 汤类菜

上汤类菜肴时，要给客人分汤；如果有小孩同桌就餐，一定要将热菜（汤）远离小孩，同时提醒成年人注意。

3. 带头尾的菜

上带头尾的菜品时，应根据当地的上菜习惯摆放；上带有佐料的菜肴时，要先上配料后上菜，一次上齐，切勿遗漏；上带壳菜肴时要附上小毛巾和洗手盅。

相关链接

中餐菜肴摆放要求

上菜时要注意桌面摆放的艺术效果，一般有以下几个方面的要求。

（1）造型美观，富有观赏性和艺术性，位置要适中。如果餐桌上是一盘菜，则应摆在桌子的中间位置；桌面若是两道菜，则应摆成一条直线；三个菜，应摆成"品"字形；四个菜，应摆成菱形；五个菜，应摆成梅花形等。

（2）酒席的大拼盘、大份菜，一般要摆在桌子中间。如用转盘，要先转到主人面前。

（3）比较高档的菜、有特色的菜或每上一道新菜，要先摆到主宾的位置上，在上下一道菜后再顺势摆在其他地方，使台面始终保持美观。

（4）各种菜肴要对称摆放，讲究造型艺术。摆放时，注意不要将相同原料、相同颜色、相同形状的菜肴摆在一起。

（5）使用长盘的热菜，盘子要横向朝着主人。同时，注意"鸡不献头，鸭不献掌，鱼不献脊"的传统礼貌习惯。

（二）西餐上菜顺序

西餐上菜与中餐不同，西餐是先由厨师将菜装在一个专用的派菜盘内，由服务员分派。派菜时，应该站在客人的左边，左手托盘，右手拿叉匙分派。西餐的派菜次序是女主宾、男主宾、主人和一般客人。西餐宴会的菜点，由于标准和要求的不同，道数有多有少，花色品种也不一样。以下介绍宴会十道菜点的一般上菜顺序和方法。

西餐上菜顺序

顺序号	菜名	方　　法
1	上面包白脱	将热的小梭子面包装在小方盘内，盖上清洁的口布，另用小圆盘装上与客数相等的白脱，在开席之前五分钟左右派上白脱放在忌司盘右上角，面包放在盘子中间，口布盖住面包，白脱刀移到白脱盅上
2	上果盘	吃果盘时需要放刀叉，如果客人将刀叉合并直放在盘上，就是表示不再吃了。在大多数客人这样表示后，就可以开始收盘。收盘应用小方盘，左手托盘，右手收盘，在客人的左边进行。第一个盘放在托盘的外面一点儿，刀叉集中放在托盘的一端，留出近身的地方叠放其余的盘子，将余菜都集中在第一个盘内，菜盘容易叠平多收，重心较易掌握，不致滑下打碎
3	上汤	清汤的盛器是带有两耳的清汤杯，浓汤用汤盆。夏季多用冷清汤，须将清汤杯冰得很冷。清汤杯除已有清汤杯的底盘外，还应再垫上点心盘作垫盘，将清汤匙放在汤杯底盘内。浓汤须用热盆来盛，可以保持汤的味美。上汤要垫上底盘，手应握着底盘盘边，手指不可触及汤汁
4	上鱼	鱼有多种，烹调方法也不相同，有些鱼菜要有沙司，如炸鱼要带鞑靼沙司。分盘的鱼应带的沙司已放在盘内，不必另派
5	上副菜	副菜一般称为小盘，具有量轻、容易消化的特点，如红烩、白烩、烩面条、各种蛋和伏罗王等。吃副菜用鱼盘和中刀叉
6	上主菜	主菜又称大盘，附有几色蔬菜和卤汁。在派好大盘后，将蔬菜和卤汁紧紧附上。此外，还带有色拉（即生菜）。盛主菜应用大菜盘，盛色拉应用半月形的生菜专用盘（如果没有生菜盘，可用忌司盘代替），放在菜盘前面。主菜上去时蔬菜和卤汁应紧紧跟上，生菜盘也跟着递上，紧靠在主菜盘的前面

续表

顺序号	菜名	方法
7	上点心	点心的品种很多,吃点心用的餐具也不同。如吃热的点心,一般用点心匙和中叉,吃烩水果一类的应摆上茶匙。吃冰激凌,应将专用的冰激凌匙放在底盘内同时端上去
8	上奶酪	奶酪又叫忌司,一般由服务员来派。先用一个银盘垫上口布,摆几种干酪和一副中刀叉,另一盘摆上一些面包或苏打饼干,送到客人左手,任客人自己挑选。吃完干酪,应收去台上所有餐具和酒杯,只留一个水杯(如来不及收,酒杯可暂时不收),并刷清台面上的面包屑等
9	上水果	先放上水果盘、水果刀叉和净手盅,将事先装好的果盘端上去。有的将水果盘作为点缀物事先摆上台子,待上水果时仅摆上忌司盘、净手盅和水果刀叉即可
10	上咖啡	一般早餐用大杯,午餐用中杯,晚餐用小杯,晚餐宴会也用小杯。在客人吃水果时,就可以将小咖啡杯一套(杯和垫盘)放在水杯后面。派咖啡用的盘应垫上口布,装上咖啡壶、牛奶盅、糖盅和糖钳等。斟咖啡前,应先放糖,放多少要征求客人意见,不可任意自放。个别喜欢喝清咖啡的,就不要放糖,也不要放牛奶。斟好咖啡后,收下水果盘和洗手盅,将咖啡杯移到客人的面前

五、尽量减少传菜差错

传菜部主要承接楼面与厨房、明档、出品部,起到传菜、传递信息的作用,是餐饮企业不可缺少的环节。因此,要做好对传菜人员的培训,从而控制成本。

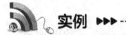 **实例** ▶▶▶

某餐饮企业传菜部的每位传菜员配有一枚印有专属编号的图章。当客人点餐完毕,传菜员将菜品传送到位时,传菜员要在台卡的相应菜品的后面盖上自己的图章。这些图章的数量,就作为绩效管理的考核点,每传一道菜品,可以得到一角钱的绩效工资。自从该饭店采用"计点式"的绩效管理办法以来,传菜员的工作积极性得到了很大的提高。以前传菜员是推着传菜,现在传菜员是争着传菜。整个部门的工作效率和传菜员的个人效益都得到了很大的提高。原先,在实行浮动工资的时候,大家基本上拿的工资也都相差不大,现在干得好的传菜员,每月能多拿100~200元的工资。员工开心,企业也高兴。

(一)传菜员的岗位职责

(1)按餐厅规定着装,守时、快捷、服务指挥。

(2)开餐前做好区域卫生,做好餐前准备。

(3)保证对号上菜,熟知餐厅菜品的特色及制作原理和配料搭配。

(4)熟记餐厅房间号、台号,负责点菜单的传菜准确无误,按上菜程序准确无误,迅速送到服务员手里。

 实例 ▶▶▶

某餐饮企业部门二、三楼分别接待了两个规模及标准较高的婚宴,因当时人手紧张,部门申请了从大厦各部门调配人手。各部人员到位后,都集中安排至备餐间进行传菜工作。在传菜过程中,一名传菜员因没听清楚传菜要求,将二楼的"水煮鱼"传送至三楼,导致三楼多上一道菜。后经部门经理及时发现,及时采取了措施。因二楼菜式在时间上耽搁而导致菜上慢,最后客人有意见。

(5)传菜过程中,应轻、快、稳,不与客人争道,做到礼字当先,请字不断。做到六不端:温度不够不端,卫生不够不端,数量不够不端,形状不对不端,颜色不对不端,配料不对不端,严把菜品质量关。

(6)餐前准备好调料、作料及传菜工具,主动配合厨房做好出菜前准备。

(7)天冷备好菜盖,随时使用。

(8)负责餐中前后台协调,及时通知前台服务人员菜品变更情况,做好厨房与前厅的联系、沟通及传递工作。

(9)安全使用传菜间物品工具,及时使用垃圾车协助前台人员撤掉脏餐具。剩余食品,做到分类摆放,注意轻拿轻放,避免破损。

(10)做好收市,垃圾按桌倒,空酒瓶摆放整齐。

(11)传菜员在传菜领班的直接指挥下,开展工作,完成传递菜肴的服务工作。对领班的安排工作必须遵循"先服从后讨论"的原则。

(12)传菜员要按照规格水准,做好开餐前的准备工作。

(13)确保所有转菜所用的餐具、器皿的清洁、卫生、明亮、无缺口。

(14)在工作中保持高度全员促销意识,抓住机会向顾客推荐餐厅的各项服务及各种优惠政策,提高顾客在餐厅的消费欲望。

(15)当顾客要求的服务项目无法满足时,及时向顾客推荐补偿性服务项目。

(16)在工作中发现餐厅有不完善制度或须改进的服务,必须进行反馈直到问题解决为止。

(二)传菜员的主要工作操作程序

1.优先服务程序

(1)客人要求先上的菜。

(2)预订好的菜单先上冷盘。
(3)保持菜肴温度,从厨房取出的菜一律加上盘盖,到顾客桌上再取下。

2.传菜操作程序

传菜操作程序,具体如下表所示。

传菜操作程序

序号	时间段	操作程序
1	开餐前	(1)检查传菜间卫生,整理好各种用具,保证开餐使用方便 (2)准备好开餐前各种菜式的配料及走菜用具,并主动配合厨师出菜前的工作
2	开餐时	(1)开餐时按要求站立,有次序地出菜 (2)厨房出菜时,应马上给该菜配上合适的配料,并告诉领班划单 (3)出菜必须用托盘 (4)出菜时须将菜送到所属的餐台边,由服务员端上台,并等服务员将菜拿起,菜盖放回托盘,才能离开 (5)接到菜单时,根据不同菜式,准备配料和用具,当厨房通知沽清菜单时,应及时通知看台员工或领班,取消更改

3.清理传菜间

(1)将用过的餐具全部清洗入柜。
(2)整理各种酱料、调料。
(3)将所有设备和柜子擦拭一遍。

4.检查

仔细检查物品是否整齐归位摆放。

相关链接

传菜员效率和服务态度要求

(一)效率
(1)点完菜后,第一道菜上桌要在15分钟之内。
(2)传菜员传出菜后必须在1分钟之内返回传菜部。
(二)服务态度
(1)在工作中必须遵循服从的原则,如有疑问,在班余时间向上一级管理人员反映或投诉,不得在当班时间影响工作。
(2)工作中必须面带微笑,微笑要求自然,得体,发自内心,使客人感到宾至如归，温馨和谐，轻松愉快。

（3）礼貌待客，迎宾有问候声，说话有称呼声，离别客人有致辞、谢声，工作出现差错有致谦声。

（4）如遇顾客查询，应尽力给予顾客满意答复，如有疑难要请顾客稍等，查明情况后，立即答复客人，实在无法答复的应告知顾客与有关部门、人员联系，并给予电话号码。

（5）当在传菜途中如遇客人，应向顾客问好，并让路先让客人走。如菜需快上而又要超过客人需向客人道歉后方可超前。

成本控制小结：
通过本节学习，你学到哪些控制成本的方法？
1.
2.
3.
4.
你所在的餐饮企业，在服务时采取了什么控制成本的措施？
1.
2.
3.
4.

第三节 收款环节成本控制

一、防止跑单

（一）提前预防

餐厅里跑单的现象时有发生，这就要求特别留意以下几种情况，以便及时防止跑单、漏账事件的发生。

（1）生客，特别是一个人就餐的客人，比较容易趁工作繁忙时，借口上厕所，或者餐厅里手机信号不好、到门口接人等趁机不结账溜走。

（2）来了一桌人，但越吃人越少，也难免会有先撤走一部分人，剩下一两个人借机脱身的打算。

（3）对坐在餐厅门口的顾客要多留个心眼。

（4）对快要用餐完毕的客人要多留心，哪怕是顾客需要结账，也要有所准备。

(5) 对于不问价钱，哪样贵点哪样的顾客，一定要引起足够的重视。

一般来说，公司即使是宴请重要的客人，也不可能全都点很贵的菜式，只要有一两样高档的、拿得出手的菜也就可以了，而且汤水和其他家常菜、冷盘也会占一定比例，这也是点菜的均衡艺术，更何况公司宴请也会有一定的限额，不可能任意胡吃海喝的。

（二）发现顾客逐个离场

当发现顾客在逐个离场时，要引起高度的重视，要做好以下工作要点。

（1）需要服务其他顾客时，眼睛要不时注意可疑顾客的动态，及时向主管报告，请求主管抽调人手，派专人盯着剩余的人员。

（2）如果这时顾客提出要上洗手间，要派同性的服务员护送、跟踪，如果顾客提出到餐厅外接电话，则请顾客先结账再出去。

（3）负责服务的人员和负责迎宾的服务员，要注意他们的言行和动作，发现可疑情况立刻报告，并派专人进行服务，直至顾客结账。

（4）不要轻易相信顾客留下的东西，如果有心跑单，会故意将不值钱的包像宝贝一样的抱住，目的就是吸引服务员的注意，然后将包故意放在显眼的位置，让你以为他还会回来取，从而给他留有足够的离开时间。

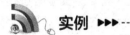

实例

某餐厅来了一群穿着气派的人，其中一人手里紧紧抱着一个手提包，给人一副包里的东西非常贵重、需要小心保管的样子。这些人一坐下，就急着点餐厅里高档的菜品、酒水，什么贵吃什么，什么好喝什么，豪气得令餐厅上至楼面经理，下至一般服务人员，个个以为来了一群身缠万贯的"大老板"，所以服务极为周到、热情。经理还逐位奉送了自己的名片和餐厅的贵宾卡，希望这些阔绰的"大老板"们下次多介绍生意过来。

等到酒菜上齐，"豪客们"酒足饭饱后，一个眼神，这些人就开始陆续撤退了。有的先行告退，有的上洗手间，有的借口室内信号不好，到外面打电话，有些又需要到外面私下商谈点事情，剩下的那个人趁服务员不注意，把那只包留在显眼的位置上，并将烟、打火机也留在桌上，造成上洗手间的假象，也跑了。当服务员进来发现人都不在但那个大包还在时，也相信客人上洗手间去了，因为那么贵重的东西还在。

等到餐厅都要结束营业了，那些"豪客们"连影子都没有，服务员才开始着急起来，向楼面经理和主管报告。当大家小心翼翼地打开那个包时，发现原来贵重的包只是用人造革做的，里面塞满了破布和旧报纸。

(三)发生客人没有付账即离开餐厅的情况时怎么办

一旦发生客人没有付账即离开餐厅这种情况时,应注意处理技巧,既不能使餐厅蒙受损失,又不能让客人丢面子而得罪了客人,使客人下不了台。

出现客人不结账就离开餐厅这种情况时,服务员可按下述两条去做。

(1)马上追出去,并小声把情况说明,请客人补付餐费。

(2)如客人与朋友在一起,应请客人站到一边,再将情况说明,这样,可以使客人不至于在朋友面前丢面子而愿意合作。

二、结账时确认客人房间号

在为包间客人结账时,包间服务员一定要陪同客人前往收银台或包间服务员代为客人结账。否则很容易出现错误,比如,弄错包间号或消费金额,给餐饮企业带来损失。

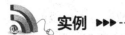
实例

又是一个周末,包厢座无虚席。到了晚上九点多钟,很多的包厢都用完餐要结账了。这时,六七个客人来到收银处买单(当时没有包厢的服务员陪同在旁边),并说自己是113包厢的客人。收银员收款时也没有做任何核对,就打印出113包厢的点菜单和账单让客人签字,收了款(现金结算),当时这个包厢的费用是1500多元。

过了半个小时左右,另外的一批客人过来结账了。收银员问他们是几号包厢的,客人说是113包厢,陪在一边的服务员也证实这批客人是113包厢的,通过核对账单及订餐人的姓名、电话,同样证明现在的这批客人才是在113包厢用餐的,结完账(同样也是现金结算)后就让客人走了。

之后通过检查,第一次来结113包厢账的那批客人实际上是在115包厢用餐的,该包厢的实际费用是2500多元。由于疏忽餐厅少收了1000多元的餐费,餐饮经理得知此事后做出了这样的处理:在追不回这1000多元的情况下由包间的服务员及收银员共同赔付。

三、采用单据控制现金收入

单据控制是餐饮企业有效控制现金的重要手段。单据控制最重要的是应注意"单单相扣,环环相连"。餐饮企业的现金收入主要包括现金、餐单、物品三个方面。这三者的关系,具体如下图所示。

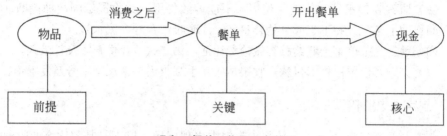

现金、餐单、物品三者关系

通过上图可以看到，将餐饮企业的物品供客人消费，然后开出餐单，最后就收回现金。在这三者中，物品是前提，现金是核心，而餐单是关键。因此，餐饮企业要想管理和控制餐饮企业现金就须将物品传递线、餐单传递线、现金传递线协调统一起来。

四、有效监管收银人员

（一）现场巡视

（1）要经常在收银台周围巡查。

（2）经常检查废纸篓的作废小票，对收银台遗留散货、杂物必须在规定时间内清理，确保机台无遗留有效商品条码、小票及其他单据等。

（3）对收银员在收银台放计算器，以及带涂改液或商品条码的行为立即纠正。

（4）每天查看后台的相关报表。

（5）定期盘点其营业款和备用金，并认真登记每次的盘点情况。

（6）监督收银员不得带私人钱钞进入收银工作区。

（二）备用金核查

（1）询问收银员备用金是否清点准确→清点备用金→填写"备用金情况抽查表"→请收银员签名确认。

（2）每天有选择地对备用金进行核查，收银员应积极配合。

（3）应填写"备用金情况抽查表"，并由收银员签字确认。

（4）核查备用金发现异常情况时，应交由上级领导处理。

（三）收银机出现异常情况

收银机出现异常情况是指因网络故障或系统异常等原因，造成所有收银机能正常收银，但需要采用手工收银的情况，应对下述操作进行监察。

（1）监察收银员和抄写人员在第一单交易及最后一单交易注明收银员号与收银台号，每一笔交易的流水号，并在收银单上签名。

(2) 监察收银机纸,应整卷使用,不能拆散使用;如收银纸因故被撕断,则需在断口的上半部分和下半部分处补签名,注明收银台号、流水号。

(3) 手工收银单第一联给顾客做消费凭证,第二联留存供查账及补录入。

(4) 如顾客使用银行卡付款,收银员应在手工收银单上注明卡号及发卡银行。

五、制定收银制度

制定收管理制度,可以有效制止收银中出现问题。以下是某餐饮企业收银管理制度,仅供参考。

【范本】收银管理制度

1. 收银员应提早到岗,做好收款台的卫生,备好零找现金,根据物价员送来的物价通知单,调整好饭菜的价格表,并了解当日预订情况。

2. 餐厅人员必须按标准开列账单收费,每日的结算款及营业额不得拖欠,客离账清。

3. 散客收款。

(1) 收银员接到服务员送来的"订菜单",留下第一联,经核价加总后及时登记"收入登记表",以备结账。

(2) 客人用餐完毕,由值班服务负通知收银员结账,收银员拿出订单加总后开具"账单"两联,由值班服务员向顾客收款,顾客交款后,服务员持"账单"和票款到收银台交款,收银员点清后在"账单"第二联加盖印章再连同找款、退款给服务员转给顾客。

(3) 收银员应将"账单"第一联与"订单"第一联订在一起装入"结算凭证专用纸袋"内。

4. 团体客人收款。

(1) 餐厅服务员根据"团队就餐通知单",在团队就餐时开订单交收银员,在订单第二、第三、第四联上加盖戳记后给服务员,一联留存,并插入账单箱。

(2) 就餐结束后值班服务员开账单(注明前厅结账),请团队领队签字后,及时将团队账单(第二联)送前厅收银员代为收款,一联留存和"订单"订在一起,装入结算凭证专用纸袋内。

5. 宴会收款。

(1) 宴会及包桌酒席,一般都需要提前三个小时以上到餐厅,提前预订时需交付预订押金或抵押支票。

(2) 预订员按预订要求开具宴会订单(一式四联),并在订单上注明预收押金数额或抵押支票,然后将宴会订单和预订押金或支票一起交收银员,收银员按宴会订单核价加总后在订单上加盖戳记，第一联收银员留存，第二联交厨房据以备餐，第三联交酒吧据以提供酒水，第四联交餐厅主管转值班服务员并提供服务。

（3）宴会开始后，客人需增加酒水和饭菜，由值班服务员开具订单交收银员加盖出记后，第一联收银员留存，与宴会订单订在一起，第二联交厨房据以增加饭菜或交酒吧据以领取酒水。

（4）宴会结束后，值班服务员通知客人到收款台结账，收款员按宴会订单开具发票，收取现金（注意扣除预订押金），或签发支票，或签发信用卡。

（5）将发票存根和宴会订单订在一起装入"结算凭证专用袋"内。

6. 会议客人收款。

（1）会议客人用餐应由负责人提前与餐饮部楼面经理商定就餐标准和结算方式。

（2）填写"会议就餐通知单"，分送厨师长和餐厅收银领班，收银员结算时按通知进行。

（3）客人提出的超标准服务要请负责人签字，开具通知单结算。

7. 重要客人（VIP）客人就餐收款。

（1）重要客人到餐厅就餐，一般由经理级的管理人员签批"重要客人接待通知单"和"公共用餐通知单"，提前送给餐厅主管，餐厅主管接到通知后应安排接待。

（2）收银员按通知单规定开具"进单"向客人结算。收银员将"订单""通知单"和账单订在一起装入"结算凭证专用纸袋"内。

8. 汇总日结。

（1）收银员将当日营业收入整理清点后，填好缴款单，并与领班或主管一起再次清点现金，检查票据的填写情况。

（2）确定无误后将营业款装入"专用交款袋"封包并加盖两人印章，同时两人一起放入财务部设置的专用金柜，然后按"服务员收入登记表"填报"餐厅订单汇总表"，一式三份，自留一份，报餐厅经理和财务部成本核算员各一分，并填报"营业日报表"三份，送核算员、统计员各一份，自己留存一份备查。

第六章
餐厅其他成本的控制

引言

前几章所述各项成本是餐饮企业进行成本控制的重点,然而,除此之外,还有许多成本项目餐饮企业不可忽略。具体包括酒水成本、人工成本、能源费用、经常性支出费用(租金、广告费用、刷卡手续费、折旧费、停车费、修缮费)、餐具损耗、外包业务费用,这些费用看似不多,但若控制不好,却可以直接吞噬掉利润。

第一节　酒水成本控制

餐饮企业的酒水定价也直接影响到餐饮企业的经济效益，但许多餐饮企业常常忽视酒水带来的利润，酒水就像"水一样"，很容易流失。因此，餐饮企业应像控制食品成本那样做好酒水成本控制，并将发现的问题进行原因分析，从而采取有效的改进措施。

酒水成本控制的内容很多，涉及酒单的设计、酒水的采购、验收、库存、领发、销售等环节。

一、酒单的设计

酒单与菜单一样，是餐饮企业最好的推销和控制工具。一般的餐饮企业往往将酒单与菜单合二为一，但从销售的角度讲，酒单最好单独设计。一份设计精美的酒单通常会激发客人的酒水消费欲望。酒单的设计要求表现为以下方面。

（一）内容完整

酒单的内容必须完整，一般包括：
（1）餐饮企业的名称、地址、电话号码及营业时间等；
（2）酒水编号；
（3）酒水名称；
（4）单价等。

（二）印刷精美

酒单的印刷应清晰，并保持其整洁、美观。

（三）酒水的品种、定价应合理

酒水品种的选用及其定价应考虑餐饮企业目标市场客源的喜好和消费能力，尽量满足宾客的需求。

二、酒水采购控制

酒水采购控制的目的是保证餐饮企业的酒水供应并保持适量的存货，同时应以合理的价格购入酒水。具体说来，应做好以下几个方面的控制工作。

（一）酒水原料采购品种

确定酒水原料采购品种应考虑以下因素。

1. 酒单选定采购项目

不同类型的餐饮企业有不同的酒单，酒单的内容直接与酒水的供应和采购有关。酒水类包括餐前开胃酒类、鸡尾酒类、白兰地、威士忌、金酒、朗姆酒、伏特加酒、啤酒类、葡萄酒、清凉饮料、咖啡、茶等。

2. 酒水采购注意事项

（1）保持经营所需的各种酒水及配料适当存货。

（2）保证各项饮品的品质符合要求。

（3）保证以合理的价格进货。

3. 其他因素对酒水采购的影响

（1）餐厅档次及类型。

（2）针对消费者类型。

（3）酒水消费价格。

（二）酒水采购数量

1. 影响采购数量的因素

为了避免出现采购数量过多或过少而影响正常经营的情况，确定一个合理的采购数量是餐厅经营者的一项基本职责。

（1）根据酒水销售淡旺季来确定数量。

（2）根据现有储藏能力确定采购数量。

（3）根据企业财务状况确定采购数量。

（4）采购地点的远近影响采购数量。

（5）市场供求状况影响采购数量。

（6）原料保质期影响采购数量。

以上是一系列制约因素，共同决定酒水的进货数量，当然也要考虑上期期末实地盘存数量等因素。

2. 采购数量确定

（1）最低存货点

$$最低存货点 = 日需要量 \times 采购周期 \times \frac{1}{3} 或 \frac{1}{2}$$

例：某酒水采购周期为10天，10天的平均销售量为20个单位，如果最低存货点为采购周期销售量的1/2，则在还有10个单位库存时，就应及时进行补充采购了。

（2）最高存货量

$$最高存货量 = 日需要量 \times 采购周期 \times 1.5$$

（3）瓶酒采购数量确定　这类品种不易变质，但并不意味着可以大批量采购，可以每两周或每月采购一次，订货数量可以根据库存需要进行变更。可以根据以下公式确定订货量。

下期需要量−现有数量+期末需存量＝订货数量

期末需存量＝日需要量×送货天数

在确定了酒水的品种后，需根据经营的需要决定储备量。储备太多，不仅占用空间，还会增加损耗，所以采购员应注意，科学合理地储存才能将利润最大化。

（三）酒水采购质量标准

制定采购标准的目的在于书面制定产品的标准及用途。将定好的标准交付供酒商，使其明了酒类的需要与规定要求。在洽谈买卖价格时，采购标准是一项非常重要的参考依据。而在交货时，验收人员与酒窖管理员如果没有明确的标准，根本无从入手。采购的主要依据可以参照国家制定的相应国家标准，具体如下表所示。

酒水采购质量标准

序号	酒类名称	国家标准
1	啤酒	国家标准规定，透明度应清亮透明，无明显悬浮物和沉淀物；色度要求8～12度，淡色啤酒为5.0～9.5EBC（优级）；原麦汁浓度规定为（$x\pm0.3$）度才符合要求；对8～12度的啤酒规定总酸＜2.6毫升/100毫升；保质期规定熟啤≥120天
2	葡萄酒	国家质量标准规定了葡萄酒的术语、分类、技术要求、检验规则和标志、包装、运输、储存等要求，该标准适用于以新鲜葡萄或葡萄汁为原料，经发酵酿制而成的葡萄酒
3	发酵酒	发酵酒的国家标准规定了其感官指标、理化指标和卫生指标
4	软饮料、碳酸饮料	国家标准规定果汁型、果味型、可乐型等不同类型汽水的一般性要求
5	食用酒精	国家标准规定的感官要求：外观无色透明；气味具有乙醇固有的香味，无异味；口味纯净，微甜

但是，目前我国酒类的国家质量标准与国际标准相比还有一定的差距。如国外对葡萄酒的品质就有严格的检验标准。从国外酒标签上的质量体系和参数也能反映酒的质量。

1. 管理员填写申购单

酒吧酒水管理员根据库存品存货情况填写申购单，经核准后交采购员。

申购单一式两份，第一联送采购员。采购员需在采购之前请酒吧经理批准，并在申购单上签名。第二联仓管人员留存。

酒吧原料申购单

申请部门：　　　　　　　　　　　　　　　　　年　月　日

编号	品名	数量	单位	单价	用途

主管：　　　　　仓库：　　　　　采购部：　　　　　经理：

2.采购员填写订购单

采购员根据订购情况填写订购单。订购单一式四联：第一联送酒水供应单位；第二联送酒水管理员，证明已经订货；第三联送酒水验收员，以便其核对发来的酒水数量和牌号；第四联则由采购员保留。

并非所有酒吧都采用这样复杂的采购手续，然而，每个酒吧都应保存书面进货记录，最好是用订购单保存书面记录，以便到货核对验收。书面记录可防止在订货品牌、数量、价格和交货日期等方面出现误差。

酒吧订单

编号：
订购日期：　年　月　日　　　　交货日期：　年　月　日
订货单位：　　　　　　　　　　供货单位：
付款条件：

名称	数量	容量/毫升	单价/（瓶/元）	小计/元
			总计	

订货人：

3. 采购活动控制

（1）采购员应根据申购单所列的各类品种、规格、数量进行采购。

（2）采购员落实采购计划后，需将供货客户、供货时间、品种、数量、单价等情况通知酒水管理人员。

（3）验收手续按收货细则办理，收货人员应及时将验收情况通知采购员，以便出现问题及时处理，保证供应。

4. 落实供货

采购员将订货单向酒水经销商发出后，应落实具体供货时间，并督促其及时按质按量交货。

最好用订购单保存书面记录，以便到货时核对使用。可以防止对订货牌号、报价、交货日期等方面产生误解和争议。

另外，酒吧在原料采购过程中，除了严格遵循上述采购程序进行酒水采购外，还必须对我国《进口酒类国内市场管理办法》（1997年制定）有一个必要的认识和了解，以减少违规现象发生。

三、酒水验收控制

（一）酒水验收的内容

1. 核对发票与订购单

饮料验收员在货物运到后，首先要将送货发票与相应的订购单核对。核对发票上的供货以及收货单位与地址，避免收错货。

2. 检查价格

核对送货发票上的价格与订单上的价格是否一致。

3. 检查酒水质量

检查实物酒水的质量和规格是否与订购单相符，账单上的规格是否与订购单一致。酒水验收员应该检查酒水的度数、商标、酿酒年份、酒水色泽、外包装等是否完好，是否超过保存期，酒水质量符合要求，方可接收入库。

> **特别提示**
>
> 若发现质量问题，如包装破损、密封不严、酒水变色、气味怪异、酒液浑浊、超过有效日期等现象，验收员有权当场退货。

4. 检查酒水数量

检查酒水的数量与订购发货票上的数量是否一致。必须仔细清点各种酒水的瓶数、桶数或箱数。对于以箱包装的酒水，要开箱检查，检查箱子特别是下层是否装满。如果酒水验收员了解整箱酒水的重量，也可通过称重来检查。

如果在验收之前，瓶子已破碎，运来的饮料不是企业订购的牌号，或者到货不足，验收员要填写货物差误通知单。如果没有发货票，验收员应根据实际货物数量和订购单上的单价，填写无购货发票收货单。

（二）填写验收单

所有供货商送货，都应有附带送货发票。送货员给酒水验收员的送货发票有两联，送货员会要求验收员在送货发票上签名。验收员签名后，将第二联交回送货员，以示购货单位收到了货物，第一联则交给财务人员。

验收完成后，酒水验收员应立即填写验收日报表，待每日所有收货验收工作全部结束后，再将其汇总上交财务人员。

酒水验收日报表上各类酒水的进货总额还应填入验收汇总表。

酒水验收日报表

日期：

供应单位	项目	每箱瓶数	箱数	每瓶容量	每瓶成本	每箱成本	小计
合计							

酒水管理员：　　　　　　　　　　　　　　　验收员：

酒水验收汇总表

日期	果酒	烈酒	啤酒	葡萄酒	饮料	合计
本期进货总额						

（三）酒水退货处理

若供货商送来的酒水不符合采购要求，应请示主管是否按退货进行处理。若因经营需要决定不退货，应由主管人员或相关决策人员在验收单上签名。若决定退货，验收员应填写退货单。

退货时，验收员应在退货单上填写所退酒水名称、退货原因及其他信息，并在退货单上签名。退货单一式三份：一份交送货员带回供货单位，一份自己保留，一份交财会人员。

验收员退货后，应立即通知采购员重新采购，或通知供货单位补发或重发。

酒水退货单

酒水名称	规格	退货数量	退货原因

（四）酒水入库登记

酒水入库时，仓管员应在酒水包装上注明以下信息。

(1) 收货日期。这个信息有助于贯彻"先进先出"的原则。

(2) 购进日期。方便在存货计价时查询用。

(3) 在酒水包装上加酒水标牌。酒水标牌上提供酒水品名，进货日期，酒水数量或重量，酒水单价和金额。这些信息由验收员在验收酒水时填写。酒水标牌的主要作用表现在以下几个方面。

① 有利于迅速进行存货清点，简化酒水清点手续。

② 有利于按"先进先出"的原则使用酒水。

③ 简便发料计价手续。

四、酒水库存控制

酒水品种繁多，且许多高级的酒类价格昂贵，因此，餐饮企业应加强酒水的库存控制，避免因库存不当导致酒水成本上升。

（一）建立酒窖

有条件的餐饮企业应建立专门储存酒类的酒窖，在酒窖中存放酒类有利于保证酒类质量。建立酒窖的关键在于酒窖的科学设计。一般说来，酒窖应符合以下几方面的要求。

1.酒窖的面积

酒窖应有足够的面积，以储存餐饮企业经营所需的酒类，同时还应考虑酒窖管理人员的活动空间。

2.酒窖的环境

为保证库存酒水的质量,酒窖的环境要求如下:

(1)良好的通风;

(2)保持干燥;

(3)隔绝自然采光;

(4)防震动;

(5)保持恒温等。

(二)不同酒水要妥善保管与储藏

不同酒水保管与储藏的要求不同,如下表所示。

不同酒水保管与储藏的要求

序号	酒类	保管与储藏的要求
1	葡萄酒	(1)酒瓶必须斜放、横躺或倒立,以便酒液与软木塞接触,以保持软木塞的湿润 (2)理想的储酒温度为10~16摄氏度,相对湿度为60%~80%,但相对湿度超过75%时酒标容易发霉 (3)恒温比低温更重要,要远离热源,如厨房、热水器、暖炉等 (4)避免强光、噪声及震动的伤害 (5)避免与有异味、难闻的物品如汽油、溶剂、油漆、药材等放置在一起,以免酒吸入异味
2	白酒	白酒的保存是很讲究的,保存好的话,酒就会越放越香,在白酒保存的过程中,要讲究温度、湿度和密封度,还要注意装酒的容器,容器封口要严密,防止漏酒和"跑度"。环境温度不得超过30摄氏度
3	啤酒	仓库应保持场地清洁、干燥、通风良好,严防日光直射,仓库内不得堆放杂物,储运温度宜在5~20摄氏度
4	果酒	果酒的保藏,桶装和坛装最容易出现干耗及渗漏现象,还容易遭细菌的侵扰,应注意清洁卫生和封口牢固。温度应保持在8~25摄氏度,相对湿度为75%~80%。不能与有异味的物品混杂。瓶酒不应受阳光直射,因为阳光会加速果酒的质量变化
5	黄酒	(1)黄酒的最适宜的温度是环境凉爽,温度变化不大,一般在20摄氏度以下,相对湿度在60%~70%之间,黄酒的储存温度不是越低越好,低于零下5摄氏度,就会受冻,酒会变质,结冻破坛。所以,黄酒不易露天存放 (2)黄酒应堆放平稳,酒坛、酒箱堆放高度一般不得超过4层,每年夏天倒一次坛 (3)黄酒不宜与其他有异味的物品或酒水同库储存 (4)储存黄酒时不宜经常受到震动,不能有强烈的光线照射 (5)不可用金属器皿储存黄酒

（三）酒水库存量标准化

为使库存酒水能保证正常的经营需要，餐饮企业应实行各种酒水的库存量标准化。具体的做法是预测每日的酒水销售量，随用随补。

（1）根据每日汇总的酒水销售量，统计各种酒水的耗用量。

（2）每日根据前一天的耗用量进行补充。在营业高峰期，应根据预计客流量，及时调整酒水采购量，保证供应。价值较高的酒水，应保留空瓶，每日凭空瓶领料，保持稳定的瓶数，防止丢失。

（3）每日营业结束后，按照"本日应结存量＝上日结存量＋日补充量－本日销售量"的公式，检查酒水和水果的实际结存量。

（4）本日实际结存量少于本日应结存量，该部分为非正常消耗量，如果数量过大，应查明原因并上报。实际结存量过多，超出本日应结存量，也应查明原因，防止向客人提供少于标准份额的酒水。

（四）定期盘存

1. 盘存目的

（1）确定仓库中所有酒类的总价值，用以评估储存量是否适当，是否符合酒店的财务及经营方针。

（2）比较某一时期的库存酒类的实际价值是否和账面价值相符。

（3）查明销售量不高或销售太慢的酒类，以便处理。

（4）比较酒类成本及其销售额，从而计算其毛利。

（5）防止失窃，并检查安全管制系统。

（6）确定存货出入的流动率。

（7）借此考核仓库管理人员的工作效率以及酒类管制系统的功能。

2. 盘存作业

酒类盘存作业应由会计人员会同酒吧人员执行。

至于盘存的日期，应在每一营业期间开始及结束的时候各实施一次。盘存的时间通常是在大清早及深夜，有时候周末休假日也得进行，因为这是酒吧的最重要作业之一。

3. 建立永续盘存制

为及时了解酒水的库存情况，餐厅最好建立永续盘存制度，用于记录酒水的每次购入、发出数量和现存量。

永续盘存制也称"账面盘存制"，是对酒水增加或减少，都必须根据会计凭证逐笔或逐日在有关账簿中进行连续登记，并随时结算出该项物资的结存数的一种方法，即：

账面期末余额=账面期初余额+本期收入数−本期发出数

永续盘存制能随时了解酒水收入、发出和结存情况,有利于加强对库存物资的管理,有利于查明原因,明确责任,及时纠正。

> **特别提示**
>
> 永续盘存制可能发生账实不符的情况,如变质、损坏、丢失等,所以仍需对酒水进行清查盘点,以查明账实是否相符和账实不符的原因。

永续盘存表

代号:　　　　每瓶容量:　　　　标准存货:　　瓶
品名:　　　　　　　　　　　　单位成本:元

日期	收入	发出	结余

为及时了解酒水的库存情况,餐饮企业应建立永续盘存制度,用于记录酒水的每次购入、发出数量和现存量。其格式可参见下表。

永续盘存表

代号:　　　　每瓶容量:　　　　标准存货:　　瓶
品名:
单位成本:元

日期	收入	发出	结余

4.做好酒窖(酒水仓库)的安全工作

为防止因偷盗等原因造成酒水成本上升,餐饮企业应健全酒窖的安全管理制度,并指定专人负责酒窖的管理,且酒窖的门锁应定期更换。

【范本】酒窖仓库管理制度 ▶▶▶

做好各项仓库的管理工作,保障货品账物相符。

一、日常管理制度

1.设立完备的酒水出入库制度,工作时间内始终保持有岗、有人、有服务、用规范、程序完善。

2.发生的每笔货品进出,均需填单登记,确保数量、品种的准确,并做到经常盘点核对,保证账物相符。

3.各类货品堆放整齐。对周转快、领量大的应放在出入方便、易拿易存的位置;对名贵的、用量较少的酒,应妥善存放在靠里面的架子上,确保安全、无流失。另外,对于特殊情况应特别对待。

4.各种存放必须符合保质要求,在保质期以内使用,无破损酒瓶,严禁严重瘪的商品流入到各门商。

5.保持仓库内干净整洁、通风、温度适当、无潮湿霉味。

6.消防设施齐全有效,工作人员具有一定的消防常识并熟悉灭火装置的位置及使用方法。

7.严格执行货品验收入库制度。对于入库的货品要进行品种、质量和数量的验收。发现问题及时报告,尽量将进货中发现的问题解决在货款承付之前。

8.严格货品的管理制度,对物品出库均需提货人在出库单上签字,由相关负责人审核、发货等。月末对货品进行抽盘。盘点后一定要做到账实相符,账账相符。如有差错,一定要及时查明原因并报告上级领导,及时处理。

二、验收制度

1.库房保管员根据调拨单或采购单验收所采购商品的供货单位、名称、规格、数量、金额、生产日期、保质期,验收合格后,在采购单上签字,完善入库手续。

2.所购商品过期、破损,不符合国家卫生标准,规格、数量、单价、质量不符合规定的拒绝入库,上报负责人并做好验货记录。查明原因,确定不符合规定的由采购员办理退货。

三、入库、保管制度

1.采购员将保管员签字的采购单或调拨单交负责人认可,方可办理入库手续。

2.办理入库手续后,发生的物料损失、变质、霉烂问题,由仓库保管员负责。

3. 物品入库，按物资性质、种类、固定位置分别存放，合理使用仓位，做到不积压、不受损、整洁美观。

4. 物品储存保管要严格操作，应遵循防火、防水、防压原则，物品上下叠放要做到上小下大，上轻下重。易燃易爆品单独存放，贵重物品要做到入柜上锁。

5. 对长期不动销、接近保质期两个月的商品，要及时列出并上报负责人，通知有关使用部门。过期不报，造成的损失要追究保管员的经济责任。

四、账务管理制度

1. 存货核算采用永续盘存制。

2. 凡进、出仓库的物资都应于当日登记，并结算出存货数，以确保物资与明细账对应。所有账务应做到日清月结。

3. 每月月底最后一天进行库房货物盘点。

五、纪律

1. 仓库工作人员不得擅自使用所保管的商品。

2. 不准向无关人员提供库存信息。

3. 严禁先签字后填写领料内容，严禁先出库后补办领料手续，严禁凭白条发货。

五、酒水领发控制

酒水领发控制的主要内容如下。

（一）建立吧台存货标准

为了便于了解每天应领用多少酒水，餐饮企业应建立吧台存货标准，如餐厅吧台的"王朝"干红葡萄酒的存货标准为24瓶，则在每天营业前，吧台就应有24瓶"王朝"干红葡萄酒。吧台存货标准的酒水数量应根据宾客的酒水消费喜好及消费量来确定，它应保证餐饮企业既能满足宾客需求，又不能在吧台存有过多的酒水。在实际工作中，许多餐饮企业尚未制定合理的吧台存货标准，只是凭借酒水服务员的想象或经验来确定当日的领料数量。也有一些餐饮企业制定了吧台存货标准，但没有根据宾客的消费偏好进行及时调整，致使某些酒水存量较多，而某些酒水却不够用，需要在开餐时再去酒水仓库领料。

（二）宴会酒水单独领料

餐饮企业在承办大、中型的酒会、宴会时，因酒水的消耗数量较多，并且酒水品种较为特殊。所以，绝大多数餐饮企业都根据宴会的特殊需要，要求吧台单独领料，以满足宴会客人对酒水的需求。餐饮企业一般都有专用的宴会酒水领料单。

宴会酒水领料单

宴会主办单位：　　　　　　　　　　　　日期：
宴会地点：　　　　　　　　　　　　　　服务员：

酒水名	数量	最初发料	增发数量	退回数量	耗用数量	单位成本	总成本

申领人：　　　　　　　　　　　　　　　领料人：
发料人：　　　　　　　　　　　　　　　回收人：

（三）实行酒瓶标记制度

为防止吧台服务员或餐厅服务员在餐厅私自销售自己带入的酒水，餐饮企业可要求酒水仓库保管员在发料之前，在酒瓶上做好标记。标记上应有不易仿制的标识、代号或符号；还可要求吧台服务员在领料时应使用有标记的空酒瓶换领酒水，以确保企业的利益不受损害。

六、酒水销售控制

在餐厅酒水的销售中，常见的酒水销售情势有三种，即零杯销售，整瓶、整罐销售，以及调制销售。这三种销售情势各有特点，管理和控制的方法也各不相同。

（一）零杯销售

零杯销售是酒吧经营中常见的一种销售情势，销售量较大，它主要用于一些烈性酒如白兰地、威士忌等的销售，葡萄酒偶然也会采用零杯销售的方式销售。销售时机一般在餐前或餐后，特别是餐后，客人用完餐，喝杯白兰地或餐后甜酒，一方面消磨时间，相聚闲谈；另一方面饮酒帮助消化。零杯销售的控制首先必须计算每瓶酒的销售份额，然后统计出每段时期的总销售数，采用还原控制法进行酒水的本钱控制。

（二）整瓶、整罐销售

整瓶、整罐销售是指酒水以瓶（罐）为单位对外销售。整瓶、整罐酒水销售控制主要有以下内容。

1.坚持使用酒水订单

酒水订单与点菜单一样属于餐饮企业的控制表单。餐饮企业应要求所有服务人员在接受客人点用酒水时,必须填写酒水订单。填写好的酒水订单应交账台收款员签章后再送至吧台领取酒水。吧台服务员应做到"无单(酒水订单)不发货"。对酒水订单的其他控制如同点菜单控制。

酒水订单

日期:　　　　　　　　　　　　　　服务员:

桌号(包房号)	
酒水名称	
数量	
备注	

2.健全酒水管理制度

在销售过程中,餐饮企业应建立并健全相应的酒水管理制度,以杜绝服务人员的贪污、舞弊行为,如餐厅服务员偷饮酒水、用客人的酒水去厨房换菜点私用、乱开宴会或团队客人的酒水等。这些行为会导致客人投诉或酒水成本的增加,从而使企业的利益受损,必须予以彻底杜绝。

【范本】酒水管理制度

1.酒水领料单须一式两联,第一联交吧台酒水员,第二联由酒水员自己保存,由酒水员按编写号逐日将"领料单"上交餐饮部成本核算员。

2.领饮料时必须将品名、数量填写清楚,交餐厅经理签字,方可生效,若有涂改现象,此联单以作废处理。

3.酒水员领用酒水时,若运输途中损坏,应按实物价格赔偿。

4.营业前酒水员必须将每瓶(听)饮料擦干净,营业时酒水员凭酒水单发放酒水,每餐营业结束后,酒水员要将酒水单与账台进行核对,并做好记录,每月酒水表必须填写清楚,做到日清日结酒水毛利,每月餐厅经理要对本部门酒水盘点一次。

5.酒水员每日必须检查酒水品种是否齐全,若仓库无货要及时请购。

6.严禁员工私拿饮料,一经发现,提供人和拿用人一并从严惩处,在保证质量的前提下,团体用餐饮料如有节余,必须填表一式两份,一份由酒水员保存,一份交餐饮部经理按月结算一次。

7.客人点用饮料品种,必须与酒水单上所开品种相同,不得采取变通办法

（如茶水充酒水），一经发现，按实数对当事人从严处罚。

8.酒店内部举行促销活动，多余的酒水必须填表一式两份，一份由酒水员留存，一份交餐饮部经理，若私自存放享用或供他人使用，一经发现，从严论处。

9.各种饮料、酒水价格，不许随意改动，一经发现，对责任人从重处罚。

10.吧台内、吧台仓库不准其他人随便出入，违者罚款10元/次。

11.吧台内及吧台仓库不准存放私人物品，特别是与商品相同的物品，包括衣物、包、快餐杯等，违者罚款吧台员5元/次，罚款当事人5元/次。

12.吧台商品一律不准外借，违者罚款100元/次（如特殊情况须征得经理同意）。

13.吧台员根据销售情况领足、领全酒水、饮料，商品的销售要按先进先出原则，若领用商品在吧台内时间过长或保管不当造成的变质、霉烂，责任自负。

14.酒水员在仓库领用商品时要一一验货，出库后商品发生的短缺、毁损，责任自负。

15.客人剩余的酒水不带走需寄存的，由值台服务生交给吧台建账管理，并由主管人员签字，客人再次消费时，由值台服务生领出并签字。

16.营业结束后，商品员必须进行商品盘点，盘点不论盈亏均要及时查明原因，查不出原因的要及时上报，按有关规定处理，商品员要及时、正确、全面地填写"酒水日报表"。

（三）调制销售

调制销售，主要指混合饮料和鸡尾酒的销售。鸡尾酒和混合饮料在酒水销售中所占比例较大，触及到的酒水品种也较多，因此，销售控制的难度也较大。

酒水混合销售的控制比较复杂，有效的手段是建立标准配方，标准配方的内容一般包括酒名、各种调酒材料及用量、成本、载杯和装潢物等。建立标准配方的目的是使每种混合饮料都有同一的质量，同时确定各种调配材料的标准用量，以利加强成本核算。标准配方是成本控制的基础，不但可以有效地避免浪费，而且还可以有效地指导调酒员进行酒水的调制操作，酒吧管理职员则可以根据鸡尾酒的配方采用还原控制法实施酒水的控制，其控制方法是先根据鸡尾酒的配方计算出某一酒品在某段时期的使用数目，然后再按标准计量还原成整瓶数。

1.标准成本控制

标准成本控制是指餐饮企业定期将酒类饮料的标准成本与其实际成本做比较，从两者的变化中检查酒类饮料的成本管理是否存在问题的一种管理方法。一般来说，引起饮料成本差异过大的原因主要有：

① 实际成本计算不准确；

② 调酒师在进行调制操作时酒水用量控制不当；

③ 营业收入未做如实记录；

④ 调酒师私自出售自带的酒水；

⑤ 服务人员偷盗酒水等。

酒水标准成本记录表

代号	酒名	每瓶容量		每瓶成本	每盎司成本	每杯容量	每杯成本
		/毫升	/盎司				

注：1盎司=28.35克。

2. 标准营业收入控制

标准营业收入控制是指根据酒类饮料的销售量来计算标准营业收入总额，然后将其与实际营业收入进行比较，并从中发现问题的一种成本管理方法。采用这种方法来进行调制饮料的成本控制，要求首先计算每瓶酒的标准营业收入。这对于每份使用量都相同的调制饮料来说，其计算方法非常简单。

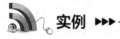 实例 ▶▶▶

如某餐厅供应的威士忌每杯1盎司，售价36元，每瓶威士忌的容量为32盎司，如果不考虑溢损量，则每瓶威士忌的标准营业收入应为：32÷1×36=1152（元）。

特别提示

实际上绝大多数烈酒通常都被用来调制各种混合饮料，每份的使用量不同，销售价格也各不相同，因而需要使用加权平均法来确定各种酒的每瓶标准营业收入。

餐饮企业应通过一定天数的测试期,统计各种酒类饮料在各种不同混合饮料中的销售量,然后计算各自的每瓶标准营业收入。这类统计尽管较为烦琐,但对于控制酒水成本来说却十分有效。所以,餐饮企业进行类似的统计和计算非常必要且有益,绝对不能因为麻烦而忽视。

3. 标准用量、用具控制

主要有以下内容。

(1) 用量标准化 即应制定各种调制饮料的标准酒谱,明确基酒、辅料、配料和装饰物的具体用量标准,并要求调酒师在实际操作过程中严格执行,如取用基酒时必须使用量杯等。

调制饮料标准

酒名	基酒	辅料	配料	装饰物

标准酒谱

编号:

名称:
类别:_____ 成本:
分量:_____ 售价:
盛器:_____ 毛利率:

照片

质量标准

用料名称	单位	数量	单价	金额	备注	调制步骤
合计						

(2) 载杯的标准化 即应确定每款调制饮料的容量,并明确使用什么样的载杯,这对于控制酒类饮料的成本具有十分关键的作用。餐厅常用载杯如下表所示。

餐厅常用载杯

序号	载杯名称	说明
1	鸡尾酒杯	传统的鸡尾酒杯通常呈倒三角形或倒梯形,阔口浅身高脚,用于盛载马天尼、曼哈顿等短软类鸡尾酒。鸡尾酒杯杯体的形状可以是异形的,但所有鸡尾酒杯必须具备下列条件 (1) 杯身不带任何色彩和花纹,光滑、晶莹、洁净 (2) 由玻璃制成,不可采用塑料杯等替代品 (3) 以高脚杯为主,基座水平平稳,拿取或饮用时,手持基座或柄部,使鸡尾酒保持良好的冷却效果
2	古典杯	古典杯又称洛克杯、老式杯等,主要盛载加冰块饮用的威士忌或老式鸡尾酒等。古典杯的特点是杯底平而厚,身矮呈圆筒状,杯口较宽
3	高杯	高杯又称高球杯、海波杯等,平底圆筒状,用于盛载软饮、高杯类长饮混合饮料等,用途广泛
4	柯林士杯	与高杯相似,杯身比高杯细而长,用于盛载诸如"汤姆柯林士""约翰柯林士"等长饮类混合饮料
5	森比杯和库勒杯	森比杯和库勒杯都属于平底高身类载杯,形状与高杯、柯林士杯相似,但容量较大,主要用于盛载量大的森比类、冷饮类鸡尾酒
6	烈酒杯	烈酒杯又称净饮杯,玲珑小巧,平底壁厚,用于净饮烈性酒
7	白兰地杯	白兰地杯形似肥硕的郁金香,杯口小而呈收敛状,又称大肚杯、小口矮脚杯、拿破仑杯等。饮用白兰地时,手掌托住杯身,五指均匀分布,借助手温传递热量给白兰地酒液,并轻轻晃动酒杯,使酒香充分散发
8	香槟杯	香槟杯的式样多种多样,以阔口浅碟形香槟杯和郁金香形香槟杯最为常见,阔口浅碟形香槟杯能够使饮者充分享受香槟酒丰富细腻的泡沫,而郁金香型的香槟杯则能让饮者欣赏到香槟串状的气珠。浅碟形香槟杯在喜庆庆典场合可以堆垒成香槟塔,香槟酒自上而下斟倒形成所谓的"香槟瀑布",香槟杯作为鸡尾酒的载杯,用途和使用范围都较为广泛
9	葡萄酒杯	在载杯中葡萄酒杯的种类、形态和容量规格最多,根据国家和地方饮用风俗以及葡萄酒类型的不同,对葡萄酒杯有着各具不同的品质要求,但有一些基本的要求是相同的 (1) 杯身上没有过多烦琐的纹饰,无色透明、洁净光滑,以便能欣赏到葡萄酒的本色 (2) 杯体呈郁金香状,杯口向内侧稍作收拢 (3) 杯口直径在6厘米、容量200毫升以上最为标准 (4) 葡萄酒杯的杯壁和杯口较薄,便于对葡萄酒的细饮品尝 (5) 红葡萄酒杯的容量比白葡萄酒杯的容量稍大,杯体丰满略呈球形因此,红葡萄酒斟五成、白葡萄酒斟七成,这个成数恰好达到酒液在杯中的最大横切面,使酒液与空气充分接触,从而发挥葡萄酒果香馥郁的酒体风格

续表

序号	载杯名称	说明
10	比尔森式啤酒杯	比尔森式啤酒杯为传统式的啤酒杯,形状较多,有平底和矮脚两种主要类型,杯口略呈喇叭形
11	带把啤酒杯	带把啤酒杯又称扎啤杯,其特点是杯体容量大,杯壁厚实,有玻璃制、陶瓷制、金属制等不同的类型,容量以0.2升、0.3升、0.5升、1.0升等最为常见
12	酸酒杯	酸酒杯是饮用含柠檬汁、青柠汁等酸味成分显著突出的鸡尾酒的特制载杯,酸酒杯为高脚杯
13	利口酒杯	利口酒杯是盛载利口香甜酒和彩虹鸡尾酒的杯具,杯形小,有矮脚和高脚之分,杯身呈管状,杯口略呈喇叭状
14	雪利酒杯	雪利酒杯是饮用雪利酒、波特酒等甜酒的杯具,高脚,杯体呈花骨朵状
15	其他载杯	其他载杯包括高脚水杯、平底水杯、玻璃口杯(热饮杯)、金属耳杯、飓风杯(特饮杯)、水罐杯、果冻杯/冰激凌杯、宾治酒缸/宾治杯、滤酒器

(3)操作标准化 标准化的操作程序可保证餐饮企业提供给客人的调制饮料在口味、酒精含量和调制方法等方面保持一致性的要求。以下提供某餐厅的酒谱,供参考。在该酒谱中,酒水的载杯、用具、原料、调制步骤都有明确的要求。

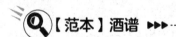
【范本】酒谱

一、彩虹鸡尾酒(Pousse Cafe)

载杯:子弹杯。

用具:吧勺。

原料:红石榴糖浆、绿薄荷酒、兰姆酒。

调制步骤:

(1)先将红石榴糖浆从中间倒入杯中;

(2)将绿薄荷酒用吧勺沿杯壁缓缓注入杯中;

(3)将兰姆酒用吧勺沿杯壁缓缓注入杯中。

二、蓝色夏威夷(Blue Hawaiian)

载杯:大玻璃杯。

用具:量酒器、摇酒壶。

原料：兰姆酒，1盎司（1盎司=28.350克）；蓝香橙酒，1/3盎司；菠萝汁；3盎司；柠檬汁，1盎司。

调制步骤：

（1）打开摇酒壶加入3～4块冰块；

（2）用量酒器把各种原料量入酒壶；

（3）将原料倒入摇酒壶，摇晃5秒至壶身起霜为止；

（4）将调好的酒滤入加有冰块的大玻璃杯中。

三、金汤力（Gin Tonic）

载杯：柯林杯。

用具：量酒器。

装饰：青柠片。

原料：金酒，1盎司；汤力水。

调制步骤：

（1）在柯林杯（或高杯）中加入3～4块冰块；

（2）用量酒器把金酒量入杯中；

（3）用汤力水加至八分满；

（4）加一片柠檬。

四、自由古巴（Cuba Liberty）——兑和法

载杯：柯林杯。

用具：量酒器。

装饰：柠檬片、搅拌棒、吸管。

原料：兰姆酒，1盎司；君度，1/3盎司；柠檬汁，1/2盎司；可乐。

调制步骤：

（1）在柯林杯（或高杯）中加入1/3冰块；

（2）用量酒器把原料倒入杯中；

（3）加入冰镇的可乐至八分满；

（4）用吧勺稍加调和；

（5）切一片柠檬放入杯中；

（6）插入吸管和搅拌棒。

五、黑俄罗斯（Black Russian）

载杯：古典杯。

用具：量酒器、吧匙。

原料：伏特加，1.5盎司；咖啡利口酒，1/2盎司。

调制步骤：

（1）在古典杯中加入半杯冰块；
（2）用量酒器量取原料倒入杯中；
（3）利用吧匙搅拌，至杯身起霜。

六、天使之吻

载杯：子弹杯。

原料：咖啡利口酒，1盎司；奶球，1/2盎司。

装饰：樱桃。

调制步骤：

（1）在子弹杯中加入咖啡利口酒1盎司；
（2）加入奶球1/2盎司。

七、玛格丽特（Marguerite）

载杯：玛格丽特杯。

用具：量酒器、摇酒壶。

装饰：盐霜。

原料：特基拉酒，1盎司；君度，1盎司；柠檬汁，1盎司；白糖水，1盎司。

调制步骤：

（1）打开摇壶，加入5～6块冰块；
（2）用量酒器把原料倒入壶中；
（3）摇晃8秒至壶身起霜为止；
（4）将调好的酒滤入玛格丽特杯中。

八、B52轰炸机（B52）——分层

载杯：子弹杯。

用具：吧匙。

原料：咖啡蜜（Kahlua）；百利甜酒（Baileys）；伏特加（Vodka）。

调制步骤：

（1）先将咖啡蜜从中间倒入杯中；
（2）将百利甜酒用吧匙沿杯壁缓缓注入杯中；
（3）将伏特加通过吧匙沿杯壁缓缓注入杯中。

【详细说明】

喝法：点燃上层插入吸管，一口气喝完。

在美国的鸡尾酒界，把用龙舌兰、伏特加以及20世纪80年代以后上市的新利口酒调制，并以带有戏谑含义命名的鸡尾酒称为射手（Shooter），B52就是其代表，这是PUB中一种流行的鸡尾酒。倘加入1/2盎司浓缩青柠汁（悬浮式）或加入1/2盎司伏特加即成轰炸机B53。

九、特基拉日出（Tequila Sunrise）——兑和法（Build 直接倒入杯中）

载杯：郁金香杯。

装饰：红樱桃。

原料：特基拉酒，1盎司；橙汁；石榴糖浆，1/2盎司。

调制步骤：

（1）往香槟杯中加入少许冰块；

（2）倒入特基拉1盎司，再倒入橙汁至八分满，最后把石榴糖浆1/2盎司慢慢倒入。

第二节　人工成本控制

餐饮业是以手工为主的劳动密集型产业，人力成本占到餐厅营业收入的30%～40%，所以加强人力成本控制是控制经营成本的关键。

人工成本控制是在保证服务质量的基础上，对劳动力进行计划、协调和控制，使之得到最大限度的利用，从而避免劳力的过剩或不足，有效地控制人工成本支出，提高利润。

一、人工费用的内容及影响因素

人工费用包括员工的工资、福利费、工作餐和工作服等费用。福利费包括根据工资总额提取的养老保险、医疗保险、失业保险及住房公积金等。

人工费用的高低直接与所使用的员工人数和员工的工作效率有关。因此任何影响到用工数和工作效率的因素都会影响到人工费用的高低。

影响人工费用的因素如下图所示。

影响人工费用的因素

（一）作业的复杂程度

如果餐厅购买现成制作好并预告分好份额的原料，只需要极少的制作工夫，在销售前加热即可,那么就只需要较少的职工,也不需要什么厨师。如果所有购进的原料都需要进行复杂的粗加工,包括宰杀、切割、洗涤和切配,那么就需要较多的人工,还需要较高水平的厨师,需要专业的采购员和验收人员,同时还增加了对管理人员的要求。企业若要减少人员的设置,可以减少加工环节和加工程度,多使用已加工的半成品。

(二)服务的类型

服务程度低的,如自助餐、快餐,需要较少的服务员,对服务技术的要求也较低;反之,服务程度高的,服务程序复杂的就餐服务,如桌餐服务、宴会派菜服务,就需要较多的服务员,同时对服务员的技能要求也较高。因此开发自助服务的产品可使企业减少人员的编制。

(三)销售品种

菜单品种较少的餐厅,只需要较少的烹调和服务人员,而且节省了原料的采购和保管人员;反之,就需要较多的人员。

(四)设备

在厨房中使用现代化的加工机械代替传统的人工操作能节省时间,减少人工。例如使用洗碗机、削皮机、切片机、锯骨机等可以减少人工,同时提高工作效率。

(五)客流量和生产规模

由于餐饮企业产品的生产和销售几乎是同时进行的,产品的生产数量与当时客流量的大小直接相关。因而人员配备要与不同时段的销售数量相称。餐饮企业在配备职工人数和安排班次时必须预计不同时段的客流量,找出客流规律,合理地安排班次和员工人数。

(六)科学的操作规范和培训

对每一项服务或操作制定科学的操作程序,并通过培训使员工熟练实施,将会帮助员工提高工作效率,减少工作差错。也可达到少用工,多出活的效果。

二、配备适量的员工

需要多少员工与营业量有关,因而在进行员工配备时,必须对营业量进行分析。

餐厅可根据每日就餐人次数和菜品销售量资料,能较准确地估计每日的营业量。这样就能根据对各日营业量的预测来配备员工数。

下表是一个餐厅连续5周的午餐就餐人次数的统计。

××餐厅午餐客人统计　　　　　　　　　单位：人

日期	星期一	星期二	星期三	星期四	星期五	星期六	星期日
第一周	81	124	108	129	158	175	159
第二周	75	90	125	137	140	190	179
第三周	92	119	130	108	128	219	192
第四周	85	105	108	114	170	168	161
第五周	95	145	113	110	139	149	142
中位数	85	119	113	114	140	175	161

上表中最后一行中位数，是取连续5个星期一就餐人数的数值大小位居中间的数，所以星期一的中位数为85，星期二为119，依次类推。由于就某一天来看，就餐人次数的多少会受一些意外因素的影响，所以必须尽可能搜集比较多的资料，这里统计了连续5周的资料，对搜集来的资料，每周的同一天，也会因为各种因素的影响而各不相同，有高有低。为了取得比较有代表性的数字，可以采用取它们的中位数的方法，由于中位数是位居该组数据的中间值的数字，所以相对来说有比较好的代表性。

下表给出了同期晚餐的就餐人次数的统计。

××餐厅晚餐客人统计　　　　　　　　　单位：人

日期	星期一	星期二	星期三	星期四	星期五	星期六	星期日
第一周	114	143	128	159	198	205	169
第二周	90	128	138	167	180	250	199
第三周	112	157	150	148	178	239	200
第四周	105	114	108	150	190	200	175
第五周	145	120	130	110	149	189	142
中位数	112	128	130	150	180	205	175

同样用中位数的方法估计出晚餐的营业量，以便于员工数量的安排。

三、制定科学的工作定额

工作定额是指在一定时间内每个员工提供服务或生产产品的数量。工作定额通常以供餐的时数作时间单位，也有以小时或每班的工作时数作时间单位。例如每餐服务数、每小时服务数、每天服务数等。服务数量一般以客人服务数、菜品服务数、营业收入金额等来表示。

××餐厅以每餐服务的客人数作工作定额，如下表所示。

××餐厅以每餐服务的客人数　　　　　单位：客人/餐

餐次	服务员	厨师	洗碗
早餐	30～40	50～60	100～120
午餐和晚餐	25～30	30～40	80～90

如果以客人数作工作定额不太合适，也可以用每位服务员每天的营业额作为工作定额。如酒吧服务员的工作定额为2000元/天。

四、合理排班

餐厅的工作岗位较多，工作性质各异，员工的班次安排必须适应餐厅的经营需要，根据营业量及有关员工工作时间的规定灵活、合理地排定班次。

餐厅在排班时应在满足经营需要的前提下，既要发挥员工的潜力，又要考虑员工的承受能力和实际困难，还需符合《劳动法》的有关规定，尽力提高员工的工作效率，并保降员工的身心健康。

（一）排班的重要性

排班的重要性如下图所示。

第一　合理的排班可以保证餐厅营运

（1）正确执行服务组排班工作，是使得餐厅正常营运的必备因素。无论人员排得过或过少，均会对餐厅造成负面的影响
（2）过多的人员：会造成没有办法满足个别员工的工时需求及因人员过多而没有办法安排适当的训练和练习机会，因此造成人员的士气低落和人员质量的下降
（3）过少的人员：将降低餐厅品质、服务的水准，影响顾客满意度，最终导致销售量降低，同时会使离职率提高

第二　合理的排班可以减少餐厅的人工成本

利用科学的排班方法，根据小时营业额的波动，合理地安排工时，可以在保证营运的同时，最大地降低工时的浪费

| 第三 | 合理的排班可以有效提高员工生产力 |

利用新老员工的合理搭配和高低峰的落差，既可以保证低峰期的员工训练，又可以利用高峰期进行生产力提升训练

| 第四 | 合理的排班可以确保餐厅的各系统的正常运转 |

人员是餐厅其他各项工作的基础，将合适的人员排在合适的时段，执行相应的职能，则能保证餐厅的订货/训练/维修等工作有序进行

| 第五 | 合理的排班可以保证员工的身心健康 |

根据《劳动法》和员工的双重要求，排班经理通过及时地跟进与员工地沟通，合理地安排休息，可以有效地保证员工的身心健康

排班的重要性

（二）服务组排班

1. 排班的工具以及相关名词解释

（1）岗位员工配置表　根据餐厅各时段不同的来客数来确定各岗位变动工时的需求。

餐厅可根据员工生产力水平以及服务动线调整数值。各时段来客数，需根据前三周同期数据获得，同时应充分考虑影响来客数的因素。

例如：

____餐厅　岗位员工配置表
制表日期：____年____月____日　餐厅经理：　　　　区域经理审核：

TC（来客数）	岗位人数合计		前场					后场				
	前场	后场	S1	S2	S3	S6	S协	K3	K4	K5	K6	K协
			服务	传菜	领位	收银	协作	锅底操作	切肉	切配	抓菜	协作
0～15	3	2	1	0.5	1	0.5			0.5	0.5	1	
16～30	5	2	2.5	1	1	0.5			0.5	0.5	1	
31～45	6	3	3	1	1	1			1	1	1	
46～60	7	3	4	1	1	1			1	1	1	
61～75	8	4	4	1	1	1	1	1	1	1	1	

续表

TC（来客数）	岗位人数合计		前场					后场				
	前场	后场	S1	S2	S3	S6	S协	K3	K4	K5	K6	K协
			服务	传菜	领位	收银	协作	锅底操作	切肉	切配	抓菜	协作
76～90	9	5	5	1	1	1	1	1	1	1	1	1
91～105	11	5	6	1	1	1	2	1	1	1	1	1
106～120	12	5	7	1	1	1	2	1	1	1	1	1
121～135	13	5	7	1	2	1	2	1	1	1	1	1
136～150	14	5	7	1	2	2	2	1	1	1	1	1
151～165	14	6	7	1	2	2	2	1	1	2	1	1
166～180	16	6	8	2	2	2	2	1	1	2	1	1
181～195	16	7	8	2	2	2	2	1	2	2	1	1
196～210	17	8	9	2	2	2	2	1	2	2	2	1
211～225	18	8	10	2	2	2	2	1	2	2	2	1

（2）固定工时配置表　餐厅开业、打烊、卸货、备货、清洁、摘洗菜、洗碗、做员工餐等需要的工时，根据不同营业额给出建议数值。

例如：

① 固定工时配置表（30万元以下、30万～40万元）

_____餐厅　固定工时配置表（30万元以下）

制表日期：____年____月____日　　餐厅经理：　　　　区域经理审核：

星期	前场					后场						训练	制作员工餐	合计
	S货	So	Sc	Sr	周清	K货	Ko	Kc	Kr	K清	K1	K2			
	卸货	开业	打烊	备货		卸货	开业	打烊	备货	清洁（含周清）	摘洗菜	洗碗			
一	1	2	2.5	1	1.5	1	1.5	1.5	1	1.5	5	7		0.5	27
二	1	2	2.5	1	1.5	1	1.5	1.5	1	1.5	5	7		0.5	27
三	1	2	2.5	1	3	1	1.5	1.5	1	1.5	5	7		0.5	28.5
四	1	2	2.5	1	1.5	1	1.5	1.5	1	1.5	5	7		0.5	27
五	1	2	3	1	1.5	1	1.5	2	1.5	1.5	6	7		0.5	29.5
六	1	2	3	1	1.5	1	1.5	2	1.5	1.5	6	7		1	29
日	1	2	3	1	1	1	2	2	1.5	1.5	6	7		1	29

____餐厅　　固定工时配置表（30万～40万元）

制表日期：____年____月____日　　餐厅经理：　　　　区域经理审核：

星期	前场					后场							训练	制作员工餐	合计
	S货 卸货	So 开业	Sc 打烊	Sr 备货	周清	K货 卸货	Ko 开业	Kc 打烊	Kr 备货	K清 清洁(含周清)	K1 摘洗菜	K2 洗碗			
一	1	2	3	1	2	1	2	2	1.5	2	6	7		0.5	31
二	1	2	3	1	1.5	1	2	2	1.5	2	6	7		0.5	30.5
三	1	2	3	1	3.5	1	2	2	1.5	2	6	7		0.5	32.5
四	1	2	3	1	2	1	2	2	1.5	2	6	7		0.5	31
五	1	2	3	1	2	1	2	2	1.5	2	6	7		0.5	31
六	1	2	3.5	1		1	2	2	1.5	1.5	6	7.5		1	30
日	1	2	3	1		1	2	2	1.5	1.5	6	7.5		1	29.5

② 固定工时配置表（40万～50万元、50万～60万元）

____餐厅　　固定工时配置表（40万～50万元）

制表日期：____年____月____日　　餐厅经理：　　　　区域经理审核：

星期	前场					后场							训练	制作员工餐	合计
	S货 卸货	So 开业	Sc 打烊	Sr 备货	周清	K货 卸货	Ko 开业	Kc 打烊	Kr 备货	K清 清洁(含周清)	K1 摘洗菜	K2 洗碗			
一	1	2	3.5	1	2	1	2	2	1.5	2	6	7.5		1	32.5
二	1	2	3.5	1	1.5	1	2	2	1.5	2	6	7.5		1	32
三	1	2	3.5	1	4.5	1	2	2	1.5	2	6	7.5		1	35
四	1	2	3.5	1	2	1	2	2	1.5	2	6	7.5		1	32.5
五	1	2	3.5	1	2	1	2	2	1.5	2	6	7.5		1	32.5
六	1	2.5	4	1.5		2	2.5	2.5	2	2	7	8		1.5	32.5
日	1	2.5	4	1.5		2	2.5	2.5	2	2	7	8		1.5	36.5

____餐厅　　固定工时配置表（50万～60万元）

制表日期：____年____月____日　　餐厅经理：　　　　区域经理审核：

星期	前场					后场							训练	制作员工餐	合计
	S货	So	Sc	Sr	周清	K货	Ko	Kc	Kr	K清	K1	K2			
	卸货	开业	打烊	备货		卸货	开业	打烊	备货	清洁（含周清）	摘洗菜	洗碗			
一	1	2.5	4	1.5	2	2	2.5	2.5	2	2.5	7	8		1	38.5
二	1	2.5	4	1.5	1.5	2	2.5	2.5	2	2.5	7	8		1	38
三	1	2.5	4	1.5	5	2	2.5	2.5	2	2	7	8		1	41
四	1	2.5	4	1.5	2.5	2	2.5	2.5	2	2	7	8		1	38.5
五	1	2.5	4	1.5	2.5	2	2.5	2.5	2	2	7	8		1	38.5
六	2	2.5	5	2		2	2.5	3	2	2	8	10		1.5	42.5
日	2	2.5	5	2		2	2.5	3	2	2	8	10		1.5	42.5

③ 固定工时配置表（60万～70万元、70万元以上）

____餐厅　　固定工时配置表（60万～70万元）

制表日期：____年____月____日　　餐厅经理：　　　　区域经理审核：

星期	前场					后场							训练	制作员工餐	合计
	S货	So	Sc	Sr	周清	K货	Ko	Kc	Kr	K清	K1	K2			
	卸货	开业	打烊	备货		卸货	开业	打烊	备货	清洁（含周清）	摘洗菜	洗碗			
一	2	2.5	5	2	2	2	2.5	3	2	2.5	8	10		1.5	45
二	2	2.5	5	2	1.5	2	2.5	3	2	2.5	8	10		1.5	44.5
三	2	2.5	5	2	5	2	2.5	3	2	2.5	8	10		1.5	48
四	2	2.5	5	2	2.5	2	2.5	3	2	2.5	8	10		1.5	45.5
五	2	2.5	5	2	2.5	2	2.5	3	2	2.5	8	10		1.5	45.5
六	2	3	6	2		2	3	3	2.5	3	8	10		1.5	46
日	2	3	6	2		2	3	3	2.5	3	8	10		1.5	46

____餐厅　　固定工时配置表（70万元以上）

制表日期：____年____月____日　　餐厅经理：　　　　区域经理审核：

星期	前场					后场								合计
	S货 卸货	So 开业	Sc 打烊	Sr 备货	周清	K货 卸货	Ko 开业	Kc 打烊	Kr 备货	K清 清洁(含周清)	K1 摘洗菜	K2 洗碗	训练	制作员工餐	
一	2	3	6	2	3	2	3	3	2.5	3	8	10		1.5	49
二	2	3	6	2		2	3	3	2.5	3	8	10		1.5	49
三	2	3	6	2	6	2	3	3	2.5	3	8	10		1.5	52
四	2	3	6	2		2	3	3	2.5	3	8	10		1.5	49
五	2	3	6	2		2	3	3	2.5	3	8	10		1.5	49
六	2	3	6	2		2	3	3	2.5	3	9	10		2	47.5
日	2	3	6	2		2	3	3	2.5	3	9	10		2	47.5

因顾客用餐的周期性（即服务的延续性），前场人力配置时，以1.5小时的TC作为预估时段TC。

根据餐厅的训练计划将训练工时排入班表。

2. 排班流程

（1）准备排班工具　排班工具主要有："岗位员工配置表"，"固定工时配置表"，记录完整的前三周餐厅"TC记录表"，"训练计划"，"餐厅服务组排班工时需求表"，空白班表，铅笔、橡皮、红色/黑色笔、尺子、计算器等，员工排班需求，重要记事安排。

____餐厅　　TC记录表

____年____月　星期____

TC 时段 \ 日期	____日	____日	____日	____日	____日
10:00～11:00					
11:00～12:00					
12:00～13:00					
13:00～14:00					
14:00～15:00					
15:00～16:00					

续表

时段 \ TC \ 日期	___日	___日	___日	___日	___日
16:00～17:00					
17:00～18:00					
18:00～19:00					
19:00～20:00					
20:00～21:00					
21:00～22:00					
TC合计					
销售额					
天气					
促销活动 商圈活动 假期等记录					

餐厅服务组排班工时需求表　　　　　月份：

员工姓名	1 四	2 五	3 六	4 日	5 一	6 二	7 三	8 四	9 五	10 六	11 日	12 一	13 二	14 三	15 四	16 五
张三	17～22	17～22	11～22	11～22	休	11～22	11～22	17～22	17～22	11～22	11～22	休	11～22	11～22	17～22	17～22

员工姓名	17 六	18 日	19 一	20 二	21 三	22 四	23 五	24 六	25 日	26 一	27 二	28 三	29 四	30 五	31 六	
张三	11～22	11～22	休	11～22	11～22	17～22	11～22	11～22	休	11～22	11～22	17～22	17～22	休		

注：要求餐厅劳务工提前一周为餐厅管理组提供下两周可上班时间，填写上表，记录为"时间点～时间点"，中途如需改变时间，须提前3天告知餐厅经理。

_____ 餐厅　员工排班表

日期：___年___月___日　　　星期___　　　餐厅经理：_____

预估TC																	
前场排班参考																	
前场预估变动工时																	
后场预估变动工时																	
岗位	姓名	时间 签到	7	8	9	10	11	12	13	14	15	16	17	18	19	20	21	22	23

（2）预估时段TC　预估时段TC的方法如图所示。

方法一　参考前三周的TC平均值

依据餐厅"TC记录表"，取前三周同一天同一时段的TC平均值作为本次排班的预估时段TC

方法二　季节改变

一般来说，当天气转冷，营业额会有下滑的趋势。从寒转热，营业额通常会有提升。雨季对营业额会有负面的影响，但是要熟悉当地状况，因为如果是一个经常下雨的地方，那么下雨就可以不是一个影响的因素，因为人们都习惯了

方法三　节假日

考虑假日的天数与假日发生的时间。如：春节、劳动节、国庆节、元旦、情人节、元宵节、妇女节、儿童节、教师节、圣诞节、寒假、暑假等

方法四　社区或商圈的活动

考虑餐厅在订货周期内的营业额将会受到社区活动，如球赛、音乐会等影响，应根据以前的历史资料，来预估这些活动对营业额的影响

预估时段TC的方法

（3）排定班表

① 填写餐厅名称、日期、星期、餐厅经理姓名。

② 以预估的时段 TC，对照"岗位员工配置表"，将班表中各时段、各岗位所需的人员出勤（变动工时）用实线画出。

实例 ▶▶▶

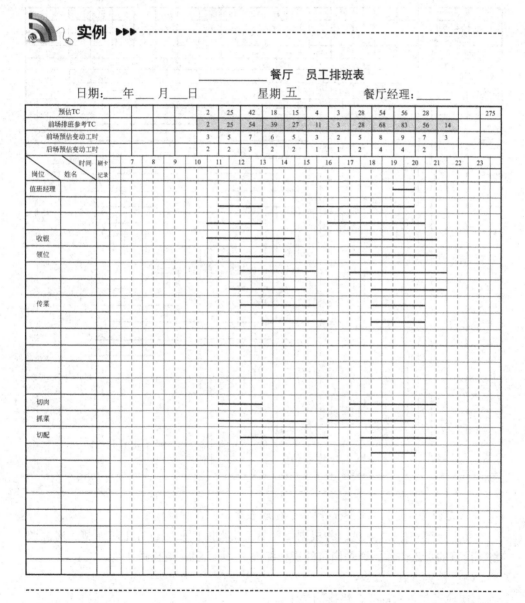

③ 对照"固定工时配置表"将卸货、开业、打烊、摘洗菜、洗碗、备货、清洁、做员工餐等固定工时用虚线画出。

> **实例**

_____ 餐厅　员工排班表

日期：___ 年 ___ 月 ___ 日　　　　星期 五　　　　餐厅经理：_____

时间			7	8	9	10	11	12	13	14	15	16	17	18	19	20	21	22	23
预估TC							2	25	42	18	15	4	3	28	54	56	28		275
前场排班参考TC							2	25	54	39	24	11	3	28	68	83	56	14	
前场预估变动工时							3	5	7	6	5	3	2	5	8	9	7	3	
后场预估变动工时							2	2	3	2	2	1	1	2	4	4	2		
岗位	姓名	刷卡记录																	
值班经理																			
收银																			
领位																			
传菜																			
摘洗菜																			
洗碗																			
切肉																			
抓菜																			
切配																			

④ 将训练计划排入班表，集中划在班表最下方，画虚线；

⑤ 在班表中排入人员，并根据每位员工出勤时间长短进行工时调整、岗位调整（调整的员工需掌握所替岗位的操作标准），训练员、组长画红线。

（4）检查班表

① 检查是否有漏排、错排的员工。

② 检查低峰期是否存在空岗现象。

③ 检查早班安排是否出现工时不足以满足营运的现象。

④ 检查晚结业前是否安排预打烊的人员。

(5) 记录排班工时

① 将排定的员工工时记录下来。

② 员工排班标准工时为：167小时/月，最多不得超过200小时/月。

(6) 公布班表

① 排班周期为：1周。

② 需提前两天公布下周班表。

(三) 管理人员排班

1. 管理组排班原则

管理组排班表时必须能兼顾员工和营运的需求。以下的原则兼顾了人员和营运的需求，使班表可以在两者上取得平衡。

(1) 管理组的班表应该每月安排一次，并至少在月底前公布。

(2) 门店经理应该至少每星期轮一次打烊（每月至少四次含EOM）。这应该视为门店经理个人每周例行性的轮班责任。

注：EOM是指门店每日月底存货盘点结账工作日。

(3) 副经理应该每周轮一至两次打烊班，即至少每月六次打烊班（含EOM）。

(4) 副经理和经理不应该在同一天休假，也不应该排在同一个班次（除非有特别的需求）。

(5) 班表不应该被排成"晚/早班"。

(6) 连续休假不能横跨两个星期到四天之多。连续休假最多三天，且需经过经理核准。

(7) 每位月薪管理组每月必须有连休一个周末（星期六和星期日）。

(8) 月薪管理组（包括门店经理）的班表应该集中在早班和晚班。其余的时间则用计时组长来填补空缺。

(9) 当只有一位月薪管理组时，他/她应该被安排在中班。有两位时，他们应该分别被安排在早班和晚班。当有三位被安排在同一天时，他们应该分别担任早、中、晚班。偶尔因为训练的需要，可将他们安排在同一个班次。

2. 管理组排班程序

(1) 准备 在安排管理组班表前请预先准备好资讯和工具；每日特定事项（行事历），行事历中的"活动"部分可列出门市管理组和服务员的活动；空白的班表表格；铅笔；每月的阶段性目标和行动计划；门市的例行活动表；管理组的发展需求；管理组提出的休假时间/法定假日；所有会议、沟通日等的日期；任何管理组应参加的训练课程日期。

(2) 记录阶段性目标 将每个月的QSC、营业额、人员训练和利润目标或顾客满意行动记载在"行事历"中的"目标"栏里。

（3）计划并记录每周的活动　根据阶段性的目标和行动计划，拟定每星期的活动内容。

（4）记录例行活动　将每周和每月的"例行"活动写入行事历中，务必将门市的特殊活动加进去，并尽可能注明活动项目和负责人。

（5）安排工作班表

① 将工作项目登入空白管理组班表中。该表一共可记录五个星期的班表内容（如果某一个月份在周间结束，最好将整个星期的工作班表都写出来）。

② 将管理组的工作在表中一一列出。通常先列出门市经理的，再列副经理的。这样会帮助你看出整个班组表中的弱点。

③ 为必须在某特定日程执行某项工作的管理组安排班次。个人所列分配的时间应该和活动的需求吻合。例如：如果订货是在星期二进行，负责这项工作的管理组应该被安排在每个星期二做盘点，并计算订货量。

④ 将个人当月必须参加的会议或训练课程列入，注明出席的时间。通常会议只会占去部分班次时间。在这种情况下，该班次的其他时间可用来从事其他活动或营运管理。

⑤ 安排足够的班次人手来管理日常的营运。

a. 每天至少安排一个早、中和晚班。

b. 如果可能，将月薪管理组安排在这些班次中。

c. 当月薪管理组不够时，安排计时组长填补空缺。

d. 在比较忙的用餐时段，让计时组长和月薪管理组重叠。

e. 当月薪管理组因其他活动必须离开楼面时，安排组长递补。

（6）核准并公布班组表

① 排定班组表以后，确定所有的班次是否都有足够的人手？

② 你是否已经安排了所有为达成门市阶段性目标的活动？

③ 你是否已经指定并安排好所有的例行性活动？

④ 你是否给每项活动充裕的时间完成？

⑤ 完成的班组表是否兼顾了营运和人员两方面的需求？

⑥ 是否遵守了排班的原则？

做完必要的调整以后，请经理审核。班组表必须在新的月份开始前公布。

（7）转换成每周班组表　每星期将管理组班组表填写在服务员班组表上。

五、员工工资控制

工资是指员工每月领取的基本工资，不包括补贴、分红，是餐饮企业付给员工预先确定数额的主要劳动报酬，在确定员工工资时一定要适度，过低不利于稳定员工队伍，过高则会增加餐饮企业的经营成本。

（一）确定原则

员工工资与员工岗位的职责挂钩，尤其是负有管理和经营责任的管理岗位，包括主厨和领班，要根据其实际水平和业绩增减。

如果是新开张的餐饮企业，尚无经济效益可言，在员工工资问题上必须坚持：

（1）无论是否有相应的工作经历，都必须经过招聘考核和试用期的考察；

（2）在思想、技术、作风和纪律等方面都符合餐饮企业提出的要求后，才能按照餐饮企业规定的岗位基本工资标准领取工资；

（3）为了稳定员工队伍，吸引工作表现好、经验丰富的员工长期为餐饮企业工作，应按年逐步增加其基本工资。

（二）确定程序

对于餐饮企业员工工资的确定程序，主要包括以下几步。

（1）试用期工资，一般为所在岗位基本工资的60%～80%，且没有奖金或其他福利。

（2）岗位基本工资，根据餐饮企业效益来确定。

（3）总的工资额通常为岗位基本工资、依工作年限增加的工资额及相应福利之和。

比如，所在餐饮企业的服务员岗位基本工资为月薪2300元，则试用期工资为月薪1900元，试用期满后每工作满一年，月薪增加200元，最高至2300～2500元。其他岗位可参照这种方法相应制定。

六、制定员工奖金

许多餐饮企业为了激励员工，都会采用奖金方式，如季度奖、年终奖等。因此，奖金也是人事费用中的一个重要组成部分。但是，如何对员工奖金进行管理，则是一个问题，以下提供一份某餐饮企业奖金制度，仅供参考。

【范本】某餐饮企业奖金制度

一、目的

本店所制定的奖金除对从业员工的尽职程度、服务及贡献程度等做出规定外，也对员工福利及工资详加规定。

二、适用范围

凡任职满14日以上的正式任用员工皆适用；部分奖金支付办法，可适用于兼职员工。

三、具体内容

本规则所制定的奖金，包括模范员工奖、礼貌奖、最受欢迎奖、工作绩效奖金、考勤奖金、激励奖金、全勤奖金、年节奖金、年终奖等。

（一）模范员工奖

每月由各主管员工依工作敬业态度及考核成绩，挑选一至两名工作表现优异的从业员工（含兼职员工）呈人事科评核后，于每月月初发放500元礼券一张，以激励员工士气。

（二）礼貌奖

为加强顾客对本店有良好的印象并培养同仁间的默契，增加各部门的配合度，每月由各主管员工评选最具礼貌的员工一名，每月月初发放500元礼券一张。

（三）最受欢迎奖

为使同事间能够相处融洽并让顾客感受到本店服务亲切的态度，每月由各部门全体同仁评选一名最受欢迎员工，除在每月月初发放500元礼券一张外，还要在公布栏内颁布，可让顾客分享其喜悦。

（四）工作绩效奖金

由各部门主管视当月各员工勤务的表现（包括工作效率、服务态度、敬业精神、出勤率、贡献度等多项评核）进行考核，并依据考核成绩核发工作绩效奖金，其核发标准如下表所示。

工作绩效奖金核发标准

分数/分	95以上	95～90	89～80	79～70	69～60	60以下
奖金/元	2500	2000	1500	1000	600	0

（五）考勤奖金

依据全年度员工勤务表现及贡献程度，并按下列规定发放标准支付。

（1）勤务满一年以上，其年度考绩成绩平均在80分以上者，则支付半个月的本薪作为当期绩效奖金。

（2）勤务满半年以上，其考绩成绩在85分以上者，则依其勤务月数乘以半个月的本薪比率作为当期绩效奖金。

（3）勤务未满半年者，原则上不予发放。但表现优异者，可经由各部门主管员工呈人事科评核后，酌量奖励。

（六）激励奖金

为激励员工缔造经营佳绩，并争取自我加薪及自创福利机会，可依照下列规定评核。

平均三年内营业总额/365日（一年）×1.10=月业绩目标（基础目标）

（1）每周内连续两日（不含旺季及法定节假日）超过基础目标，则于次周发放激励奖：经理（副经理）5000元礼券一张；管理员工1000元礼券一张；基层员工500元礼券一张。

（2）连续两周内突破基础目标时，则在第二周奖励加倍发放。

（七）全勤奖金

员工在规定勤务时间内按时上下班且未有舞弊者，可按下列规定予以奖励。

（1）全月无请假、迟到、早退、私自外出时，则每月发放全勤奖金200元以资鼓励，但以正式任用员工为限。

（2）兼职员工累计达176小时以上，无请假、迟到、早退、私自外出时，则给予全勤奖金200元以资鼓励。

（3）会计年度期间（从1月1日起至12月31日止）正式任用员工及兼职员工，全年度皆为全勤者，于农历过年后第一天上班团拜时，当场予以表扬并发放1000元奖金以资鼓励。

（4）新进员工自任职日起至会计年度终了为止，任职满6个月以上无缺勤记录且考绩成绩在85分以上者，亦具第3项的资格，可给予其奖励。

（八）年节奖金

为加强员工向心力并犒赏员工平日的辛劳，于端午节及中秋节分别给予酌量奖金以资鼓励。其支付规定如下。

（1）满一年以上的正式任用员工，则支付全额奖金；兼职员工服务满一年以上者，则支付半额奖金。

（2）满六个月以上的正式任用员工，则依实际勤务月份÷12×奖金额，即为该期间年节奖金；兼职员工则不予以计算。

（3）未满六个月以上的从业员工，则不予以计算。

（4）支付金额，则由公司视该员工成绩，另行制定。

（九）年终奖金

视当年度经营状况及个人贡献程度、出勤率、考绩成绩等多项评核后，依其成绩比例发放，其规定如下。

（1）服务满一年以上的正式任用员工，则支付一个月基本薪资作为年终奖金；兼职员工则半额支付。

（2）服务满半年以上者，则按实际勤务月数比率核算；兼职员工则不予以支付。

（3）服务未满半年以上者，则不予以发放。

本规则自××年××月××日起开始实施。

七、员工福利

福利是对员工生活的照顾,是公司为员工提供的除工资与奖金之外的一切物质待遇,是劳动的间接回报。

根据福利内容,可以划分为法定福利和餐饮企业福利。

(一)法定福利

政府通过立法要求餐饮企业必须提供的,如社会养老保险、社会失业保险、社会医疗保险、工伤保险、生育保险等。

(二)餐饮企业福利

用人单位为了吸引员工或稳定员工而自行为员工采取的福利措施。比如工作餐、工作服、包食宿、团体保险等。

餐饮企业如果为员工提供住宿,一定要管理好宿舍,最好可以制定一个宿舍管理规定,以达到规范化管理。

餐饮企业可以制定一个标准的福利制度,以此规范全体员工福利的发放。

八、员工招聘费用控制

餐饮企业招聘员工需要一定的费用,如招聘场地费、会议室租用费、广告牌制作费、往返车费、食宿费以及其他人工成本费用。

因此,如果不是特别需要,可以减少招聘次数,从而节省招聘费用。最重要的是,要降低员工的流失率,最终减少员工招聘。

相关链接

招聘环节把关,降低员工流失率

目前,餐饮企业的员工流动率是非常高的。要善用员工、留住员工为餐饮企业效力。不仅要留住员工的人,更要留住员工的心,真正关心和照顾好每一个员工。

合理的流失率有利于保持活力,但如果流失率过高,将蒙受直接损失(包括离职成本、替换成本、培训成本等)并影响到餐饮企业工作的连续性、工作质量和其他员工的稳定性。因此要做好防范措施,降低员工流失率。

如果从员工招聘入口把好关,起到"过滤层"作用,"淘"进合适员工,在成功招聘员工的同时,又能保持员工在餐饮企业发展的可持续性,为降低员工流失率起到防微杜渐的作用。

（一）员工思想

在员工招聘时从战略上考虑到员工在餐饮企业的持续发展性，为降低员工流失率起到第一层过滤防范作用。

1. 价值取向

成功的员工招聘应该关注员工对组织文化、价值追求的认可程度。与餐饮企业文化不能融合的人，即使是很有能力和技能的员工，对餐饮企业的发展也会有不利之处。在进行筛选工作的时候，就开始让应聘者充分了解餐饮企业的工作环境、餐饮企业文化。

2. 团队融合度

在招聘过程中，除了关注员工基本素质外，还应认真分析拟任团队结构特点，如团队成员的学历、性别、年龄、观念、价值取向等。尽量减少不必要的员工团队磨合成本，增加员工与团队的融合度。

3. 招聘与培训有机结合

在招聘员工时更多的应是考虑员工长远发展。对新聘员工在上岗前针对岗位要求进行导向性培训（包括环境介绍、业务熟悉、了解工作关系、了解餐饮企业文化等），让员工适应岗位。

（二）对应聘者坦诚相见

招聘员工时需要给应聘者以真实、准确、完整的有关职位的信息，才可能产生雇员与餐饮企业匹配的良好结果，从而带来比较低的流失率。

（三）告知餐饮企业发展前景

餐饮企业发展前景是留住员工因素之一。首先，餐饮企业在招聘员工的过程中应明确告知餐饮企业的战略和发展目标是否长远。其次，餐饮企业内部管理的机制是否合理，包括餐饮企业的管理策略，员工观念，餐饮企业管理的价值观。

如果员工感觉餐饮企业的发展前景不明朗，目标或愿景无法实现，在这种情况下，员工会认为即使自己努力也不会有结果，那么不会选择努力工作，而会选择离开。

（四）引入职业生涯计划概念

在应聘者进入餐饮企业时应根据其个性特点和岗位性质量身设计职业生涯计划。在招聘员工时不同岗位的员工其职业生涯计划应采取不同的策略。

对一般岗位的员工，结合其意愿向其告知方向上的职业生涯，餐饮企业今后的大致发展方向，而不需要花太多的精力。

如果在应聘者进入餐饮企业时就让其有职业生涯的概念，让其对未来有一份憧憬，他（她如）若选择留下来，一定会为自己的职业目标而努力，从而为餐饮企业的发展和自己的发展奠定坚实的基础。

九、人工成本控制方法

（一）定岗、定员

定岗、定员是否恰当，不仅直接影响到劳动力成本的开支、职工队伍士气的高低，而且对餐饮生产率、服务质量以及餐饮经营管理的成败有着不可忽视的影响。餐饮经营者应综合考虑以下因素进行定岗、定员，才能更合理。

（1）餐厅档次和布局。

怎样合理安排餐厅动线

餐厅动线是指顾客、服务员、食品与器皿在餐厅内流动的方向和路线。

顾客动线应以从大门到座位之间的通道畅通无阻为基本要求。一般来说，餐厅中顾客的动线采用直线为好，避免迂回绕道，任何不必要的迂回曲折都会使人产生一种人流混乱的感觉，影响或干扰顾客进餐的情绪和食欲。餐厅中顾客的流通通道要尽可能宽敞，动线以一个基点为准。

餐厅中服务人员的动线长度对工作效率有直接的影响，原则上越短越好。在服务人员动线安排中，注意一个方向的道路作业动线不要太集中，尽可能除去不必要的曲折。可以考虑设置一个"区域服务台"，既可存放餐具，又有助于服务人员缩短行走路线。

（2）食品原料的成品、半成品化。
（3）菜单的品种。
（4）员工的技术水准和熟练程度。
（5）客流量和生产规模。

（二）制定人工安排指南

人工成本控制的前提是保证服务质量，餐饮经营者必须制定出体现服务质量要求的操作标准，并依此制定出各项劳动安排指南。

1. 最低劳动力

餐饮企业必须配备一些最低数量的劳动力，这些劳动力不会因业务量大小的变动而变动，如餐厅经理、会计、主厨师长、收银员、维修工，这部分固定劳动力的工资占餐厅人工成本支出的相当一部分，餐饮企业应有固定的劳动力标准，并尽可能安排在关键岗位上。

2.变动劳动力

对于随着业务量水平的变化而浮动,即当餐厅生产更多的菜品、接待更多的客人时,将需要更多的服务人员和生产人员,应根据淡、旺季来解雇或招聘,以减少费用开支。餐厅中至少有50%的工种可以根据需要来灵活调配人员,只要餐饮经营者能科学地进行劳动力安排,就能降低劳动成本。

(三)确定劳动生产率

餐饮业衡量劳动生产率的指标主要有两个:一是劳动生产率;二是劳动分配率。劳动生产率是衡量企业中平均每位职工所创造的毛利率。

提高劳动生产率的首要因素是要培训员工树立经营观念,积极开拓市场,节约开支,提高企业的毛利。其次是要合理地安排员工的班次和工作量,尽可能减少职工的雇用数量,减少员工无事可干的时间,减少人工费开支。

标准生产率可由两种方法来制定,具体如下图所示。

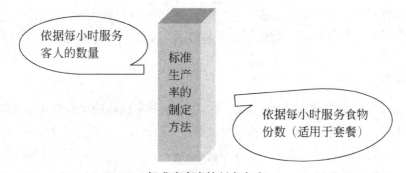

标准生产率的制定方法

这两种方法都可以清楚算出服务员工的平均生产率,以此可以作为排班的根据。根据标准的生产率,配合来客数量的不同进行分配。分配时需注意每位员工的工作量及时数是否合适,以免影响工作质量。

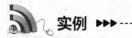 实例 ▶▶▶

某餐饮企业共有五名服务员,一共有一个大厅和七个包间,都在同一个平台,包房分布在大厅的两边。最大的包房设有两张台,共二十四个餐位,最小的包房八个餐位,总共分两个餐次。一般顾客都选择在包间用餐,大厅很少有客人,服务员的工作主要是传菜和上菜,有专门的迎宾和点菜人员。该店对员工是按照以下方法进行分配的。

(1)将员工分为两个餐次,每个餐次中都有服务员、迎宾员、点菜员,这些人员在营业高峰期是同时存在的。保障餐厅经营的整个时段,都有相关的人员提供服务，并做好下一个餐次的准备工作。如果经营时间是11:00～22:00，那么一个班次的工作时间可为10:00～14:00，17:00～22:00；另一个班次为12:00～21:00。

（2）最大的包房安排一名服务员，其他包房基本做到两间房一名服务员，大厅如果有客人，则由迎宾及点菜员提供服务。

（3）七个包房，最大的包房要接待两桌顾客，因为只有五个服务员，还要承担传菜的任务，比较紧张，因此可至少后备一名。因为包房的正常服务需要四名服务员，再加上休假人员。为了让服务提高档次，在人员上做好合理的安排。

另外，该餐饮企业还有以下相关事项。

（1）无论迎宾员、点菜员还是服务员，只是分工的不同。因此，对卫生、服务、收检等工作事务，都要做好明确的安排。既讲究分工，又要有合作。

（2）每个班次所负责的具体事务要有界定，要求必须完成方可下班。否则就会形成恶性循环，上一个班次推一下班次，下一个班次又推上一次班次。

（3）其他工作已完成，且已到达下班时间，还余有一两桌客人时，可灵活安排值班人员。

（四）合理配备人员

确定了餐厅所需要的员工定额后，应考虑如何把这些职工安置在最合适的工作岗位上，使其发挥出最大的工作效能。员工岗位设置，具体如下表所示。

员工岗位设置

序号	类别	说明	备注
1	量才使用，因岗设人	（1）考虑各岗位人员的素质要求，即岗位任职条件。选择上岗的员工要能胜任其岗位职责 （2）认真细致了解员工特长、爱好，尽可能照顾员工意愿，让其有发挥聪明才智、施展才华机会	不要因人设岗，否则将会给餐饮经营留下隐患
2	不断优化岗位组合	优化餐厅岗位组合是必需的，同时发挥激励和竞争机制，创造一个良好的工作、竞争环境，使各岗位的员工组合达到最优化	在实际操作过程中，可能会发现一些员工学非所用，或用非所长，或暴露出引起班组群体搭配欠佳等现象
3	利用分班制	根据餐饮企业每日营业中高峰和清淡时段客源的变化，供餐时间的不连贯及季节性显著的特点，可安排员工在上午工作几小时，下午工作几小时	在不营业或经营清淡时段可不安排或少安排职工上班，这样可以节省劳动力

续表

序号	类别	说明	备注
4	雇用临时工	为节约开支,便于管理,餐厅需要有一支兼职人员队伍	雇用临时工应尽量定时,在保证人力需要的同时,注意进行技术培训,以保证服务质量
5	制定人员安排表	人员安排表是一种人员的预算,说明职工人数应随顾客人数的增加而相应增加,随着顾客人数的减少而相应减少	根据经营情况和所能提供的服务及设备条件,制定人员安排表

(五)提高工作效率

提高工作效率是降低成本的关键。认真研究整个工作过程中的每个步骤,改变操作规程,精简职工的无效劳动。不同程度地使用机器设备,厨房设备的机械化、自动化,改善食品卫生条件,减轻体力劳动,提高劳动效率。

(1)尽量使用自动化水平高的厨房用具。在保证质量的前提下,缩短切配烹调时间,减少工作人员。例如以自动洗碗机代替人工洗碗。

(2)计算机在餐厅中点菜、收银方面的应用,缩短时间、提高效率。

(3)注重员工培训,提高员工服务技能,减少差错出现、成本浪费和操作失误。

相关链接

培训费用由谁承担

员工培训包括新入职培训和在职培训。为了提高员工的基本素质,需要对员工进行培训。不要认为培训会花费金钱,培训可以吸引员工、培养员工、留住员工、提高餐饮企业的核心竞争力。如果培训达到预期效果,可以激发员工的个人潜能,从而提高员工的工作积极性。

《中华人民共和国劳动法》第六十八条规定:"用人单位应当建立职业培训制度,按照国家规定提取和使用职业培训经费,根据本单位实际,有计划地对劳动者进行职业培训。从事技术工种的劳动者,上岗前必须经过培训。"

由此可见,用人单位为劳动者提供岗前培训等一般培训,是用人单位应尽的法定义务,同时也是劳动者享有的法定权利。因此,用人单位不得要求劳动者承担岗前培训产生的培训费用,也无权向劳动者追索这些培训费用。

> 第三条规定:"劳动者享有平等就业和选择职业的权利、取得劳动报酬的权利、休息休假的权利、获得劳动安全卫生保护的权利、接受职业技能培训的权利、享受社会保险和福利的权利、提请劳动争议处理的权利以及法律规定的其他劳动权利。劳动者应当完成劳动任务,提高职业技能,执行劳动安全卫生规程,遵守劳动纪律和职业道德。"

(4)重新安排餐厅内外场的设施和动线流程,以减少时间的浪费。

(5)改进分配的结构,使其更符合实际需要。

(6)加强团队合作精神培训,以提高工作效率。

(7)尽可能一人兼几职或多用钟点工,如:前厅经理、营业主管兼任迎宾员;维修工、司机、库管、财务兼传菜员;库管兼酒水员;吧台主管、迎宾主管兼办公室文员;水台、粗加工兼洗碗工。

(六)控制非薪金形式人工成本

控制非薪金形式人工成本如下表所示。

控制非薪金形式人工成本

序号	形式	说明	备注
1	工作服	(1)掌握员工流动情况,做好工作服发放、回收工作 (2)注意选料、制作、保养、洗涤,以延长使用寿命	
2	员工用餐	合理安排工作餐时间,尽量避开客人用餐高峰期,实行按定员定额发卡,尽量杜绝非工作人员用餐,减少浪费	
3	人员流动	职工的流失率过高,不仅会降低总体服务质量,还会增加人员招聘费用和新职工培训费用,影响工作效率,导致人工费用上升	

第三节 能源费用控制

餐饮企业能源费用主要包括水费、电费和煤气费,能源费用是餐饮企业成本控制中一项重要工作。能够合理有效地控制能源,就可以减少能源浪费,提高利润。

一、有效控制水费

餐饮企业用水属于经营服务用水，虽然水费在整个经营的成本中所占的比例并不高，但是如果所有员工都能意识到节约用水的重要性，节约用水，也可以节省一定的水费。需要牢记的一点是，节约用水，不能以降低卫生水平为代价。

> **特别提示**
>
> 每天盘点用水量，参照营业额比例判断用水量是否合理，如有不合理之处应及时查明原因并做出改进计划。

餐饮企业可以采用各种方式，从管理者至基层员工，全员动员对用水进行控制。诸如可以采取以下方式来减少用水量。

（一）节水与奖金挂钩

每个水龙头都安排节水责任人，一旦发现用完不关现象，责任人扣发30%～50%的奖金。此外，水龙头不能出现"长流水"。

（二）改变洗菜方式

将各种菜统一放到洗菜池里冲洗，完全是靠水流将菜上的脏东西冲走改为接满一池水之后由工人用手清洗，洗菜的水统一用来拖厨房的地。

（三）桌布、锅碗少冲洗

在不影响正常清洁和烹调的前提下，尽量减少用水量，炒菜师傅烹调洗锅时要节约用水。桌布、锅碗少冲洗，餐饮企业就减少了桌布、锅碗的清洗次数。

（四）设备更新

将旋钮式水龙头改为下压式或者感应式，节省洗手期间造成的水资源浪费。将湿拖布换成容易清洗的海绵拖把。

二、有效控制电费

餐饮企业的空调、冰箱、冰柜以及照明都需要耗电，可以采用各种方式控制电费。

（一）空调

空调可以设置色点方式，如：
(1) 绿色，开始营业时开启，营业结束后关闭；
(2) 蓝色，当员工到达餐厅时开启，离开餐厅时关闭；

(3)黄色,需要时打开(如未开放的楼面的空调等)。

> **特别提示**
>
> 节约能源成本的重点在于随时将可关闭的电源关闭,必须确定所有的成员都了解餐厅的色点系统的重要性,并会使用。

对于空调控制,主要包括调节控制、开启-关闭控制及维护控制,具体如下表所示。

空调控制

序号	类别	控制方法
1	调节控制	(1)设定空调开关上的正确温度,才能节省餐厅的能源,在冬季使用暖气时,室内温度应设为20摄氏度;在夏季使用冷气时室内温度应设为26摄氏度 (2)用餐区温度的测量以顾客坐下时,头部的高度为准 (3)厨房区温度的测量,以服务员站立时头部高度为准 (4)为维持适应温度,在夏冬两季调整空调开关的设定温度 (5)其他季节依餐厅外的天气状况及温度做合理调整 (6)依照楼面开启情况及营运状况,适时调整空调开启和关闭
2	开启-关闭控制	(1)如果餐厅拥有独立式空调设备,可拟定间隔式启动的时间表,一次开启1或2台空调,使用间隔式启动时间表作业,则每日可节省数小时的空调运作时间 (2)打烊后,关闭排油烟机,避免餐厅热气/冷气流失或吸入
3	维护控制	(1)每星期至少清洁一次空气过滤网和冷凝器散热网,必要时及时更换 (2)定期检查空调设备内部,注意是否有裂缝腐蚀、螺钉松落或其他损坏,有无异响、异味,并及时予以维修 (3)每周检查空气入口及回风装置,根据一般的清洁时间表进行操作即可。清理上述装置不仅可改善餐厅外观,更可确保空调设备的功能。调空气流向,勿使其直接向下或对着墙壁及其他障碍物 (4)清洁面板内的恒温器。用软毛刷将恒温器及其毛细管、护盖上的灰尘、油垢清除掉。发现毛细管卷曲,应及时予以更换(注意,须关闭电源开关) (5)每年检查2次冷媒管和通风管,注意是否有腐蚀、损坏的迹象,周边是否有漏油现象(表示冷煤外泄)或风管连接处松落,如有应及时予以维修 (6)保持冷冻红圈清洁。以软毛刷清理表面尘垢,即可保持清洁的冷冻圈 (7)检查蒸发器滴盘,确定是清洁及干的

（二）冷藏、冷冻系统

冷冻库及冷藏库在维持半成品品质方面，扮演极为重要角色。为维持经济的适当温度范围，必须定期检视这两个系统。

1. 调整控制

设定冷冻库、冷冻柜（冰箱）控制除霜周期的计时器，以节约能源，设定时间有4个周期，所选定的除霜时间，至少应在卡车进货后2小时，或是人员不会进出冷库或开启冰箱的时间为宜。其设定周期须至少间隔4小时，应避免高峰电力需求的时段（例如早上6:00、下午6:00、凌晨12:00的时段）。冷藏库化霜时间为15～30分钟，冷冻库化霜时间为60分钟。

2. 开启–关闭控制

大型冷冻库进货时，不要关闭压缩机。卸货后，再使冷冻库降温，比让机组继续动作花费高，在取货或盘点时，勿让冷库的门开着，空气帘则保持在适当位置，不可为了进出的方便而将它推到旁边或取下。鼓励人员进出冷库前做好计划，以减少往返次数。

3. 维护控制

与空调一样，良好保养的冷藏、冷冻系统，是降低能源成本最有效率的方法，也有助于延长设备的流畅运作。

遵行计划保养月历中的保养计划，并牢记下列事项。

（1）每周检查冷冻库、冷藏库、冰箱的门垫是否完整。清除尘垢或食物残渣，并注意是否有裂缝及损坏情形。同时需检查冷藏门边的加热器，是否运行正常，以防结冰。

（2）定期以纸币检查冷藏（冻）/冰箱设备的垫圈。

（3）所有冷藏（冻）机组的凝器及散热器线圈也应保持清洁。大型冷冻库与冷藏库亦然。如线圈位置靠近厨房排风口，便易于堆积油垢，而油垢正如磁场般，易于吸附尘土。使用手电筒检查线圈内部的清洁，同时也要检查水冷式冷凝器，以避免浪费能源或水。

（4）检查除霜计时器上的时间设定是否正确。

（5）每周检测一次冷藏（冻）库、冰箱温度。如温度不符合要求，则调整温度控制开关直到符合要求为止。

（三）生产区设备

餐饮企业的生产区设备为主要能源消耗者，占总能源费用50%～60%，如想节省能源，就该从此处着手。

对使用独立电表及煤气的餐饮企业而言，应从实际度数中分析生产区设备实际的能源用量。

1. 调整控制

对良好的能源管理来说，保持所有生产区设备的适度调整非常重要，生产区调整程序，也有助于降低能源成本。

白天不需使用的设备应予以覆盖或关闭。生产区设备最重要的调整技巧为温度校准。

2. 开启－关闭控制

整体设备，是依据高峰营运的负载量而设计的。既然营运不会一直处于高峰期，一天中某些时段可关闭部分设备。

在营运平缓时注意生产区设备，在适当时段内找出关闭设备的机会，根据设备关机时间表拟定时间表，每位服务员都应彻底了解时间表及使用设备的适当程序，并明白应以最有效率的方式来完成任务。在设备所需暖机的时间下尽量延迟关机时间。

设备开机时间表

设备名称	预热时间	开机时间	备注

3. 维护控制

如其他耗用能源的设备一样，正确地维护生产区设备，更能经济的运用它。一定要参阅设备保养手册，以了解下列重要作业的正确程序。

（1）保持烟道、烟道壁及排油烟机的清洁。

（2）根据计划保养月历的时间表，检查相关设备的温度校准。

（3）检查煤气的密封圈、阀门是否完好无损、清洁无垢。

（四）照明系统

餐饮企业照明设备其实一种行销工具，保持事物明亮、令人愉悦，而且光线充足，有助于吸引顾客进入餐厅。

如果是刚成立的餐厅，或是在重新装潢的餐厅里，可使用较浅的颜色、镜子、更多的开放空间，以减少照明所需。使用色点管理方式，如下所示。

1. 颜色识别

餐饮企业可以将各种电灯开关按需要分为四个部分，每部分用一种颜色以便识别。

红色：任何时段都要保持开启。

黄色：开店时开启。

蓝色：天空阴暗及傍晚黄昏时开启。

绿色：视需要开启。

2. 照明

照明设施的选择，可采用荧光灯、卤钨灯、LED灯等节能灯具，有条件的还可采取声光控灯具或其他节能的灯具设施。

（1）使用节能型的照明设备。

（2）将餐饮企业各区域的照明、广告灯箱等的开关纳入到定人、定岗、定时、定责任的管理范围内，并根据自然环境的实际制定严格的开闭时间规定，餐饮企业根据重点部分，规划出监测点位，进行重点控制。

（3）员工区域及公共区域的灯光照明可改为声控照明或声光控照明，最大限度地节约用电；同时对一些区域在不影响工作的情况下只保证其照度，减少光源，实现节电。

3. 其他事项

（1）各后勤岗点下班时随手关灯。

（2）通过安装声控、红外线等方式控制走道灯。

（3）餐饮包厢备餐时开启工作灯，开餐后开启主灯光。

（4）使用节能灯，将非对客区域的射灯全部更换为节能灯。

（5）各部门饮水机由专人负责开启和关闭。

（6）雨棚灯开关时间为：冬季17:00时（开）～次日5:00时（关）；夏季18:00时（开）～次日3:00时（关）；四季24:00时后，关闭两组雨棚灯。

三、燃气费用控制

大多数餐饮企业都是以燃气为燃料来加工食品的。因此，燃料费是一个经常性支出的费用。根据食物制作好需要的标准时间，合理使用燃气炉制作食物。

一般燃气使用主要是在厨房，使用者是厨师。因此餐饮企业经营者要对厨师用气进行控制，节约用气。尽可能充分利用热量，减少损失热量，缩短用火时间，可以让厨师采用以下几种方法来节约用气。

（1）合理调整燃具开关的大小。在烧水时火焰应尽可能开大，以火焰不蔓出锅壶底部为宜。在煮饭或炒菜时，水开以后，应将火调小并盖上锅盖。

（2）防止火焰空烧。炒菜前要先做好准备工作，以防点燃火以后手忙脚乱。水烧开以后应将火关灭，再提开水壶，防止提水壶后忘记关火。不要先点燃火以后才去接水放锅。

（3）调整好火焰，发现火焰是黄色或冒烟应及时处理，因此时炉灶的热效率较低。可调整风门，清理炉盘火头上的杂物，检查软管或开关是否正常，检查锅底的位置是否合适，不要使它压在火焰的内锥上。应设法避免穿堂风直吹火焰。

（4）尽可能使用底面较大的锅或壶。因为底面大，炉灶的火可开得大些，锅的受热面积大，同时灶具的工作效率也高。

（5）烧热水时尽量利用热水器。因热水器的热效率大大高于灶具，如用热水器烧热水可比用灶烧节气1/3，同时还节省时间。

（6）改进烹调方法，改蒸饭为闷饭，改用普通锅为高压锅，省时省气。

四、常用能源控制表格

（一）能源使用情况表

能源使用情况表

项目	月份	1	2	3	4	5	6	7	8	9	10	11	12	备注
照明电	本月抄表数													
	上月抄表数													
	本月耗电量													
	照明电总价													
动力电	本月抄表数													
	上月抄表数													
	本月耗电量													
	动力电总价													
	本月抄表数													
	上月抄表数													
	本月耗电量													
	空调电总价													

续表

项目	月份	1	2	3	4	5	6	7	8	9	10	11	12	备注
水	本月抄表数													
	上月抄表数													
	本月耗水量													
	水费总价													
煤气	本月抄表数													
	上月抄表数													
	本月耗气量													
	煤气总价													
其他	本月抄表数													
	上月抄表数													
	本月耗电量													
	总价													
合计费用														
营业额														
占营业额/%														

（二）能源使用情况评估表

能源使用情况评估表

餐厅_____ 评估日期_____ 评估人_____

项目	评估标准	实际结果
水	（1）清洗间水流量标准：_____/分 （2）下面处龙头水流量标准：_____/分 （3）热水/开水水温标准：82摄氏度/87摄氏度 （4）最近一次热水器的维护标准：每月一次 （5）供水系统漏水检修标准：0处 （6）每月用水情况记录和分析（能源使用情况表）	
电	（1）采用最新色点系统控制照明 （2）采用最新色点系统控制空调 （3）及时更新设备开启、关闭时间表并张贴公布	

续表

项目	评估标准	实际结果
电	（4）餐厅用餐区温度检查标准：冬季20摄氏度，夏季26摄氏度 （5）餐厅工作区温度检查标准：冬季20摄氏度，夏季26摄氏度 （6）冷冻、冷藏货物进货状况检查符合要求 （7）最近一次冷冻、冷藏系统设备的维护保养 （8）最近一次空调保养时间 （9）电力设备系统漏电检修 （10）每月用电情况记录（能源使用情况表）	
煤气及其他能源	（1）每月煤气使用情况记录（能源使用情况表） （2）当月煤气设施完好 （3）其他能源使用状况，请具体说明	
设备保养日历	（1）设备温度标准符合计划需求 （2）设备清洁度符合计划要求 （3）设备维护、保养记录	
其他	（1）管理组会议、员工会议上回顾讨论能源使用情况 （2）能源使用图的张贴及更新 （3）当月能源费用控制状况是否合乎预估要求，如不是，请附分析及行动计划	

第四节 经常性支出费用控制

一、有效控制租金

餐饮企业租金是需要每月支付的，是一个重要的支出部分。餐饮企业在签订房屋租赁合同时，要明确租金等相关事项。

（一）延长营业时间

租金是固定的，因此可以通过延长营业时间来分解每小时的利用效率，如麦当劳（部分门店）、永和大王等24小时营业。当然，不是所有的餐饮企业都适合24小时营业，这需要根据餐饮企业类型、周围环境等因素来决定。

城市夜生活，即使是在北京、上海、广州，也还不完全是大众化、平民化的，更多的是少数人的一种生活方式。特别是以休闲交际为主的夜间活动，只有经过长期发展后，最终才会趋于大众化和平民化。只有发展到相当的水平和档次，24小时餐饮企业才能获得更好的发展。

（二）提高翻台率

提高翻台率，可以增加有效用餐客人数，从而增加餐饮企业收入。提高翻台率的方法，具体如下表所示。

提高翻台率的方法

序号	方法名称	具体操作	备注
1	缩短客人用餐时间	从客人进入到离开每一个环节只要缩短一点儿时间，客人用餐时间就可以缩短，当然翻台时间自然缩短	要求每个员工都要力所能及地在自己工作范围内提高效率，缩短时间
2	候餐增值服务	对客人殷勤款待，增加免费服务，如免费饮用茶水、冰粉；免费擦鞋；免费报纸、杂志阅览；免费茶坊休息	迎宾和礼宾的工作重点是留住客人，让客人等位，避免客人的流失
3	运用时间差	（1）运用对讲机，确定有台位买单的情况下，等位区迎宾或礼宾就会开始为客人点菜 （2）该桌值台服务员会在桌上放置"温馨提示牌"，一方面提醒客人小心地滑并带好随身物品；另一方面提醒其他员工，准备好翻台工具	大厅与外面等位区的配合是关键
4	设置广播	（1）餐饮企业设置广播，每隔10分钟广播一次，内容安排可以是感谢客人用餐，提醒客人就餐注意事项等 （2）第一次广播播放选在大厅台位只剩几桌的情况下，全店员工都会知道马上要排队，应该加快工作速度	广播的作用不仅是提醒客人，更重要的是提醒员工
5	提前为下一环节做准备	（1）在客人点菜后，及时询问是否需要添加主食或小吃，如果不需要的话服务员就开始核单并到吧台打单 （2）在客人不再用餐时提前将翻台餐具准备好 （3）买单后客人若未立即离开，可征询客人的意见，先清收台面和椅套围裙	每一个服务人员在服务中，都应该为下一环节做准备
6	效率与美感	可以选择由传菜组员工专门负责翻台的清洁卫生，不仅速度快，而且动作优美	特别注意翻台卫生，既要效率，也要注意美感
7	全员动员	（1）服务员负责缩短客人用餐时间，勤分鱼、分菜、勤做台面 （2）传菜员和保洁负责缩短收台时间，收台迅速，清理卫生迅速 （3）后厨人员负责缩短上菜时间，出品时间快速、准确 （4）管理人员负责巡台协调，随时注意各桌客人用餐进程，对各部门没有做到位的环节进行提醒	全员的参与才能全方位缩短时间，翻台高峰期，各部门甚至要交叉帮忙，以翻台为前提

(三)开外卖口

餐饮企业如果店面比较大,可以选择开设外卖口,可以卖自己餐饮企业的产品,也可以租给其他人,比如有的餐饮企业门口就有卖九九鸭脖、珍珠奶茶等餐饮企业客人可能需要的商品。当然,大家最熟悉的莫过于麦当劳的甜品站了。

但是,在开设外卖口时一定要注意不要影响到餐饮企业的整体形象,或者是造成喧宾夺主的效果,那将是得不偿失的。

(四)处理好与房东关系

与房东关系相当的重要,做生意"和气生财",如果与房东关系不好,房东可能会比较苛刻。但是如果与房东关系很好,那么许多事情可能就会比较好处理。比如免费使用房东的库房、车棚等,可以节约一大笔开支。

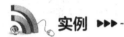 **实例** ▶▶▶

王先生根据网上信息,通过一家中介租了一栋房屋。房屋共有两层,本打算底层开饭馆,上层住人。王先生向中介委托人支付了5万元,包括商铺进场费和两个月押金与一个月房租。

不料,当王先生去申领营业执照时发现,根本通不过环保评定,不能做餐饮。除了交给中介的钱外,他还投入了5万余元用于店铺装修。为此,王先生认为自己受骗了,要求中介退还租金,并补偿部分装修费用。

中介委托人却说之前已经提醒过王先生,做餐饮要通过环保审批。在业主、中介委托人与租户所签署的三方合同上面,写到若遇到政府不允许经营或因其他原因整改,一切责任由租户自负。中介可以对承租方进行协商补偿,但要求收1个月违约金和从合同生效期开始至合同终止日的租金。

(五)租金交付时间

租金交付尽量不要年交,最好是半年交、季交,因为如果由于经营不善或其他原因导致餐饮企业无法经营下去,那么就是违约了,需要交付违约金,从而浪费资金。

以下提供某餐饮企业房屋租赁合同,仅供参考。

【范本】某餐饮企业房屋租赁合同 ▶▶▶

出租人:_____(以下简称甲方)

承租人:_____(以下简称乙方)

甲乙双方本着平等、互利、自愿、诚实信用原则，经友好协商，双方就房屋租赁事宜达成一致，特订立此合同，以资共同遵守。

（一）租赁房屋地点

租赁地点为：_____

（二）租用面积

建筑物使用面积约计____平方米。租赁房屋及附属设施设备详见交接清单。

（三）租赁房屋用途

租赁房屋将用于餐饮业。

（四）租赁期限

共计____年，从____年____月____日起至____年____月____日止。

（五）租金标准

第一年租金____元整，第二年租金____元整，第三年租金____元整，第四年租金____元整。

（六）水电费

甲方向乙方提供现有的水电设施，甲方收取水电费用的标准按区供水供电部门的实际收费执行，乙方必须按时交纳。

（七）付款方式

采用预交结算法。租房费用每年结算一次，在合同签订之日一次性付清，以后每年的租房费用也在每年____月____日一次性支付。

（八）履约保证

（1）乙方向甲方交纳风险抵押金____元整。期满退场____日内无息退还。

（2）在租赁期内，乙方应合法经营，甲方协助乙方办理经营所需的工商、卫生、消防等一切营业手续，乙方照章缴纳税费并全部承担办理经营所属证件的一切费用及年检、抽检等费用。

（3）在租赁期间，甲方负责对租赁房屋进行修缮。乙方应爱护房屋的设施、设备，不得损坏主体结构。由于乙方原因，造成租赁房屋（含内部设备、设施）毁损的，乙方应负责维修或赔偿。

（4）租赁期内，乙方应按照消防部门要求自行设置消防设施，并严格遵守消防治安部门的有关规定，签订消防责任书，在乙方上班时间内发生的消防事故或治安事件由乙方承担经济责任和民事责任。

（九）违约责任

（1）经双方协商约定，违约金为年租金的____%。

（2）在租赁期内，乙方经甲方同意可以将租赁的房屋转租给第三方，否则，乙方应承担违约责任。

（3）乙方在承租期内未按合同约定的时间缴付租金的，每逾期一天按月租金的_____%缴纳滞纳金，逾期超过_____天不缴纳租金的，甲方可以单方解除合同，乙方应承担违约责任。

（1）租赁期内，乙方一般不能改变经营用途和范围，如变更需双方协商同意，否则，乙方应承担违约责任。

（2）甲方未按本合同约定的时间交付使用的，每逾期一天甲方应按照月租金的_____%向乙方偿付违约金。

（十）合同的变更、解除和终止

（1）经甲乙双方协商同意，可以解除合同。

（2）乙方由于自身的原因需解除合同时，应提前两个月，以书面形式通知甲方，甲方同意与否应在十日之内书面回函给乙方。如乙方单方面解除租赁合同，属违约行为，甲方有权将该房屋收回，并追究乙方的违约责任。

（3）因不可抗力不能实现合同目的，合同可以解除。

（4）装修及装修附加部分在解除合同或合同履行完毕后，乙方应完整地将其房屋整体移交给甲方，不得拆除房屋装修部分。

（5）经双方协商同意，解除或终止合同，乙方结清房租、电费后，方可在两天内搬迁完毕，否则按违约论处。

（6）租赁期满，租赁合同自然终止，甲方有权收回房屋。乙方如要求续租，则必须在租赁期满两个月前书面通知甲方，经甲方同意后，重新签订租赁合同。

（十一）本合同适用于中华人民共和国合同法，发生纠纷，双方协商友好解决。协商无效，提交租赁房屋所在地法院审理。

（十二）本合同一式两份，双方各执一份，经双方代表签字盖章后开始生效，未尽事宜，双方可签订补充协议，与本合同具有同等法律效力。

甲方（盖章）：

乙方（盖章）：

_____年_____月_____日

二、合理设置广告费用

餐饮企业为了扩大影响力，或者是提高营业额，都会采取广告促销的方式来吸引顾客。因此其中产生的费用要做好控制和管理。

餐饮企业根据自己的实际情况进行广告促销，一般是在开业、假日前做好各种广告促销。对于一般的餐饮企业，可能选择更多的是向行人发放宣传单等成本较低的广告方式。因为如果是选择电视、广播、报纸等，费用都比较高。

三、刷卡手续费

随着现代消费理念的普及,刷卡消费成了如今付款的潮流。许多餐饮企业都可以刷卡消费。当然,这样是为顾客提供方便,但同时也产生了刷卡的手续费,要由商家自己支付。但是,现在餐饮业2%的刷卡费率相对于超市、商场等零售行业的平均不高于0.8%手续费是比较高的。

四、折旧费

餐饮企业折旧费是一项经常性支出费用,因此要进行合理控制。一般来讲,餐饮企业折旧主要针对的是各种固定资产。例如空调最好是三年就需要更换,否则很可能产生的费用会超过其本身价值。

作为固定资产的营业设施,因为其寿命超过一年,其价值是在营业中一年一年逐年消耗的,需要进行折旧处理。又因为其收益也是逐年取得的,需要考虑货币的时间价值。

资产折旧额直接影响着企业的成本、利润、现金流量的多少,是一项很关键的财务数据。正确地计提固定资产折旧,是实现固定资产的价值补偿和实物更新,保证餐饮企业持续经营的必要条件。

折旧计算方法有许多种,会计报告中应该说明此报告究竟采用了哪些折旧方法,并且餐饮企业所使用的折旧方法必须相对稳定,不可随意更换不同方法。计提折旧的方法有直线折旧法、工作量法、年数总和法、余额递减法等。

(一)直线折旧法

最简单的折旧处理是直线折旧法,又称平均年限折旧法,是按照固定资产的可使用年限每年提取同等数量的折旧额。其计算公式为:

$$年折旧额 = \frac{固定资产原值 - 估计残值}{固定资产预计可使用年限}$$

例如某餐饮企业购入一台中式炊具,购入成本为8000元,运输安装成本500元,预计该设备可使用年限为10年,估计残值为500元。根据上面的公式,便能计算出每年折旧额应是:

$$年折旧额 = \frac{8500 - 500}{10} = 800 (元)$$

平均年限折旧法是假设固定资产在整个使用期间内各营业期的损耗完全一致,因此,计算出来的结果往往与实际情况有较大的差距,但是这种方法计算简单,餐饮业广泛使用。

（二）货币时间价值

固定资产的价值是在其寿命期中逐年消耗的，同时这种投资的回收也是在一段时间里逐年得到的，由于货币有时间价值，即不同年份所得到的收益价值不同，今天得到的10000元收益和一年后得到的5000元收益，尽管数额相同，但是它们的价值明显不同，因为如果将今天所得到的5000元存入银行或投资，在一年后它的价值至少是的5000元再加上一年利息额，这里的利息增值就体现了货币的时间价值。

为计算简便，假设投资回报是10%，以1000元本金连续存三次，即每存满一年后取出再次存入，各年的价值计算如下：

一年后价值：$1000\times(1+10\%)=1110$（元）。

二年后价值：$1000\times(1+10\%)\times(1+10\%)=100\times(1+10\%)^2=1210$（元）。

三年后价值：$1000\times(1+10\%)^3=1331$（元）。

五、有效控制停车费

（一）餐饮企业自有停车场

如果餐饮企业有自己的停车场，那么停车费管理比较简单，只需要安排保安员进行管理即可。

相关链接

停车场常见问题及其处理

餐饮企业门口停车，经常会发生一些摩擦、碰撞事件，还有小偷也在打车辆里面财物的主意，那么作为餐饮企业，需要做好各项应对措施。

（1）停车场出具的收款收据上应所示"车辆丢失风险自负，停车场概不负责"的声明，做出的风险警示（泊车风险警示是符合我国《消费者权益保护法》规定的。该法第十八条第一款规定："经营者应当保证其提供的商品或者服务符合保障人身、财产安全的要求。对可能危及人身、财产安全的商品和服务，应当向消费者做出真实的说明和明确的警示，并说明和标明正确使用商品或者接受服务的方法以及防止危害发生的方法。"据此规定，经营者不仅要提供安全的服务，而且对可能发生的危害要做出明确的警示，停车场经营者提示的"车主自负泊车风险"正是法律所需要的，经营者必须做出"风险警示"）。

（2）停车场入口应设立大型警示牌，此牌应相当醒目，让车主一眼就可以看见。内容可为提示其保管好贵重物品，特别是现金等以及"车辆丢失风险自负，停车场概不负责"的声明。

（3）咨询当地有关法律部门，了解发生此类事件应该怎样解决？有没有什么别的方法让餐饮企业的损失减少到最低？

（4）摄像头是否有必要安装在停车场里？如果安装，保安室与值班经理的办公室应该接入一个显示端。

（二）租用停车场

许多餐饮企业都是租用停车场来为客人提供停车服务的，因此需要支付租用停车场的费用。长期以来，就餐免费泊车一直是很多餐馆揽客的普遍招数。当然，多数免费泊车，其实是餐馆与停车场达成协议，由餐馆为顾客统一垫付停车费的。

因此餐饮企业在租用停车场时，一定要签订停车场租用合同。以下是某餐饮的停车场租用合同，仅供参考。

【范本】餐饮企业停车场租用合同

甲方：_____商业地产公司　　乙方：_____
法定代表人：_____　　　　　法定代表人：_____
住址：_____　　　　　　　　住址：_____
邮编：_____　　　　　　　　邮编：_____
联系电话：_____　　　　　　联系电话：_____

鉴于：

1. 乙方餐饮企业因规模扩大、顾客人数增多，因此需要更多停车位置，特向甲方租用停车用地。

2. 根据《中华人民共和国合同法》《中华人民共和国房屋出租条例》及其他有关法律、法规的规定，出租方和租借方在平等、自愿、协商一致的基础上就停车场租用事宜，双方经协商一致，达成停车场租用合同，合同如下：

第一条　租借方向出租方租借停车用地为____平方米，地点：_____。

第二条　交租方式由银行办理转账入户，账户为：_____。

第三条　出租金额应按月计算，而每月____日定为交租日期，租金为每月____元人民币，交租期限不得超于每月的____日。

第四条　租借方逾期付款，每逾期一日按____%计算利息。

第五条　乙方对其车辆自己行使保管责任。

第六条　乙方除了停放其车队的车辆外，还有权对外经营车辆保管业务。

第七条　乙方自行办理消防、公安、工商、税务等一切相关的法律手续。

第八条　乙方延迟两个月未交清租金，合同自动解除，甲方收回场地。

第九条　水电费由乙方自理。

第十条　租借方对该土地仅作停车用地使用，并没有出售权，在使用期间不得擅自改变土地用途。出租方不得在租借途中擅自改变土地使用或违约，否则要负责租借方的一切经济损失。

甲方（盖章）：_____　　乙方（盖章）：_____

法定代表人（签字）：_____　　法定代表人（签字）：_____

____年____月____日　　　　____年____月____日

签订地点：_____　　　　　　签订地点：_____

六、减少修缮费

餐饮企业的房屋需要修缮，由此会产生修缮费用。因此需要在平时注意保养，减少修缮次数，从而减少修缮的费用。

同时，在签订租赁合同时，要注意明确房屋修缮费用如何支付。注明所租房屋及其附属设施的自然损坏或其他属于出租方修缮范围的，出租人应负责修复。承租人发现房屋损坏，应及时报修，出租人在规定时间内修复。因承租人过错造成房屋及其附属设施损坏的，由承租人修复赔偿。

此外一定要爱护并合理使用房屋及附属设施，尽量不要私自拆改、扩建或增添，如果确实需变动的，必须征得出租人同意，并签订书面协议。

第五节　餐具损耗率控制

为规范餐具的日常使用，应进行表格化的量化控制与管理，减少餐具破损与无故流失，控制破损数量，最大化减少各种餐具破损所产生的费用。

一、职责划分及盘点规范

（1）根据班组划分或班组分工确认个人、班组、档口所有餐具负责人，根据班组设定的餐具统计量化表格对不同的岗位每日或每周、每月进行自盘点，以对所管理辖区的瓷器数量及破损情况摸底了解，并按规定表格进行记录，直接责任人和分管领导签字确认，对破损、丢失餐具的责任人进行明确认定，然后进行大盘点，并将盘点作为最终数量的盘点依据，建立餐具记录档案，详细记录餐具的名称、数量、增加、减少、破损、丢失等情况，以便进行有针对性的管理控制和扣罚。

(2) 楼面各班组、自助餐部门需根据自身管理的餐具类别的不同，设定不同的盘点表格，明确每个人或每个班组的责任人。根据班组规定及实际情况进行每个班组、每天上午或每周一的餐具盘点，每次盘点对盘亏或盘盈的餐具进行具体登记记录，并在餐饮企业盘点时对相应的责任人进行扣罚。当班组每月更换厅房负责人时，前后责任人要进行餐具的交接，签字确认厅房本月餐具的确切数量。

(3) 厨房各档口需根据餐具类别的不同，设定不同的盘点表格，明确每个档口的直接责任人和负责人，根据班组规定及实际情况进行每个班组、每天上午或每周一的餐具盘点，每次盘点对盘亏或盘盈的餐具进行具体的登记记录，并在月末餐饮企业盘点时对相应的责任人进行扣罚。

(4) 对餐饮部整体共用餐具情况按类别进行分类统计，并对每个类别的餐具在每周或每月进行初盘，每次盘点对盘亏或盘盈的餐具进行具体的登记记录，并将破损餐具落实到每个班组或具体责任人，进行日常的记录，在餐饮企业盘点时及时向管事部提供具体破损明细，对相应的责任人进行相应的扣罚。

(5) 掌握餐饮部整体餐具的分配情况，建立各厨房所有档口每月餐具明细，进行全面的管理调控，并根据各班组每月瓷器破损的统计和责任人、责任班组，结合大厦的盘点情况，进行相应的扣罚；对于新购置的新瓷器，管事部需每月及时统计汇总，异型盘需进行拍照留样，以便日后盘点顺利进行。

(6) 根据盘点要求，金银器及不锈钢餐具每月进行盘点，瓷器每季度进行盘点，由财务人员跟踪监督，每次盘点的实际数量将作为本班组下次盘点的基数，方便管理人员对班组餐具数量进行确切把控。

二、餐具运送及清洗

(1) 在收餐和运送时，需按配置的专业盛器进行盛放和运送，玻璃器皿与瓷器等需按类别及大小进行分开放置，严禁混放现象。

(2) 在托盘中摆放时，大的、重的放在里面，小的、轻的放在外面，严禁不合理的堆积，以免发生意外滑落、摔掉现象。

(3) 同类餐具尺寸大的放在下面，尺寸小的放在上面。

(4) 清洗时各种杯具要放在相应的杯筐中，小件餐具如大汤勺、小汤勺、筷子、筷架、刀叉等，放在平筐里进行清洗。

(5) 清洗餐（用）具操作中要做到操作轻，严禁野蛮操作。

(6) 对于各厅房负责的金银器除日常清洁外，需在每月月初进行保养护理。

(7) 服务员清洗自身负责的杯具等餐具时，要有良好的责任心，即冲洗即取回，减少破损，如有损坏，需照价赔偿。

三、餐具破损责任制

（一）洗碗间员工

洗碗间员工在洗刷餐具之前应先检查楼面撤回的餐具是否有破损，及时查找楼面当事人，并做好书面记录，由责任人、领班及楼面经理签字确认，月末由洗碗间负责人交管事部进行统计扣罚，经理人员签字后需将破损餐具挑出，当天交管事部存放，对于不影响当前使用的，需特别存放在管事部备急使用，同时避免再次使用时将破损重复统计。

（二）楼面员工

楼面员工在将刷洗干净的餐具取回厅房前，需对餐具进行检查，如果发现有破损餐具，应立即挑出，由洗碗间员工负责破损餐具的赔偿；若已将餐具送回到厅房，发现有破损，则由厅房负责人对破损餐具进行赔偿，流程同上，需加强楼面、洗碗间餐具交接的责任心。

（三）厨房各档口人员

厨房各档口人员到洗碗间取餐具时，需检查餐具是否破损，及时查找洗碗间当事人，并做好书面记录，由责任人及厨师长签字确认，月末由各档口负责人交管事部进行统计扣罚。双方人员签字后需将破损餐具挑出，当天交管事部存放，对于不影响当前使用的，需特别存放在管事部备急使用，同时避免再次使用时将破损重复统计。

（四）服务员

服务员传菜时和服务员服务时必须检查所取餐具是否有破损，如有破损则送回厨房，厨师长落实相关档口责任人，由责任人、厨师长和楼面经理签字确认，当天交管事部存放，其他程序同上。

（五）相互监督

各环节需按规定进行日常监督，如因监管检查不严而使该餐具流入到本岗位，在不能确认上一环节责任人的前提下，视为自身责任。各环节发现者如发现具体责任人，需按以上程序填写相应单据确认统计，避免责任转移。

（六）送餐、出借餐用具等情况

如有送餐、出借餐用具等情况时，需准确填写"送餐餐具登记表"，一式两联，双方核定并签字确认。餐具回收时，回收人需认真核对登记记录，如有餐具短缺等情况时，需在第一时间向当值管理人员汇报，并签字确认。

送餐记录表

日　期：

接单人	下单时间	送餐人	送达时间	送餐客房确认
收餐人	收餐时间	餐具确认： 齐 □ 否 □	收餐客房确认	领班/主管确认
餐具名称	数　　量	餐具名称	数　　量	
备注：				

四、制定餐具赔偿及处罚标准

（1）各区域员工自己打破的餐具，由该员工自己赔偿，领班或其他班组人员发现要立即填写"餐具破损记录"，让当事人签字确认，以便月末统一扣罚，程序同上。

（2）对于客人打破的餐具，开具相应的单据，由客人进行当餐赔偿，由楼层领班做好统计工作并将赔偿底联单两天内交管事部，以便正确统计餐具数量，避免作为丢失重复统计。

（3）员工打破餐具不如实做记录或私自处理者，按餐具价格的十倍进行惩罚性罚款。

（4）对于某一个环节的瓷器发现破损后又无法确定责任人时，由一方的全体员工或双方全部员工按同等比例共同承担赔偿。

（5）各班组餐具如有具体责任人的，破损或丢失后由直接责任人负责全额赔偿，如属于班组公用餐具，破损或丢失后的赔偿由班组所有人员共同承担。

（6）各班组需严格按餐具类别使用餐具，不得领取、使用其他班组餐具，如在本区域内发现其他区域所属餐具，则直接对该区域负责人进行处罚，三次以上者进行部门内部通报批评。

（7）对于各档口的餐具如无相应数量的破损记录，在核对总数时出现无故消失的情况，该餐具由厨房相应档口全体员工和各级管理人员、洗碗间人员两方总人数按人均共同承担，其中试用期和实习期员工系数为0.8，正常员工为1，其他管理人员为1.2。

（8）对于新餐具损坏经共同鉴定不影响使用的不予赔偿，彻底损坏或丢失的需进行100%的赔偿；对于三年以上的老瓷器如在瓷器破损率之内，个人损坏不影响使用的，不予赔偿，彻底损坏不能使用的按进价的50%对直接责任人进行扣罚，如无责任人则计入部门破损；如当月超出规定破损率，老瓷器的破损全部按进价100%进行赔偿；老餐具如无故消失，则由相应的班组总人数按人均进价100%赔偿。

（9）所有赔偿单据经相关人员签字后统一汇总至管事部，由管事部按月度、班组的不同进行存档处理，存档时间不得少于一年。

第六节　外包业务费用控制

一、员工招聘外包

小型餐饮企业没有专门的人力资源部，往往员工招聘直接由经营者亲自负责。如果是大型的餐饮企业，则会有专门人员负责员工招聘。不过，现在许多公司往往采取招聘外包，将招聘人员要求提供给招聘公司，然后由招聘公司负责员工招聘。

（一）招聘外包服务公司

现在有专门的为餐饮服务业提供招聘外包服务的公司，负责餐饮行业员工的招聘。

正规的招聘外包服务公司拥有精通餐饮行业的招聘顾问与强大的执行顾问团队，以及高效的复合式招聘工具，能够为客户量身定做全方位的整合招聘解决方案，让客户享受质量、成本、服务和速度四个方面的优势，迅速填补空缺职位，改善招聘质量，从而提高生产力和业绩。

（二）委托招聘的方法

1.委托招聘的定义

委托招聘是指企业将自己的招聘业务部分或者全部地通过协议的方式委托给招聘服务公司。一般来讲，委托招聘根据委托周期分一个月内的"短期"、半年内的"中期"和一年内的"长期"三种服务方式。根据服务内容可以分为"半委托"和"全委托"两个大类。

2.委托招聘收费

委托招聘中，招聘服务公司为客户提供招聘信息发布、简历接收、简历筛选、初试通知、初试和评估、提交候选名单、协助安排复试等系列化、可选择的服务内容，客户可以根据自身需要及业务深度，自由选择并决定招聘服务公司在招聘业务中参与的程度。这个程度也决定了招聘服务公司付出的成本和服务收费金额高低。

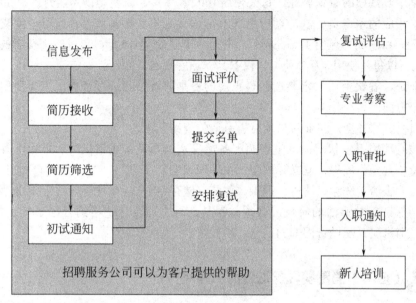

招聘服务公司招聘流程

招聘服务公司将每个岗位招聘人数不超过三名的业务划分为"委托代理"，而将每个岗位招聘人数超过三人的业务称为"批量招聘"。

3. 委托招聘好处

委托招聘的好处是专业把关、简化业务、降低风险、对应迅捷。

餐饮企业可以放心地将部分流程交给招聘服务公司来处理，而让人力资源部门得以集中精力在关注人力利用效率、提高绩效、促进员工发展、团队稳定性和文化传承等核心业务上，摆脱无休止单纯招聘的困扰，在最短时间内提供用人保障，降低待岗产生的隐性成本。

> **特别提示**
>
> 对于招聘外包的费用，如果不是特别需要，其实是可以省的。最简单的方法就是在餐饮企业门口贴上简单的一张招聘启事。如果觉得没有许多人关注，那么可以在网络上发布招聘信息，现在如赶集网、58同城等许多网站都可以免费发布。

二、餐具清洁外包

如今,许多餐饮企业都是使用餐具消毒企业提供的餐具,可以省去许多成本。例如某中等规模的餐饮企业,每天使用1000套餐具,需要聘请两名月薪1000元的工人,相应的水电费、洗洁剂费用在2000多元。不计餐具成本,每月就要支出近4000元。将餐具外包给消毒公司后,每套餐具进价为0.5元,提供给消费者的价格是1元,以每月使用3万套计算,仅餐具一项就获利1.5万元。

但是,餐饮企业一定要选择与正规的餐具消毒企业进行合作,主要表现在以下几个方面。

(1)证照齐全,从业人员均持有有效的健康证明。

(2)环境卫生状况,卫生设施配备情况及消毒设备正常运转和使用,餐具清洗消毒符合操作规程,建立并健全卫生管理制度。

(3)去渣、洗涤、清洗、消毒、包装、储存整个操作流程符合卫生标准要求。

为保证餐具清洁的质量,必须与餐具消毒企业签订严格的合同来加以控制,以下是消毒餐具配送合同书的范本,供参考。

【范本】消毒餐具配送合同书

餐馆饭店(甲方):_____

消毒公司(乙方):_____

本着一切为顾客服务和为顾客健康着想,以及双方互利互惠的原则,经甲乙双方协商达成如下协议。

一、甲方责任

1.应遵守政府部门、卫生部门、食品监督管理部门的相关法律法规,配合乙方做好消毒碗的使用、管理等工作。

2.甲方必须与乙方收送员配合,签收送货数、收货数,做到数据准确,便于双方结算服务费。

3.在出现因餐具质量问题或因消毒餐具产生客诉的情况下,甲方应第一时间本着为双方利益着想的原则积极配合处理问题,尽量减少双方损失。

二、乙方责任

1.遵守国家现行涉及餐具消毒的法律法规,接受卫生部门及相关部门的监督和管理。

2.保证消毒餐具卫生质量必须达标。如有质量不达标的问题给甲方造成的任何损失,则由乙方全权负责,甲方有权自动终止合同。

特别提示如下。

（1）相关执法部门在消毒餐具卫生质量上查处、罚款等相关事宜发生时，乙方必须积极配合，全权负责。

（2）若乙方提供的消毒餐具甲方重复使用，乙方有权替执法部门处罚甲方，并视甲方违约，乙方有权自动终止合同。

（3）在执法部门明确消毒餐具卫生质量不达标处分结果后，乙方务必在五个工作日内上交罚款等，否则，一切后果由乙方承担。

（4）执法部门处罚罚款由乙方现金支付，不得用月结服务费抵消。

3.乙方向甲方及时提供相关部门的相关资料复印件，以便作为推广使用消毒碗具的宣传和依据。

4.如因乙方消毒餐具质量问题造成甲方荣誉受损时，乙方将积极配合甲方挽回荣誉，否则向甲方赔偿荣誉受损费，赔偿金额为执法部门对甲方的处罚金的5倍，甲方有权自动终止合同。

5.提供优质服务，树立"质量第一、服务第一"的思想，从而达到顾客满意的效果。

6.负责消毒碗的收送、盘底、清查、复核和结算工作。

7.因甲方停业、转业时与乙方人员联系，结退餐具，结付费款，凭乙方站点负责人认证，签字废止合同。

三、品种数量

根据甲方需要，乙方提供消毒餐具品名＿＿＿＿＿＿＿＿＿＿。

四、费用收取标准

根据甲乙双方协商，乙方向甲方收取服务费＿＿＿＿＿＿＿＿＿＿。

五、结算方式

月结，即每月结算一次，每月初1日为结算对账时间，根据上月实际用量，每月10日核实结付。由甲方委派专职人员凭双方签字认可收送单结付。

六、合同期内，不允许单方面终止合同，一方未经另一方同意终止合同的行为视为违约，按本合同第七款执行，自动终止合同的情况除外。

七、本合同经签字生效后，双方有违反本合同条款者均为违约行为，被违约方除执行合同相应条款外，有权向违约方收取本合同合同期内预计金额15%的违约金，即（日供餐具产生的费用×合同第九款的时间天数）×15%。

八、以上合同一式两份，双方各执一份。其他未尽事宜双方友好协商解决。一经双方签字，具有法律效力。合同期满经双方协商甲方可优先续约。

九、合同有效时间期限为＿＿＿年＿＿＿月＿＿＿日至＿＿＿年＿＿＿月＿＿＿日。

甲方（盖章）：　　　　　　　　乙方（盖章）：

法定代表人：　　　　　　　　　法定代表人：
委托代理人：　　　　　　　　　委托代理人：
地　　址：　　　　　　　　　　地　　址：
联系电话：　　　　　　　　　　联系电话：
签订时间：　　年　　月　　日　签订时间：　　年　　月　　日

第七章
餐饮企业成本核算

引言

没有正确、完整的会计核算材料,餐饮企业财务管理的决策、计划、管理、控制、分析就无从谈起,只有以核算方法、核算结果为根据,科学地进行成本核算,了解成本的状况,从而进行科学的管理,降低经营成本,才能达到使企业提高经济效益的目的。

第一节　成本核算的基础

一、餐饮成本核算的意义

餐饮成本核算具有下图所示意义。

意义一：通过成本核算，可以计算出产品实际成本，可以作为生产耗费的补偿尺度，可以确定企业盈利的依据，便于有关部门制定产品价格和企业编制财务成本报表的依据

意义二：通过产品成本核算，反映和监督各项消耗定额及成本计划的执行情况，可以控制生产过程中人力、物力和财力的耗费，从而做到增产节约、增收节支。同时，利用成本核算资料，开展对比分析，还可以查明企业生产经营的成绩和缺点，从而采取措施，改善经营管理，促使企业进一步降低产品成本

意义三：通过对产品成本的核算，还可以反映和监督在产品占用资金的增减变动及结存情况，为加强产品资金的管理、提高资金周转速度和节约有效地使用资金提供资料

意义四：通过产品成本的核算计算出的产品实际成本资料，可与产品的计划成本、定额成本或标准成本等指标进行对比，除可对产品成本升降的原因进行分析外，还可据此对产品的计划成本、定额成本或标准成本进行适当的修改，使其更加接近实际

餐饮成本核算的意义

二、成本核算基本事项

（一）餐饮成本核算类别

餐饮成本核算分为厨房核算和会计成本核算两个方面。

1. 厨房核算

厨房核算主要是指为厨房生产和产品定价服务，控制厨房实际成本消耗，同时为会计成本核算提供基础数据。

2. 会计成本核算

会计成本核算主要从会计专业化管理角度核算各餐厅和企业餐饮成本消耗及

成本率,控制餐厅和企业成本,同时为企业餐饮经营者和高层领导提供决策依据。

(二)基本事项

厨房核算和会计成本核算必须做好成本核算的基本事项,主要包括三个方面的内容。

1. 成本核算原始记录

原始记录也可叫原始凭证,是成本核算的依据。正确进行成本核算,必须建立原始记录制度并予以详细记录,如采购、储存、发料及生产销售等各个环节都要做好原始记录,并一式几份,以便完成记账、对账、查账等财务工作。

原始记录主要包括原料进货发票、领料单、转账单、库存单、原料耗损报告单、生产成本记录表、生产日报等。

2. 成本核算计量工具

厨房为准确计量各种食品原料的采购、领取、销售等各个环节原料消耗,必须配备必要的计量工具。成本核算计量工具主要有三种:

(1)台秤,用于大宗食品原料计量,如米、面、肉、青菜等;

(2)天平秤或电子秤,用于贵重或小宗食品原料计量,如鱼翅、奶油等;

(3)量杯或量筒,用于调味品原料计量,如油、黄酒等。

> **特别提示**
>
> 在日常工作中,应根据不同食品原料适当使用不同规格的计量工具,以便准确计量、准确核算。

3. 成本核算数据处理

餐饮成本核算是通过原料计量、计价和单位成本来计算实际成本的,其数据处理要正确,以便为成本控制提供客观依据。在餐饮产品成本核算过程中,其数据处理有三种形式,具体如下表所示。

成本核算数据处理

序号	形式	说明	备注
1	有效数据	以实测或原始记录为依据所提供的数据,比较准确	在餐饮成本核算中,一般不得采用估计数据。如果必须采用估计数据时,也应以过去的实测为准,以保证成本核算数据的准确性和有效性

续表

序号	形式	说明	备注
2	尾数处理	（1）质量尾数处理一般到克为止，克以下的质量单位采用四舍五入法，进到克为止，然后按原料单价核算成本 （2）价值量尾数处理一般到分为止，分以下的成本尾数采用四舍五入法，进到分为止	（1）如果是特别贵重的食品原料，也可用毫克为尾数单位 （2）在产品定价时，如果价格较高，其尾数也可到角为止，角以下的价值量单位采用四舍五入法处理
3	成本误差	（1）绝对误差是实际值和标准值的差额，用绝对数表示 （2）相对误差是绝对误差和标准值之间的比率，用相对数表示	

特别提示

在成本核算中，必须保证核算制度统一，方法一致，计算准确，不重复、不遗漏，以保证数据的可比性和可用性。

三、成本核算方法分类

餐饮产品品种繁多，在核算时应根据厨房产品生产方式及花色品种不同，采用不同的核算方法，从而提高成本核算的准确性和科学性。

（一）顺序结转法

顺序结转法是根据生产加工中用料的先后顺序逐步核算成本，适用于分步加工、最后烹制的餐饮产品。

在餐饮管理中，大多数热菜食品都采用分步加工，其成本核算方法是将产品的每一生产步骤作为成本核算对象，依次将上一步成本转入到下一步成本核算中，顺序类推便计算出餐饮产品总成本。

（二）平行结转法

平行结转法主要适用于批量生产的产品成本核算，它和顺序结转法又有区别。生产过程中，批量产品的食品原料成本是平行发生的。原料加工一般一步到位，形成净料或直接使用的食品原料。

这时，只要将各种原料成本相加，即可得到产品成本。如冷荤中的酱牛肉、酱猪肝；面点中的馅料食品，如三鲜馅的饺子、包子等。

> **特别提示**
>
> 这些食品在加工过程中,其各种原料成本是平行发生的,只要将各种同时发生的原料成本汇总,即可得到产品总成本和单位成本。

(三)订单核算法

订单核算法是按着客人的订单来核算产品成本,主要适用于会议、团队、宴会等大型餐饮活动。这些类型的客人用餐事先都会预订,且用餐标准十分明确。

在成本核算时,首先必须根据订餐标准和用餐人数确定餐费收入,然后根据预订标准高低确定毛利率高低,计算出一餐或一天的可容成本,最后在可容成本的开支范围内组织生产,而这一过程都是以订单为基础和前提的。

(四)分类核算法

分类核算法主要适用于餐饮核算员和餐饮成本会计的成本核算。如成本核算员每天核算成本消耗,先要将各种单据按餐厅和厨房分类,然后在每一个厨房或餐厅内将成本单据按食品和饮料分类,再按食品原料种类分类记账,最后才能核算出每个餐厅或厨房的各类成本。

此外,在月、季成本核算中还可以分别核算出蔬菜、肉类、鱼类成本或冷菜、热菜、面点、汤类等不同种类的成本。

四、餐饮业成本核算要点

(一)确定目标成本率和综合成本率

餐饮企业根据餐厅所处的地理位置和自身特点,以及当地市场的消费对象,制定相应的目标销售市场,然后按消费者的特点,确定餐饮目标分类成本率和综合成本率。例如目标销售市场是高档客人,其综合成本率应控制在30%~40%之间,确定的目标销售市场是中档或低档客人,其综合成本率应控制在40%~60%之间。

(二)要加强日常核算,控制目标成本率

酒店目标成本率确定以后,则必须加强日常成本核算,及时检查和监督实际成本是否偏离目标成本,如果偏离目标成本,要查出原因,及时采取相应措施给予调整。

日常成本核算的主要程序如下。

(1)厨房当天需要直接采购领用的原料(蔬菜、肉食、家禽、水果、水产品、海鲜)必须在前一天下午补货的,必须在当天中午以前,由厨房填制"市场物料

申购单",经厨师长审核后,一联交采购员按照要求组织进货,一联交收货组按采购单上的数量、质量要求验收,并由餐饮部派厨师监督验收质量,如有不符合要求,必须当天提出退货或补货。验收合格后填写"收货单",每天营业终后加计"收货单",填制"厨房原料购入汇总表"。

(2)厨房到仓库领用的原料(干货、调味品、食品等),由各厨房根据当天的需要填制"仓库领用单",报厨师长审批后,凭单到仓库领取,仓库保管员审核手续齐全后,按单发货,每天营业结束后加计"仓库领用单",填报"餐饮原料领用汇总表"。

(3)每天营业结束后由各厨房领班对存余的原料、调料、半成品进行一次盘点,并填制"厨房原料盘存日报表",由厨师长审核后进行汇总。

(4)餐厅各吧台酒水员每天营业结束后根据"仓库领料单"和"酒水销售单",填制"酒水进销存日报表"。

(5)财务日审员(各公司岗位设置可能不同),填制"餐饮营业收入日报表"和"餐饮优惠折扣日报表"。

(6)成本核算员根据"餐饮营业收入日报表""餐饮优惠折扣日报表""厨房原料购入汇总日报表""厨房原料领用汇总日报表""厨房原料盘存日报表""餐饮吧台酒水进销存日报表"汇总计算填制"餐饮成本日报表",于第二天上午9点以前上报财务部经理、餐厅经理及厨师长。

(三)一定要做好成本分析,堵塞浪费现象

成本核算员计算出"餐饮成本日报表"后,分析餐饮各类营业实际成本率(食品、酒水、香烟、海鲜等)是否与酒店确定的目标分类成本率相符,如有偏差,应及时找出原因,并提出解决办法。如因菜肴配料不准而引起成本率较高,应做好出访配料计量的监督和复核。如因原料进价变动引起成本率偏高,应查明原料进价变动是否正常,如正常,应及时调整菜价。如原料存货盘点不准和半成品计价有误,应及时纠正,制定正确的半成品计价标准。如人为原因造成原料的损耗和浪费,引起成本率偏高,应对责任人给予适当处罚。同时对厨房的存货情况进行分析,对存量较大、存储时间较长的原料要建议厨房少进或不进,对保鲜期较短的原料要建议厨房勤进快销。每周写出餐饮成本分析报告。

每周召开一次成本分析会议,由采购员、厨师长、成本核算员、餐饮经理、财务经理参加。汇报在原料采购、使用过程中存在的问题,在成本核算和控制中需要完善和加强的地方。对餐饮日常成本的控制和核算,可以合理控制进货,防止原料的积压和浪费,提高原料的利用率和新鲜度。防止厨师配"人情菜",真正做到货真价实。同时可以及时发现问题,堵塞漏洞,减少浪费,杜绝不正之风,增加效益。

五、餐饮成本核算流程

餐饮行业由于经营的特殊性：品种多、数量小、进出频繁、原料使用随意等，因此，给成本核算带来较大的挑战，如果核算中没有一定的程序来进行控制，就会出现漏记或重复计入成本，造成成本偏差过大，对决策造成误导或失误。

餐饮成本核算流程如下。

（1）每天对采购价格及采购物品品种和数量进行审核，在此过程中对于审批时间问题进行解决，对于部分物品经财务审批后，采购部即可以订货，但对于价值大的物品，必须经总经理审批或授权后方可订货，具体由总经理授权来定。

（2）每日将收货部填写的收货日报审核后，根据每日收货单所记载的情况，分别按直拨单和入库单，直接记入各厨房的成本中和作为库房的入库。

（3）根据每日收货单的单价变化与以前年度、月度和近期进行对比，发现差异较大时，须及时通知餐饮经理、行政总厨、审计防损员等。

（4）每日根据库房的领料单，将各厨房领料记入各厨房的成本中，同时对是否合理领用进行监督，及时防止厨房各部不正常耗用和不正常使用。

（5）每日根据各厨房、餐厅的直接收货单、出库单、各厨房之间的转拨单，计算、打印各餐厅每日成本报告，送总厨。如成本过高，应及时通知餐饮经理、行政总厨，并商量对策，对成本进行控制。

（6）每日审核由前台收款送来的高级员工用餐单和高级员工接待单，审核后送总监进一步审核，不符合餐厅规定的用餐单和接待单应退回并转应收个人收款。

每日将审核后的高级员工用餐单和接待单所记金额乘上月成本率，将这部分成本从各餐厅的成本中减出，以保证各餐厅成本的真实性。

（7）所有领导用餐及招待活动一般按菜的标准成本来核算，若依据食品售价核算则按销售额的38%计算招待成本。

（8）每月底到各厨房、酒吧进行盘点，如实反映期末资产，保证成本的准确性。

（9）餐饮各道菜必须制定标准成本，并制作食品成本卡，食品成本卡制作完之后，须由行政总厨签字确认。

（10）汇总高级员工用餐单和接待单，将各部门所花费用做转账凭证记入各部门的费用中。

（11）月底将各餐厅领料单金额和明细账进行核对，无误后做转账凭证送会计部，每月直接入厨房的明细和入库金额与应付款核对。

（12）餐厅从食品库领用的咖啡、茶叶月底转入饮品成本，再将领用的早餐自助餐饮料在月底转入食品成本。

（13）每月根据直接采购的领料，从库房所领的食品材料的所记金额减去折扣，减去高级员工用餐和高级员工接待用餐的成本、各厨房的期末在产，加上饮品转入食品后用料，加上厨房领用酒金额，再减去食品转入饮品的用料，便得到各餐厅的成本，每月出成本报告。

（14）调酒部分所有用以调酒用的酒水计入调酒成本，以调酒品种收入总额确定收入，以此计算调酒销售成本率，对其成本率进行控制。另外，需对调酒配料消耗量同标准配料进行对比。

（15）餐厅每半年进行一次低值易耗品的盘点，将餐厅的餐具、瓷器、玻璃器皿、银器、棉织品彻底盘点。根据期末金额来计算低值易耗品的消耗成本。

（16）餐饮物料管理主要是针对日常使用物品的管理，每月5日之前进行物料报损，物料报损单需一式三联，报损由财务部、资产管理部门、餐饮共同确定，对于达不到报损要求的不予报损。

第二节　餐饮原料成本核算

一、原料成本组成要素

原料成本由主料、配料、调料三个要素构成。
（1）主料，是指构成各个具体品种的主要原料，通常是指肉料。
（2）配料，是指构成各个具体品种的辅助原料，通常是指植物类的原料。
（3）调料，是指烹制品种的各种调味料。
主配料的差别是餐饮行业约定俗成的，不一定是量上的区别。

> **特别提示**
>
> 虽然原料成本的构成因素只有三个，但由于食品原料范围非常大，原料来源不同，特点和味性也不同，要认识每一种原料的特点和味性不是容易的事。

二、原料相关知识

（一）毛料

毛料，是指未经加工处理的食品原料，即是原料采购回来的市场形态。有些原料本身是半成品，但对餐饮企业来说，采购回来还只是市场状态，因为这些原料半成品还需要经过加工才能参与配菜，一旦经过加工后，其原料成本已经发生变化（有时尽管这种变化不是很大）。

（二）净料

净料，是指经加工后、可用来搭配和烹制品种的半成品。所有原料采购回来，都必须经过加工（如清洗、刀工处理、热处理），就算是一些本身已经是半成品的原料，也要经相应的处理，如鲅鱼罐头，开罐后倒出也存在着一种成本变化问题。

（三）净料成本

净料成本，是指由毛料经加工处理后成为净料的成本变化，又称为起货成本。

（四）净料率

净料率，是指净料重量占毛料重量的百分比，又称为起货成率。

净料率是指食品原料在初步加工后的可用部分的重量占加工前原料总重量的比率，它是表明原料利用程度的指标，其计算公式为：

净料率＝加工后可用原料重量÷加工前原料总重量×100%

在原料品质一定，同时在加工方法和技术水平一定的条件下，食品原料在加工前后的重量变化，是有一定的规律可循的。因此，净料率对成本的核算、食品原料利用状况分析及其采购、库存数量等方面，都有着很大的实际作用。

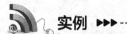

某餐饮企业购入带骨羊肉16.00千克，经初步加工处理后剔出骨头4.00千克，求羊肉的净料率。

羊肉的净料率＝加工后可用原料重量÷加工前原料总重量×100%
＝（16.00－4.00）÷16.00×100%
＝75.00%

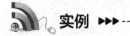

某餐饮企业购入黑木耳3.00千克，经涨发后得水发黑木耳8.50千克，但从涨发耗得黑木耳中拣洗出不合格得黑木耳和污物0.20千克，求黑木耳的净料率。

黑木耳的净料率＝加工后可用原料重量÷加工前原料总重量×100%
＝（8.50－0.20）÷3.00×100%
＝276.67%

三、影响净料率的因素

净料成本核算是品种成本核算的基础,影响净料成本的因素:
(1)进货的价格,原料的采购价格高低直接决定了起货成本的高低;
(2)进货质量,进货质量不好,也会影响到起货成本的高低。

 实例 ▶▶▶

例如采购回来的菜心质量不好,剪成菜远后只有100克,而按照正常的起货率计,每500克的菜心剪成菜远应该有150克,这在无形中就影响了净料率,虽然是同种的原料,但产地不同,其净料率也会不同。

四、净料成本的计算公式

大部分采购回来的食品原料经过加工后都会有净料成本的变化,这样其单位成本也发生了变化,所以必须要进行净料成本的核算,其核算公式如下。

$$净料成本=(毛料总值-副料总值)\div 净料率$$

公式说明:

毛料总值是指采购回来的食品原料的市场形态。副料总值是指对毛料加工后剔除出来的原料还可以作为其他用途的部分。

例如,毛鸡经宰杀后,剔除出来的鸡血、鸡肾、鸡肠还可作为其他用途的,应另计算。净料率一般都有行业约定俗成的百分比。

特别提示

这个公式是计算所有食品原料的净料成本的基本公式。根据原料的加工方式和用途不同,这个公式的运用可分为一料一用,一料多用等,所有的分类计算是这个公式的变通。

五、一料一档成本核算

一种原料经过加工处理后只有一种净料,下脚料已无法利用。其成本核算是以毛料价值为基础,直接核算净料成本,其计算公式如下。

$$净料成本=毛料总值\div 净料率$$

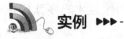 **实例** ▶▶▶

菜心每500克的进货价格是1元,每500克的菜心改成菜远是125克,求每500克菜心的净料成本。

生菜胆净料成本=1元÷(125克÷500克)=4元。

每500克菜远的起货成本是4元。

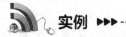 **实例** ▶▶▶

某餐饮企业购入原料甲15.00千克,进价5.70元/千克。经初步加工处理后得净料11.25千克,下脚料没有任何利用价值,求原料甲的净料成本。

根据净料成本的计算公式,原料甲的净料成本如下。

原料甲的净料成本=毛料进价总值÷净料总重量
= 15.00×5.70÷11.25
= 7.60(元/千克)

如果毛料经初步加工处理后,除得到净料外,尚有可以利用的下脚料,则在计算净料成本时,应先在毛料总值中减去下脚料的价值,其计算公式如下。

净料成本=(毛料进价总值–下脚料价值)÷净料总重量

实例 ▶▶▶

某餐饮企业购入原料乙10.00千克,进价6.80元/千克。经初步加工处理后得净料7.50千克,下脚料1.00千克,单价为2.00元/千克,废料1.50千克,没有任何利用价值。求原料乙的净料成本。

根据净料成本的计算公式,原料乙的净料成本如下。

原料乙的净料成本=(毛料进价总值–下脚料价值)÷净料总重量
= [(10.00×6.80)–(1.00×2.00)]÷7.50
= 8.80(元/千克)

六、一料多档成本核算

一种原料经加工处理后可以得到两种以上的净料或半成品。这时,要分别核算不同档次的原料成本。食品原料加工处理形成不同的档次后,各档原料的价值是不相同的。为此,要分别确定不同档次的原料的价值比率,然后才能核算其分档原料成本。其核算公式如下。

分档原料单位成本=毛料价格×毛料重量×各档原料价值比率÷各档净料重量

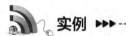

实例 ▶▶▶

猪腿10千克,单价为30元/千克,共计300元,经拆卸分档,得到精肉6千克,肥膘2千克,肉皮1千克,筒骨1千克,各档原料其价值比率分别为64%、19%、11%、6%。请核算各档原料单位成本

精肉单位成本=(300×64%)÷6=32(元/千克)

肥膘单位成本=(300×19%)÷2=23.5(元/千克)

肉皮单位成本=(300×11%)÷1=33(元/千克)

筒骨单位成本=(300×6%)÷1=18(元/千克)

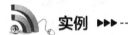

实例 ▶▶▶

某餐饮企业购入鲜鱼60.00千克,进价为9.60元/千克,根据菜肴烹制需要进行宰杀、剖洗分档后,得净鱼52.50千克,其中鱼头17.50千克,鱼中段22.50千克,鱼尾12.50千克,鱼鳞、内脏等废料7.50千克,没有利用价值。根据各档净料的质量及烹调用途,该餐饮企业确定鱼头总值应占毛料总值的35.00%,鱼中段占45.00%,鱼尾占20.00%,求鱼头、鱼中段、鱼尾的净料成本。

鲜鱼进价总值=60.00×9.60=576.00(元)

鱼头的净料成本=(鲜鱼进价总值−鱼中段、鱼尾占毛料总值

之和)÷鱼头净料总重量

=[576.00−(576.00×45.00%+576.00×20.00%)]÷17.50

=201.60÷17.50

=11.52(元/千克)

鱼中段的净料成本=(鲜鱼进价总值−鱼头、鱼尾占毛料总值

之和)÷鱼中段净料总重量

=[576.00−(576.00×35.00%+576.00×20.00%)]÷17.50

=259.20÷22.50

=11.52(元/千克)

鱼尾的净料成本=（鲜鱼进价总值−鱼头、鱼中段占毛料总值
　　　　　　之和）÷鱼尾净料总重量
　　　　　　=[576.00−（576.00×35.00%+576.00×45.00%）]÷17.50
　　　　　　=115.20÷12.50
　　　　　　=9.22（元/千克）

分档定价后，鱼头的净料总值为201.60元（11.52元/千克×17.5千克），鱼中段的净料总值为259.20元（11.52元/千克×22.50千克），鱼尾的净料总值为115.20元（9.22元/千克×12.50千克），平均的净料成本为10.97元/千克。

七、半成品成本核算

半成品成本核算是指经过制馅处理或热处理后的半成品，如虾胶、鱼胶等。半成品成本核算的公式如下。

　　　　半成品成本=（毛料总值−副料总值+调味成本）÷净料率

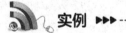

每500g鱼肉的进货价格是8元，制作鱼胶的调味料成本是1元，由鱼肉制作成鱼胶的净料率是95%，无副料值，求鱼胶的净料成本。

　　　　鱼胶净料成本=（8元+1元）÷95%≈9.47元

每500g鱼胶的净料成本是9.47元。

已知干鱼白每500g的进价是100元，经过涨发后的净料率是450%，其中耗油约300克，每500克食用油的价格是8元，求涨发后的鳝肚净料成本。

　　　　耗油成本=（300克÷500克）×8元=4.8元
　　　　鳝肚净料成本=（100元+4.8元）÷450%≈23.30元

每500克鱼白净料成本是23.30元

> **特别提示**
>
> 在计算半成品净料成本时,关键是净料率的测定,净料率最好是通过实际的测定。

八、调味成本核算

调味成本核算方法有两种:一种是计量法,也是传统做法;另一种是估算法,也是现代较流行的做法。

计量法就是根据使用多少量的调味料,按照每500克的进价来计算实际的调味成本。这种计算办法由于比较烦琐,在实际使用过程中较少使用。

最多使用的是估算法,即根据企业本身的实际情况,计算出每种销售规格的平均调味成本。

> **特别提示**
>
> 估算法适用于一般的品种成本核算。如果是一些特别的品种(特别是高档的品种),应该使用计量法,这样才能准确算出调味成本。

第三节 餐饮产品成本核算

一、餐饮产品成本核算方法

(一)餐饮产品成本核算方法

餐饮产品成本核算方法,主要包括先分后总法和先总后分法两种。其中,先分后总法适用于单件制作的菜点的成本的计算。先总后分法适用于成批产品的成本核算。

(二)单件产品成本核算方法

单件产品成本核算,采用先分后总法。随机选择产品抽样,测订单件产品实际成本消耗。根据抽样测定结果,计算成本误差。填写抽样成本核算报表,分析原因,提出改进措施。

 **实例** ▶▶▶

"碧绿鲜带子",鲜带子每500克的进价是25元,净料率是95%,用量是150克,西兰花每500克的进价是3元,净料率是65%,用量是200克,调味料成本是1元,求该品种成本。

鲜带子净成本=(25元÷95%)×(150克÷500克)≈7.89元
西兰花净成本=(3元÷65%)×(200克÷500克)≈1.80元
原料总成本=7.89元+1.80元+1元=10.69元

"西兰花带子"的原料总成本是10.69元。

这是一个较标准的品种成本核算,即是将各种主料、配料的每500克净成本乘以用量,然后按照品种标准成本配置(无论有多少种主配料),相加到一起就是该品种的原料总成本。

(三)批量产品成本核算方法

批量产品成本核算是根据一批产品的生产数量和各种原料实际消耗进行的。批量产品成本核算采用先总后分法,其计算公式为:

单位产品成本=本批产品所耗用的原料总成本÷产品数量

其成本核算方法包括三个步骤:

(1)根据实际生产耗用,核算本批产品各种原料成本和单位产品成本;
(2)比较单位产品实际成本和标准成本,计算成本误差;
(3)填写生产成本记录表。若成本误差较大,应分析原因,采取控制措施,如凉菜、点心等。

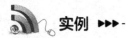 **实例** ▶▶▶

猪肉包子60个,用料:面粉1千克,进价为4元/千克;猪肉500克,单价为30元/千克;酱油150克,单价为5元;味精3克,葱末50克,姜末5克,作价1元,猪肉包子的单位成本。

每个猪肉包子成本=(4×1+30×0.5+5×0.15+1)÷60≈0.35(元)

二、宴会成本核算

(一)根据宴会实际成本计算宴会成本

在掌握单一产品成本计算方法以后,计算宴会产品实际成本的方法是:将组成宴会的各种原料成本相加，其总值即为该宴会产品的成本，用公式可表示为：

宴会成本=宴会产品（1）成本+宴会产品（2）成本+宴会产品（N）成本

某宴会由四类产品组成，其中A组产品，主料成本240元，辅料成本80元。B组产品，用面粉5000克，（每千克成本2.4元），黄油800克（每千克成本28元），其他辅料成本为40元。C组产品，用熟苹果馅3000克（已知苹果进价每千克5元），熟品率为60%，其他原料成本共计85元。D组产品成本为200元，试求此宴会的产品成本。

计算：（1）分别计算各组产品成本

　　　　A组产品成本=240+80=320（元）

　　　　B组产品成本=2.4×5+28×0.8+40=22+40=74.4（元）

　　　　C组产品成本=5×3÷60%+85=110（元）

　　　　D组产品成本=200元

（2）求宴会产品总成本

　　　　宴会产品总成本=320+74.4+110+200=704.4（元）

此宴会产品的总成本为704.4元。

（二）根据客人预定标准计算宴会成本

计算公式：

宴会成本=宴会标准×宴会成本率

某公司预订100人自助餐，标准为每人120元，按规定此自助餐的成本率为40%，试计算自助餐的总成本

计算：自助餐总成本=120×100×40%=4800元。

该自助餐的总成本为4800元。

三、餐饮成本常用报表

（一）餐饮成本月报表

食品成本月核算就是计算一个月内食品销售成本。通常需要为餐饮部门设一个专职核算员,每天营业结束后或第二天早晨对当天或前一天营业收入和各种原料进货、领料的原始记录及时进行盘存清点,做到日清月结,便可计算出月食品成本。

餐饮成本月报表有两种编制方法:一种是领料单确认成本法;一种是实地盘点法。

餐饮成本月报表

月初食品库存额 本月进货额 减:月末账面库存额
加:月末盘点存货差额
本月领用食品成本
减:下脚料销售收入 招待用餐食品成本 员工购买食品收入 员工用餐成本 月食品成本
月食品营业收入
标准成本率
实际成本率

(二)餐饮成本日报表

餐饮成本日报表如下所示。

食品成本日报表

年　　月　　日至　　年　　月　　日

餐厅名称	本日数	本月累计数	原料类别	本日成本/元	本月累计成本比例/%
食品收入			乳品		
食品成本			水产		
食品毛利率			肉类		
食品成本			粮油		

续表

餐厅名称	本日数	本月累计数	原料类别	本日成本/元	本月累计成本比例/%
食品毛利率			珍品		
			干果蜜饯		
			调味		
			家禽		
			其他		
			合计		

成本核算员：

四、成本系数法成本核算

成本系数是食品原料经加工制作形成净料或成品后的单位成本和毛料进价成本之间的比值。采用成本系数法来核算食品成本或产成品的单位成本，可以为成本核算带来方便，

简化计算过程，减少工作量。成本系数的计算公式为：

$$成本系数 = \frac{净料或成品单位成本}{毛料进价成本}$$

净料或成品单位成本＝毛料进价成本×成本系数

第四节　餐饮产品价格核算

一、餐饮产品价格构成

（一）组成要素

由于餐饮业的经营特点是产、销、服务一体化，所以菜品价格的构成应当包括菜品从加工制作到消费各个环节的全部费用。

售价＝原料成本＋毛利额

原料成本就是主料、配料和调味料经加工后的成本总和，也即是净成本的总和。毛利额是经营费用加上应得利润的总和。

由于原料因产地、季节和组合方式而造成起货成本的差异，使原料成本的变化千差万异。

毛利额是个绝对值，在实际使用中，难以表达出所应承担的费用和应获取的利润，故多用毛利率概念，即用百分比表示。计价方法也是使用毛利率而不是使用毛利额。

不同的品种和销售对象就有不同的毛利率。这样，原料成本与毛利间可有数不清的多种组合，还受到多种因素影响而变动。

（二）影响价格因素

在餐饮业，影响价格的因素大致可分为内部和外部两种，具体如下表所示。

影响价格因素

序号	类别	具体说明
1	内部	（1）原料成本包括原料进货价、净料率和组合成本，是决定品种售价的主要因素 （2）技术水平，即实际的烹调操作水平，操作水平较稳定，成本变化也稳定；反之，成本就容易产生上下浮动 （3）经营方针，即经营档次和经营特色对品种定价的影响，主要表现为毛利率的影响 （4）期望值，即管理者希望能实现的毛利率水平，对每一类销售品种，都有确定的毛利率标准
2	外部	（1）饮食潮，流行的饮食品种或经营方式，一般会受到上述需求与价格关系规律的支配 （2）目标市场的特点，即市场定位的顾客需求特点，表现为对价格的反应程度和承受力 （3）竞争格局，就是在一定的区域里，由竞争对手所形成的竞争局面，竞争越激烈，对价格的反应就越灵敏 （4）其他如通货膨胀率、物价指数、一定时期的经济政策，以及社会大型活动都会构成对价格的影响

二、毛利率法

（一）毛利率与价格的关系

菜品的价格是根据菜品成本和毛利率制定的。毛利率的高低直接决定价格水平，决定着企业的盈亏，关系着消费者的利益。

（二）成本毛利率法

成本毛利率法，是指以品种成本为基数，按确定的成本毛利率加成本计算售价的方法。由于这是由毛利与成本之比的关系推导出来的，所以叫作成本毛利率法，其计算公式如下。

$$菜品销售价格 = 菜品原料成本 \times (1 + 成本毛利率)$$

特别提示

利用成本毛利率计算出来的只是理论售价，或者只是一个参考价格，因为在实际操作中，还要根据该品种的档次及促销因素来最后确定品种的实际售价。

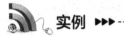

荔茸鲜带子用荔茸馅150克，鲜带子6只，菜远100克。其中荔茸馅每500克8元，鲜带子每只3元，菜心每500克1.2元，净料率30%，无副料值，调味成本是1元，成本毛利率是41.3%，理论售价是多少？

（1）计算原料总成本

鲜带子起货成本 = 3 × 6 = 18（元）

荔茸净成本 = (150 ÷ 500) × 8元 = 2.40（元）

菜心净成本 = (1.2 ÷ 30%) × (100 ÷ 500) = 0.80（元）

（2）代入公式

理论售价 (18 + 2.40 + 0.8 + 1) × (1 + 41.3%) ≈ 31.37（元）

荔茸鲜带子的理论售价是31.37元。

（三）销售毛利率法

销售毛利率法，是以品种销售价格为基础，按照毛利与销售价格的比值计算价格的方法。由于这种毛利率是由毛利与售价之间的比率关系推导出来，所以叫销售毛利率法，其计算公式如下。

$$品种理论售价 = 原料总成本 \div (1 - 销售毛利率)$$

（四）毛利率间的换算

成本毛利率与销售毛利率之间的关系如下。

$$成本毛利率 = 销售毛利率 \div (1 - 销售毛利率)$$

$$销售毛利率 = 成本毛利率 \div (1 + 成本利率)$$

（五）运用毛利率技巧

在既定的原料成本下，毛利率的高低就决定了品种售价的高低。因此它不仅涉及各项经营指标的实现，而且还涉及经营政策和价格促销策略的实施。利用毛利率来计算餐饮产品价格，具体如下表所示。

运用毛利率技巧

序号	技巧	说明	备注
1	运用毛利率的基点	（1）大众化饭菜，毛利率应低一些 （2）筵席和特色名菜、名点的毛利率应高于一般菜点的毛利率 （3）技术力量强、设备条件好、费用开支大的企业，毛利率应略高；反之应略低 （4）时令品种的毛利率可以高一些；反之应低些 （5）用料质量、货源紧张、操作过程复杂、精致的，毛利率可以高些；反之应低	传统对毛利率运用是以计划经济为基础，基于对稳定物价、平抑物价浮动而考虑的
2	高成本低毛利	高成本是指品种的原料成本相对较高而言，如一些高档的干货品种、高档的海鲜品种等，受到需求的影响，高档次品种因为价格较高而销售量都不会很大，如果再计入较高的毛利率其售价就更高，销售量就会更低	高成本的品种，考虑到价格承受力，一般都不适宜计算太高的毛利率，而只计算一般的毛利率，利用适中的价格来扩大销售量，增加其获利能力
3	低成本高毛利	如果品种的原料成本较低，则可以计算较高的毛利率，主要包括中档左右的畅销品种	不仅可以拉近中档与高档品种的价格距离，更重要的是借此补足"高成本低毛利"的损失
4	毛利率综合平衡	有些品种毛利很少，有些品种能获取很高的毛利，无论低毛利还是高毛利，都需要协调各分类品种的毛利率，使其综合毛利率达到指标	毛利率的综合平衡就是用个别品种的分类毛利率加权平均计出的，是一个期望值